可分离物品拍卖机制设计的理论、方法及其应用

饶从军　肖新平　赵　勇　著

资助项目：

国家自然科学基金(面上)项目

国家自然科学基金(青年)项目

中国博士后科学基金(特别资助)项目

中国博士后科学基金(面上)项目

湖北省自然科学基金项目

中央高校基本科研业务费专项基金

科学出版社

北　京

内 容 简 介

本书重点介绍一类连续、同质可分离物品拍卖机制设计的理论、方法及其应用，全书共 13 章，首先，系统介绍了多物品拍卖机制设计的概况和发展趋势；然后，提出了单属性（价格）下可分离物品最优拍卖机制设计的基本框架，并在此框架下分别基于弹性供给量、可变供给量和限额供给策略探讨了可分离物品统一价格拍卖的改进机制和模型，以及在污染物允许排放量免费分配的有效性评价问题中的应用；其次，将单属性拓展到多属性，研究了可分离物品多属性拍卖机制和方法，提出了同质可分离物品多属性多源采购的优化决策模型与算法，并应用到电煤多源采购的决策问题中。研究成果对于完善和发展多物品拍卖的机制设计和双边策略的优化具有理论意义和学术价值，对于推动拍卖理论与环境管理、供应链管理、电子商务等实际管理决策过程的结合也具有应用价值。

本书适合于从事拍卖理论与应用研究、决策理论与应用研究、管理科学理论和应用研究的学者、研究生，以及从事招标投标和与拍卖应用研究相关的业界人士阅读与参考。

图书在版编目(CIP)数据

可分离物品拍卖机制设计的理论、方法及其应用/饶从军，肖新平，赵勇著. —北京：科学出版社，2018. 3

ISBN 978-7-03-056947-9

Ⅰ.①可… Ⅱ.①饶… ②肖… ③赵… Ⅲ.①拍卖-研究 Ⅳ.①F713.359

中国版本图书馆 CIP 数据核字(2018) 第 049670 号

责任编辑：陈玉琢／责任校对：王萌萌
责任印制：张　伟／封面设计：陈　敬

科学出版社 出版
北京东黄城根北街 16 号
邮政编码：100717
http://www.sciencep.com

北京京华虎彩印刷有限公司印刷
科学出版社发行　各地新华书店经销
*
2018 年 3 月第　一　版　开本：720×1000　B5
2018 年 3 月第一次印刷　印张：15 1/4
字数：300 000
定价：108.00 元
（如有印装质量问题，我社负责调换）

前　言

本书是在作者饶从军的博士学位论文《可分离物品拍卖与污染物排放量的免费分配》和博士后出站报告《可分离物品多属性采购拍卖机制及其在电煤采购决策中的应用研究》的基础上，融入了其他学者最新的相关成果，经修改、扩充而成的。本书主要围绕多物品拍卖的机制设计展开，重点介绍一类连续、同质可分离物品拍卖机制设计的理论、方法及其实际应用和前沿发展，集中反映了作者多年来在拍卖理论研究、应用开拓和教学工作中取得的新成果，系统展示了可分离物品拍卖机制设计这一热点研究方向的前沿发展动态。全书共 13 章，包括绪论、可分离物品的最优拍卖机制、不确定供给量下的可分离物品拍卖机制、统一价格下可分离物品拍卖的均衡点漂移、可分离物品拍卖中买者占优报价策略分析、两种防止均衡点漂移的可分离物品拍卖机制、基于拍卖的污染物允许排放量免费分配有效性评价、可分离物品的最优多属性拍卖机制、连续属性下可分离物品的多属性采购拍卖机制、离散属性下可分离物品的多属性采购拍卖机制、基于多属性拍卖与供应链风险管理的两阶段复合采购机制、可分离物品多属性拍卖在电煤采购决策中的应用、总结和研究展望。书中绝大部分内容均为作者及其团队的研究成果。

本书由饶从军总体策划、主要执笔和统一定稿，其中饶从军执笔了第1，3—10, 12 章; 肖新平执笔了第 11 章，参加执笔了第 9，13 章; 赵勇执笔了第 2 章，参加执笔了第 3，13 章。

在本书写作和出版过程中，得到了华中科技大学管理学院的王红卫教授和马士华教授、武汉大学经济与管理学院的王先甲教授和郑君君教授、武汉理工大学理学院的毛树华教授、科学出版社陈玉琢编辑等的热情支持和指导，在此致以衷心的感谢!

本书的出版得到了国家自然科学基金 (面上) 项目 (71671135，71540027，71471069)、国家自然科学基金 (青年) 项目 (71201064)、中国博士后科学基金 (特别资助) 项目 (2013T60724)、中国博士后科学基金 (面上) 项目 (2012M521432)、湖北省自然科学基金项目 (2014CFC1096)、中央高校基本科研业务费专项基金 (2017-IVA-067) 等的资助!

由于作者水平有限，书中难免存在不足之处，恳请读者批评指正!

饶从军　肖新平　赵　勇

2017 年 9 月 28 日

作者联系方式：cjrao @ whut.edu.cn; xiaoxp @ whut.edu.cn; zhiwei98530 @ hust.edu.cn.

目 录

第1章　绪　　论

1.1　研究背景和意义

拍卖是市场参与者根据报价按照一系列规则决定资源的分配和价格的一种市场机制，它是一种源远流长的市场交易方式，以其特有的公开、公平和公正的特点得到了市场交易双方和社会公众的认可，并被广泛应用于金融、商业等领域[1−3]。拍卖理论在过去不到半个世纪里取得的成就使其跻身于经济学的前沿阵地，现已成为最为活跃的经济学研究领域之一[4,5]，其巨大的应用价值也已经在实践中得到了有力证明。如今，拍卖理论已发展成为金融学、劳动经济学、公共经济学及产业经济学等学科的理论基础，对于人们理解和研究市场价格的形成机制产生了深远的影响。

随着排污权、国债和频谱等物品拍卖市场的出现和发展，人们对多物品拍卖的关注与日俱增，多物品拍卖的研究在近年来也逐渐成为拍卖理论中最为活跃的领域之一。虽然国内外已有许多这方面的理论成果和成功案例，但是能体现连续、同质可分离物品这一特点的拍卖理论和方法仍然存在许多需要深入探讨的问题[1−6]，例如“统一价格下同质可分离物品拍卖”可能存在导致无效分配结果的“隐性合谋”，即买者可以借助“需求缩减”策略达到一个“低价”均衡。另外，关于可分离物品拍卖的现有成果中，大都是基于报价表、对称局中人和均匀分布等条件得到的，即局中人的偏好或报价是离散的，且是相同的或无差别的，具有一定的特殊性[6−12]。当这些条件变化时，统一价格下同质可分离物品拍卖中的均衡点一般不唯一，关于这点现有文献讨论极少，而平衡点的“漂移”肯定会影响拍卖的收益，因此机制设计不应该忽视这些平衡点变动的规律，即“诱导”问题[13−15]。基于以上问题，本书第一作者在攻读博士研究生期间，以污染物允许排放量免费分配的有效性评价问题为实际研究背景，以卖者策略的改进为主线，以“隐性合谋”和“低价均衡”的消除为核心，以分配方法的有效性探讨为重点，研究统一价格下连续、同质可分离物品的拍卖机制设计方法，并结合汉江流域水环境规划探讨其用于污染物允许排放量免费分配的有效性评价的合理性，为我国污染物总量控制的有效实施和环境政策的设计提供了理论依据和科学方法，同时促进了拍卖机制设计理论的完善[6]。这是本书所要重点介绍的本书第一作者及所在团队的核心成果之一。

随着采购经济的出现和电子商务的迅猛发展，特别是网上采购的广泛应用，仅以价格作为采购品配置的唯一准则，已经不能满足现实采购决策的需要。比如电的供给、私人采购和政府采购，采购商不仅要考虑价格，还要考虑其他非价格因素，诸如产品的交货日期、各种质量参数、信用等级、售后服务、信誉度等[16,17]。因此，在多属性信息环境下研究多物品采购决策问题变得尤为重要。但是，微观经济学和博弈论不能很好地为多属性环境下的多物品采购提供充分的配置方式。然而，多属性拍卖理论可以把决策分析工具和拍卖机制组合起来为多属性下多物品的采购实现强有力的协商提供支持[18−20]。

近年来，多属性拍卖成为拍卖领域相当活跃的研究对象。多属性拍卖以其竞争性协商谈判特点和过程高效、节约时间的优点引起了国内外学者广泛关注。实践证明它是一种短时高效的采购机制[19−24]。Bichler 将多属性拍卖定义为拍卖人与投标人交易时考虑多个属性的一种拍卖模式，即双方在价格以外的其他属性上 (如交货日期、数量、质量水平、信用等级、售后服务、信誉度等) 进行多重谈判[19]。在多属性拍卖研究方面，虽然国内外已有研究成果，但是能体现 "连续同质可分离物品" 这一特点的多属性拍卖在理论上仍然存在一些需深入研究的问题[16−25]，如多个赢者确定问题、均衡点的漂移 (均衡点有可能不唯一) 问题、理想均衡点的诱导策略设计问题等。针对这些问题，本书第一作者在做博士后研究工作以及在国外做访问学者期间，以电煤的多源采购决策问题为背景，以拍卖人策略的改进为主线，以机制的信息激励性分析为重点，以分配方案的有效性探讨为核心，研究了一类连续同质可分离物品的多属性拍卖机制设计问题，设计了若干基于多属性拍卖的多源采购机制，并将其应用到电煤采购中供应商选择的实际决策问题中。这对于完善和发展多物品拍卖机制的设计与优化具有理论意义和学术价值，对于推动拍卖理论与供应链管理、电子商务等一类实际经济活动的结合也具有应用价值，同时也可为相关企业实施科学的电煤采购管理提供理论依据和决策参考。这些是本书所要重点介绍的本书第一作者及所在团队的另一核心成果。

1.2　单属性 (价格) 下多物品拍卖的研究现状及评述

作为世界上最古老的价格发现机制之一，拍卖进入经济学文献的时间却相当晚。Friedman[26] 于 1956 年在*Operations Research* 杂志上发表的 "A competitive bidding strategy" 一文标志着拍卖理论研究的正式开始，而 1961 年 Vickrey[27] 的著名文章 "Counterspeculation，Auctions and Competitive Sealed Tenders" 则被视为具有里程碑意义的开山之作，Vickrey 的文章首次运用博弈论处理拍卖问题取得了巨大进展，并富有预见性地提出了拍卖理论中的多数核心问题，从而引导了该理论的基本发展方向，这成为他于 1996 年获得诺贝尔奖的重要因素。Vickrey 在他的著作[27] 中首先考虑了三种常见的拍卖方式 (英国式拍卖、荷兰式拍卖、第一价格密封拍卖) 的均衡策略以及配置效率问题，并独创性地提出了第二价格密封拍卖

(又称 Vickrey 拍卖)。他最重要的贡献在于提出了著名的 “收益等价定理”(Revenue Equivalence Theorem): 上述四种标准拍卖机制的期望收益等价。该定理是整个拍卖理论研究的起点。

对拍卖机制的设计及其绩效分析一般以含有以下假设的信息结构为出发点[1,3,6]: ① 单物品拍卖: 被拍卖的物品是不可分离的单一物品; ② 私有估价: 每个买者对物品的估价是私人信息，其估价只有自己知道，卖者和其他买者都不知道; ③ 独立性: 每个买者的估计不受其他买者估价的影响，所有买者对物品的估价都是独立不相关的; ④ 对称性: 所有买者是对称的，他们对拍卖物的估价服从相同的概率分布; ⑤ 风险中性: 卖者和所有买者都是风险中性的，他们的目标都是期望收益最大化; ⑥ 非合作性: 所有买者之间是非合作的，不存在任何具有约束力的合作协议。前四个假设描述了参与人面临的信息结构，后两个假设描述了卖者和买者的行为特征。这种信息结构下的拍卖模型被称为独立私有估价模型 (Independent Private Value Model, IPV Model) 或基准模型 (Benchmark Model)。这些假设在现实中未必能完全满足，但它们是拍卖机制设计及其绩效分析的重要基础。

1981 年，Myerson，Riley 和 Samuelson 等证明了 Vickrey 提出的 “收益等价定理”。随后，Myerson[28] 发表了其代表作 “Optimal Auctions Design”，这两项研究成果给拍卖理论的研究带来了新的突破，并使得拍卖理论成为现代经济学领域的一个重要的研究热点。此后直到现在，拍卖理论的研究主要是围绕基准模型中几个基本假设条件的扩展展开的，共同或关联价值、风险厌恶、非对称性、合谋行为、败德行为、预算约束和多维偏好等成为这一时期研究的主流，多物品拍卖、多属性拍卖、双向拍卖及网上拍卖等则是研究的重要拍卖类型，具有代表性的著名学者有 Milgrom，Weber，Maskin，Klemperer，McAfee，Samuelson，Riley，Robinson 等[1,3,6,29]。

1.2.1 同质物品拍卖

多物品拍卖中，拍卖物品的类型可分为同种的 (也称为同质的，Homogeneous) 或者是异种的 (也称为异质的，Heterogeneous)。基于此分类，多物品拍卖可分为同质物品拍卖和异质物品拍卖。同质物品拍卖又可进一步分为同质不可分离物品拍卖和同质可分离物品拍卖两种类型。

对于同质不可分离物品的拍卖，Ortega Reichert[30] 首先证明了多物品拍卖的收益等价定理，即在统一价格拍卖 (Uniform Price Auction, UPA)、歧视性价格拍卖 (Discriminatory Price Auction, DPA) 及序贯英式拍卖中，卖方的期望收益是相等的。基于此结论，Harris 和 Raviv[31] 最先给出了最优性结果: 如果买者的估价是独立与均匀分布的，那么 Ortega 等分析的机制是最优的。进而 Harris 和 Raviv[32] 首次将 Myerson 的单物品最优拍卖理论扩展到同质物品的拍卖中，他们也得到了类似的结论，即若买者的估价是独立和均匀分布的，则对卖者而言，设置了最优保留价格的同质多物品拍卖机制也是最优的。同时，基于 Myerson 对单物品最优拍卖的研究思路，Maskin 和 Riley[33,34] 通过将单物品拍卖中的概念和结论进行推广，证明了基于同质多物品和买方单位需求条件的广义收益等价定理。事实上，当买者具有多单位需求或者提交递减的需求函数时，该定理的结论不一定成立。

基于 Ortega，Harris 和 Maskin 等对同质不可分物品同步拍卖的研究成果，Kayhan 等 [35] 研究了多个卖者同时出售多个同质不可分物品同步拍卖中的交叉报价行为，指出市场流动性和有经验报价人的数量是影响交叉报价的两个主要因素，其主要贡献在于建立了研究新型交叉报价策略的理论框架。类似地，Chiou 等 [36] 在独立私有估价、单位物品需求和每个拍卖市场出售多个同质不可分物品的假设下，有效地将单一市场下的多物品同步拍卖拓展到了多市场环境中，提出了更一般的新型多对多拍卖方式。Kayhan 和 Chiou 等的研究虽然开拓了同质不可分物品拍卖的新的研究思路，但都是建立在买方具有单位需求的基础之上，其结论不具一般性。

进一步地，对于同质不可分离物品的拍卖，也有学者比较和分析了序贯拍卖和同步拍卖孰优孰劣的问题。Mezzetti 等 [37] 研究了基于联合估价的多个同质不可分离物品序贯 (和同步) 统一价格拍卖，发现同步拍卖的总收益要比第一轮投标信息不公开下的序贯拍卖高; Feng 和 Chatterjee[38] 研究了卖者在拍卖多个同质不可分离库存物品时是运用序贯拍卖，还是运用同步拍卖，才能获得更大收益的问题。研究表明，当所有买者在拍卖开始时都不缺席，且卖者和所有买者都没有足够的耐心的前提下，序贯拍卖可以激励理性买者更激烈的报价，且卖者能在序贯拍卖中获得更多的收益。

对于同质可分物品的拍卖，Wilson[39] 放松了买方单位需求条件，证明了同质可分物品统一价格拍卖中存在低价均衡问题，即有经验的买者可以通过 “需求缩减” 策略在一个低成交价上瓜分拍卖品，这实际上是一种 “隐性合谋”，因而歧视性价格拍卖可能会有较高的效率，这一结论指出了同质可分离物品拍卖和组合拍卖中存在的问题或挑战。Klemperer[40] 推广了 Wilson 的研究结果，指出任意低的价格都可能出现在均衡中。随后，Back 和 Zender[41,42] 在 Wilson 和 Klemperer 的研究基础上，通过对单位计量物品拍卖和可分离物品拍卖，以及统一价格拍卖和歧视性价格拍卖的比较和分析，设计了一种特殊可分离物品统一价格拍卖机制以阻止买者的隐性合谋，这是研究可分离物品拍卖的一个新思路。

此后的研究大多是基于 Wilson，Back 和 Zender 的成果围绕如何防止买者隐性合谋，减少或消除低价均衡这个主题进行的。这些研究可分为以下两类。

一类是以固定供给量为前提来研究可分离物品拍卖机制，如 Kremer 和 Nyborg[43,44] 针对一个定量供应的可分离物品拍卖，研究了不同理性分配规则对均衡价格的影响，并指出当买者使用离散报价时可以充分降低抑价。针对 Kremer 和 Nyborg 的结论，Damianov[45] 随即指出如果卖者采用利益最大化决策规则，则低价均衡不可能存在于内生的统一价格拍卖中; Chakraborty 和 Engelbrecht-Wiggans[46] 针对统一价格拍卖中渐近价格的研究表明，期望价格只依赖于买者边际价值分布，而不依赖于边际价值间的相关度。

另一类是基于可变供给量，部分学者探讨了可减少或消除低价均衡的拍卖机制。Wang 和 Zender[47] 以美国国债拍卖为背景扩展了 Wilson 的结论，他们在不同的假设下分别给出了多物品统一价格拍卖中买者的非线性均衡策略，并得出在这些均衡策略下任何可能的低价均衡结果都有可能出现。但若引入供给的不确定性，就可以消除部分确定供给下的低价均衡，但不能完全消除抑价。另外，Lengwiler[48]，Back 和 Zender[41]，McAdams[49−51]，LiCalzi 和 Pavan[52] 等的研究表明，卖者视买者的报价情况来调整供给量的策略可以减少 Wilson，Back 和 Zender 模型中的低价均衡。进一步地，Ausubel 和 Cramton[53] 将 Vickrey 拍卖推广到了具有非独立私人价值的、具有保留价格的多物品拍卖中，并指出在具有保留价格的 Vickrey 拍卖中，卖者通过买者上报的私人信息来决定有效的拍卖量，从而将拍卖品有效地分配给买者，且具有保留价格的 Vickrey 拍卖可以最大化卖者的收益。Bierbaum 和 Grimm[54] 研究了具有大量买者和不确定拍卖量的多物品出售问题，比较了固定价格机制和统一价格拍卖机制的收益，得出在固定价格机制下买者有夸大其需求量的激励。Sade 等 [55] 还证明了多物品统一价格拍卖中买者容量的不对称性对于抑制隐性合谋和提高竞争者的收益方面具有核心影响作用。

近年来，学者们侧重于研究基于可变供给量的多物品拍卖机制设计，以及这些机制下关于统一价格拍卖和歧视性价格拍卖方式的比较和分析。例如，Damianov 和 Becker[56] 研究了一个基于可变供给量和买者具有单位需求的多物品拍卖，他们比较了不确定供给环境下统一价格拍卖和歧视性价格拍卖的差异。Brenner 等 [57] 研究了基于可变供给量的国债拍卖，得出一个有趣的结论是，以市场经济为主的国家倾向于使用统一价格拍卖方式来拍卖国债，其他非市场经济国家倾向于使用歧视性价格拍卖方式来拍卖国债。Genc[58] 比较了同质可分离多物品同基于报价表 (Quoted Price List) 和对称买者的同步拍卖中统一价格拍卖和歧视性价格拍卖的均衡结果，得出卖者在统一价格拍卖中获得的收益比歧视性价格拍卖高。

1.2.2 异质互补性或替代性物品拍卖

异质物品的拍卖，比同质物品的拍卖要复杂，其中一个显著区别就是买者对多个物品组合的偏好具有超 (或次) 可加性。也就是说，在对多个不同物品进行估价时，多个物品组合的估价一般不等于每个单个物品估价的和。在对多个物品进行估价时，涉及物品之间的两种关系: 互补关系和替代关系 [1,2]。

对于多个具有互补关系的异质物品拍卖，Palfrey[59] 探讨了一个垄断卖者在将异质物品捆绑销售和分开销售之间的策略选择问题，并指出卖者捆绑销售的积极性会随着买者人数的增加而下降。Levin[60] 对互补性异质物品的拍卖问题进行了研究，给出了一个最优拍卖机制。基于此，Avery 和 Hendershott[61] 也研究了具有互补关系的异质物品的最优拍卖。他们指出，在最优机制中，一个物品竞争的加强会影响到另一个物品的出售，这种影响的后果是有可能使得另一个物品的卖出价格增加，也有可能减少。另外，对于多个异质互补性物品的组合拍卖计算难问题，Hsieh[62] 提出用启发式算法来确定中标人，并分析了同步组合拍卖和多轮组合拍卖方式的信息优化问题; Andersson 和 Wilenius[63] 分析和比较了同步拍卖和组合拍卖之间的效率，认为第一价格密封组合拍卖下的期望收益比同步拍卖高，首次从理论上证明了组合拍卖可以产生高收益，这是多物品拍卖的一个重要结论。

虽然 Maskin 和 Riley 将 Myerson 的单物品最优拍卖机制推广到了多物品的情况，但是推广后的最优机制对于具有互补性或可替代性关系的异质物品拍卖是不适用的。尽管 Palfrey[59] 曾研究了多个具有互补关系的异质物品拍卖，但他所分析的仅是卖者在捆绑销售和分开销售之间的偏好关系选择，以及买者人数的变化对捆绑销售方式效率的影响，并没有提出一个合理可行的异质物品拍卖机制。Levin 和 Avery 等虽然也曾对互补性物品的最优拍卖进行了研究，但是他们考虑的仅仅是买者的估价分布是对称的特殊情形。此后对于异质互补性物品最优拍卖的研究进展十分缓慢。

异质可替代性物品拍卖是多物品拍卖研究的另一重要内容。Milgrom 和 Weber[64] 在一般假设条件下研究和比较了多种异质可替代性物品序贯拍卖机制的效率问题，认为由于“赢者诅咒”的影响，买者具有后期购买的意愿，这一结论成为解释和理解网上拍卖中一些现象的理论依据; Kannan[65] 指出对于异质可替代多物品的序贯拍卖，当每个阶段之间的所有报价都被披露时，期望价格在相邻两个阶段拍卖中呈下降趋势，其原因是买者竭力隐藏私有估价信息，这种隐藏会导致无效率的分配; Pitchik[66] 研究了不完全信息下具有预算约束的异质可替代物品私有估价密封序贯拍卖，得出拍卖顺序将影响报价的激励程度、卖者收益及物品价格的结论; Said[67] 借助动态分析方法，研究了基于独立私有估价的可替代物品序贯拍卖，并给出了唯一的对称马尔可夫均衡。进一步地，Bapna 等[68] 研究了多个卖者同时提供多个纵向可分的可替代物品给具有单位需求买者的 Vickrey 拍卖，并通过理论证明和实验验证得出同步拍卖可能会导致低的分配效率，为一类多对多拍卖中买者选择最优策略提供了参考。

综合上述研究可以发现，大部分研究的重点放在了对不同拍卖方式在收益方面的比较上，而关于多物品拍卖效率研究的理论文献却相对较少。理论和实验研究表明: 在不考虑买者合谋的前提下，拍卖是有效率的[69,70]。而且，收益最大化和效率是有密切关系的。在某些特殊假设下 (如设买者的估价服从二项分布)，最优拍卖是有效率的。但在一般情况下，收益最大化和有效性并不相容[71]。基于此，在多物品拍卖机制设计方面，未来的研究更需要关注的是兼顾买卖双方效益最大化和高效率两个方面去设计同质物品以及异质物品的最优拍卖机制。

1.2.3 多物品拍卖的实证研究

在多物品拍卖实证研究方面，Bower 和 Bunn[72] 以英格兰和威尔士电力市场中电力定价问题为背景，利用基于代理人的计算经济学方法 (Agent-based Computational Economic，ACE) 设计实验得出统一价格拍卖方式产生的电价比歧视性价格拍卖要低; Abbink 等[73] 针对政府债券拍卖的实际问题，在确定供给量、买者具有二单位需求的共有估价模型前提下，设计实验得出统一价格拍卖比歧视性价格拍卖能产生更高的政府收益; Sade 等[74] 提出了一种新的实验方法来检验三种不同的多物品拍卖方法: 歧视性价格拍卖、固定总量的统一价格拍卖与不固定总量的统一价格拍卖的性能。实验结论表明: 实际的策略与理论上证明的均衡策略是不相符的，且歧视性价格拍卖被证明比任何形式的统一价格拍卖更容易引起隐性合谋的发生; Zhang[75] 利用实验方法比较了股票首次公开募股 (Initial Public Offerings，IPO) 定价中统一价格拍卖机制和固定发行机制的收益差异，结果表明统一价格拍卖机制优于固定发行机制; Damianov[76] 针对自己在文献 [56] 中给出的相关结论，通过设计拍卖实验验证了这些结论，即在基于可变供给量和买者具有单位需求的多物品拍卖中，统一价格拍卖比歧视性价格拍卖能产生更高的期望收益和更高的拍卖效率。这些实证研究并不能轻易地从实验过程中直接得出一般性的结论，所设计的实验主要是对现有理论研究得出的结论进行验证，以及对不合理的结论予以修正。现实拍卖中，许多拍卖的报价决策过程十分复杂，有时很难用定理化的数学模型进行描述，此时借助实验的方式可以模拟拍卖过程并发现新问题，从而为理论研究指明方向。

在多物品拍卖方面，与国外研究相比，国内关注更多的是拍卖的法律、商务、程序及出清价格等方面的建模与计算优化，而对机制的理论研究虽然也取得了一定的成果，但无论是在深度还是广度上都存在着一定的差距，这也限制了我们对这一常用经济手段，尤其是网上多物品拍卖的深入理解和应用。

国内与多物品拍卖相关的研究有: 许永国[77] 紧密围绕拍卖机制的绩效比较与最优拍卖机制设计问题，系统地介绍了近半个世纪以来国际拍卖理论的主要进展。马俊等[78] 对拍卖及网上拍卖的概念、理论、应用、发展趋势和存在的问题作了一个综合介绍和总结; 陈剑等[2,79] 对传统单物品、多物品拍卖和网上拍卖的研究进展作了分析和总结，并给出了若干前沿研究问题。舒彤等[71] 对拍卖和在线拍卖的诸多议题展开了探讨，如概述了拍卖的起源、定义、方式、特点等，探讨了国债拍卖选择方式理论，对美国、英国及中国的拍卖市场进行了比较研究，等等。

在多物品拍卖机制及模型设计方面，范小勇和梁樑[80]针对 B2C 的销售模式，建立了一个考虑替代性因素的变动供给模型，探讨了卖者如何确定待拍商品数量与价格的决策问题; 王平平和孙绍荣[81]采用最优拍卖机制研究了国债拍卖活动，认为歧视性价格和歧视性数量拍卖可以改善政府收益; 殷红[5]基于 Myerson 的单物品拍卖思想，给出了一个互补性物品拍卖的最优机制，并与其他机制进行了比较; 黄海新等[82]研究了多物品双向拍卖机制，建立了一个简洁实用的模型以确定市场出清价格。

除此之外，国内也有少数学者从买者的角度研究了买者的策略行为。熊维勤等[83]研究了买者的报价策略对拍卖价格的影响，在统一价格份额拍卖的分析框架内建立了报价策略与拍卖抑价的关系模型，给出了一类新的线性均衡报价函数; 随后，周孝华等[84]基于此统一价格份额拍卖，以卖者期望收益最大化为目标，研究了机构投资者在 IPO 事前申购总量确定情况下的最优报价，并推导出了均衡时 IPO 发行价格和 IPO 净抑价的表达式; 龙永红[85]对几种常见拍卖在不同的假设和限制下关于买者出价行为以及均衡结果方面进行了归纳和总结。

目前，国内关于拍卖的研究越来越丰富，但主要是对国外拍卖理论的阐释和应用，侧重于经济领域的公式演绎和分析说明。特别地，关于同质可分离物品的拍卖机制设计及应用研究比较欠缺。

1.2.4　多物品拍卖的理论问题及评述

经过 50 多年的发展，多物品拍卖理论已经具有较为成熟的理论框架体系，其应用的领域也越来越广泛。但是，仍有许多热点问题和前沿问题需要进一步深入研究和探讨。

自 Vickrey 以来，学者们大多从信息非对称角度出发对多物品拍卖理论展开研究，对拍卖机制与其他销售机制之间竞争问题的深入探讨并未涉及。这种研究起点限制了整个拍卖理论的发展。现有对多物品拍卖机制的设计一般假设卖者具有完全的议价能力，这很好地反映了拍卖的特征。但是，对卖者垄断力的过分强调使得拍卖理论研究陷入了一味追求卖者收益最大化的误区。综合分析现有多物品拍卖文献，基于买方观点的拍卖机制研究非常欠缺，而且从收益以外的其他测度标准来分析拍卖绩效的研究也极少。因此，多物品拍卖理论对于拍卖实践的现实解释能力仍然相对有限。如何从更实用的角度来考虑多物品拍卖机制设计以及评判拍卖机制的绩效是今后研究的一个重要方向。

随着拍卖活动在人们日常生活中越来越广泛的应用，仅仅使用独立私有估价不能很好地模拟买者的心理价值，实践对共有估价、联合估价模型的需求也越来越多。然而，在多物品拍卖的研究中，对这两类估价模型的研究还很不够，这也是多物品拍卖理论在实际应用中的一个不足，有待进一步深入研究。

买者之间的隐性合谋是多物品拍卖机制设计所要考虑的核心问题之一。不管是设计追求效率最优的效率机制还是设计以收益最大化为目标的最优机制，买者之间的隐性合谋都会影响卖者拍卖目标的实现。在多物品拍卖实践中，要设计出能有效减少或者阻止买者隐性合谋的拍卖机制，必须依赖拍卖市场的实际环境、拍卖物品的基本特性、买者和卖者的预定目标等因素。然而，不同的拍卖市场、不同的拍卖品以及不同类型的买者，都存在着复杂的不确定因素，这使得设计特定的拍卖规则比较困难。但无论是从理论还是从实践的角度讲，研究多物品拍卖中的买者隐性合谋问题都具有非常重要的理论意义和现实意义。

信息问题是多物品拍卖设计中一个值得深入研究的问题。卖者对拍卖信息的隐藏和公开程度的高低，将直接影响买者的报价策略和买卖双方的收益。然而，现有学者对于信息问题的研究基本上是局限于对单物品拍卖而进行的，而基于多物品间关联价值的“信息优势”，现有研究极少，且有价值的理论成果更少。因此，结合同步和序贯拍卖研究具有信息优势 (非对称) 的多物品拍卖问题，是拍卖理论研究的一个重要前沿问题之一，对于拍卖理论的深化和发展有重要的理论意义和应用价值。

随着采购经济的出现和电子商务的迅猛发展，特别是网上采购的广泛应用，仅以价格作为采购品配置的唯一准则，已经不能满足现实采购决策的需要。因此，在多属性信息环境下研究多物品拍卖问题变得尤为重要。虽然现在对于网上拍卖的研究如火如荼，但是多属性网上拍卖还远没有得到足够的重视，其基础理论方面的研究相对滞后。如何设计实用、高效的最优多属性网上拍卖机制是一个研究热点。

随着拍卖在实践中的不断创新，新的多物品拍卖机制和模型不断涌现，组合拍卖、反向拍卖、混合拍卖、双轨拍卖等逐渐发展起来。多物品拍卖理论如何适应实践中拍卖形式的创新，建立新的拍卖体系，这也是重要的研究课题。另外，如何在多物品拍卖研究中不局限于拍卖本身，同时还要考虑到拍卖之外的环境，这也是多物品拍卖理论的重要扩展方向。

1.3 多属性下多物品拍卖的研究现状及评述

Stark 和 Rothkopf[86] 把单属性拍卖的理论模型分为两类: 博弈论模型和决策论模型。在此，仍沿用该标准对多属性拍卖理论模型进行分类[16]。博弈论模型的大体思路是: 建模假设条件—投标者的投标策略—赢者决策—买卖双方的预期收益—最优拍卖 (或收益等价定理)，而决策论模型大体思路是: 建模假设条件—赢者决策—数值模拟。

1.3.1　基于博弈论的多属性拍卖

绝大部分学者在研究多属性采购拍卖的博弈论模型时，经常从两个角度出发[16]: 一是对多属性采购拍卖的环境作一定的假设，使其符合已有经济理论，然后借助相关经济理论得到投标策略和采购策略; 二是利用不完全信息下的博弈理论，首先从投标者的投标决策问题 (最优化问题) 出发得到投标策略，其次计算采购者的预期效用，最后通过讨论采购者的预期效用来设计最优拍卖机制。

在基于博弈论的多属性拍卖研究方面，Hansen[87] 研究了投标由价格和数量组成的二维情形。之后，Dasguptas 和 Spulber[88] 讨论了在数量给定的情况下对单个物品的投标。这些工作虽然没有考虑拍卖品的质量属性，但已初步体现多属性拍卖的思想，可以称得上是多属性拍卖的雏形。实际上，是 Thiel[89] 开创了多属性拍卖理论的先河，他首次对多属性拍卖进行了详细的讨论，并提出多属性采购问题最终可简化为单一属性的私有价值拍卖模型。但 Thiel 的文章中的假设 "投标人的目标是最大化采购者的效用" 与现实不符。除 Thiel 外，Che 和 Branco 也是多属性拍卖研究的先驱者。Che[90] 第一次全面地分析和设计了多属性拍卖，证明了二维的收益等价定理，并且假设投标人知道拍卖人的成本参数可能的概率分布，基于该假设设计了最优评分规则。Branco[91] 扩充了 Che 的模型，将成本属性影响加入多属性拍卖中，设计了企业成本相关联情况下的最优拍卖机制。与 Che 的独立成本模型不同的是最优效果不能通过拍卖过程来实现，采购商必须采取两阶段机制; Branco 同时证明了两阶段首价拍卖和两阶段二价拍卖执行的是最优拍卖机制。Teich 等 [92] 在相关文献中将多属性分为物品属性与供应商属性两阶段评价，并且指出了组合多属性采购更具现实意义并把它作为进一步的研究方向。David 等 [93,94] 以国际物流采购为背景，讨论了一个三属性采购拍卖模型，选择了具体的线性评分函数来确定赢者。随后，David 等 [95,96] 继续延伸他们的研究工作，把投标属性推广到任意多个，采用拟线性的评分函数确定赢者。David 等 [95,96] 沿用 Che[90] 和 Branco[91] 的研究思路，假设投标人的成本相互独立; 改进之处是对投标属性的数目没有限制，可以为任意多个。同时，David 等 [95,96] 把英式拍卖引入多属性拍卖领域，提出顺序全信息披露拍卖和带最后期限的顺序英式拍卖，丰富了多属性拍卖理论。但是，David 等的工作也存在不足之处: ① 投标人对质量的选择独立于价格，与现实不符; ② 假设成本参数相互独立; ③ 从采购者的角度出发，把最优拍卖归结为评分函数最优权重的选择，没有考虑整个社会福利情况; ④ 在选择赢者时，均采用简单加权评分函数形式。

考虑到 David 等研究中的不足，金淬和石纯一 [97] 提出了一种递增叫价多属性拍卖，研究表明此拍卖机制改进了 David 的工作，并且可取代他们先前提出的暗标叫价多属性拍卖方法 [98]。此外，还有许多文献也讨论了多属性采购拍卖。Beil 和

Wein[99] 分析了一个采购者从 S 个供货商那里采购一个不可分离的物品或服务，投标由价格 p 和 A 个非价格属性构成，采用逆向英式拍卖，把投标人的投标决策归结为求解约束条件下的优化问题。Asker 和 Cantillon[100] 讨论了一个采购者和 N 个投标人的采购拍卖，投标由价格 p 和 M 个非货币属性构成。Asker 和 Cantillon 得到的结论依赖于拟线性的评分函数，没有给出投标策略的显示表达式，当然也谈不上买者预期效用的表达式和最优拍卖的设计问题。谢安石和李一军 [101] 对多属性网上拍卖理论和应用进行了整体概括和描述。王先甲 [102] 讨论了 N 个投标人竞争一个配电特许经营权问题，投标由质量和价格构成，从最大化社会期望福利的观点出发，给出了最优竞争机制。黄河等 [103] 假设投标由价格和质量构成，构建了多属性采购拍卖动态机制的优化模型。朱阁等 [104] 基于委托代理模型的参与约束和激励相容约束，提出了一种以释放权重信息为核心的在线多属性采购拍卖机制。曾宪科 [105] 针对第一得分密封拍卖和多属性英式拍卖这两种多属性拍卖机制，制定了竞拍人的投标策略，给出了竞拍人质量属性和价格属性的最优配置结构化的计算公式以及竞拍人的期望收益计算公式。孙亚辉和冯玉强 [106] 等基于现有多属性拍卖模型中采用简单加权评分函数形式选择赢者的缺陷，提出了更符合现实需求的改进多属性拍卖模型。随后，唐邵玲和刘琳 [107] 讨论了两种不同偏好 (价格偏好和品质偏好) 的记分函数条件下，最高得分密封投标拍卖和连续完全信息多属性英式拍卖中卖者的最优投标策略和买者的最优拍卖设计问题。黄河和王峰 [108] 通过运用经典的多属性拍卖模型和多属性不对称纳什谈判模型，将拍卖的期望收益和谈判的收益进行了比较，发现两种机制的分界与谈判力量和投标人数这两个指标有关。刘旭旺和汪定伟 [109] 以博弈论为工具分别建立了多属性逆向拍卖分组评标机制下技术专家和商务专家之间、管理部门与评标专家之间行为的理论模型和研究框架，分析了纯策略纳什均衡解存在的条件。陈曲和田剑 [110] 针对成本变动情形下的多属性逆向拍卖利润分配问题，分别构建了非合作与合作博弈模型，分析了建立和保持合作关系的条件以及成本变动对利润分配和采供双方合作条件的影响，确定了最优利润分配比例。彭鸿广 [111] 假设供应商是同质的和风险中性的、研发成本具有随机性，且采购商和供应商之间在研发成本上信息不对称，分别研究了多属性拍卖机制和研发竞赛机制中供应商的质量决策，比较了这两种机制的创新激励效应。洪宗友和汪定伟 [112] 考虑了多属性密封投标机制中买卖双方的最优拍卖策略问题，从买卖双方不同的角度对拍卖结果进行了比较和分析，重点分析了影响买方在评分规则中隐藏真实偏好行为的相关因素。Wang 和 Liu[113] 提出了一种非线性的评分规则将多个属性下的值转化成无量纲可比较的值，并且描述了一个贝叶斯纳什均衡解，研究结果表明随着投标人的增加均衡的质量会提高，但是均衡价格会降低。杨锋等 [114] 以政府为节能服务需求方，基于多属性逆向拍卖模型研究了节能服务公司 (Energy Service Company, ESCO) 选择问题。曾宪科和冯玉强 [115]

针对两种典型的逆向多属性拍卖机制——逆向多属性英式拍卖和逆向多属性第一得分密封拍卖，分别给出了投标人的投标策略和买卖双方的期望收益。

1.3.2 基于决策论的多属性拍卖

在基于决策论的多属性拍卖研究方面，Bichler[116]、Reyes-Moro 等 [117] 运用软件程序法 (即借助软件 COM，IBM，PREFERENCE 和 ALLOCATION 生成采购者的效用函数，用此效用函数对合格的投标排序，最终确定使得采购者效用最大的投标者为赢者的方法) 来解决赢者确定问题。另一种重要的解决赢者确定问题的方法是数学规划法，例如，Dekrajangpetch 和 Sheble[118] 运用线性规划方法解决多属性网上拍卖问题，他认为多属性拍卖是一种解决一对多投标决策问题的有效方法。Bichler 和 Kalagnanam[119] 通过设定目标函数和约束条件把赢者确定问题归纳为带约束条件的优化问题，然后通过求解该优化问题得出获胜者或者确定获胜者的准则。Yan 和 Yuan[120] 也基于数学规划理论建立了多属性反向拍卖的优化决策模型来确定赢者。考虑到上述多属性电子拍卖决策方法交互性不足的问题，许多学者提出了其他方法，如谢安石和李一军 [121] 研究了风险环境下投标人的决策策略及电子商务环境下拍卖及模型假设的适用性问题并给出了基于模糊粗糙集的网上拍卖决策方法，Farahvash 和 Altiok[122] 利用蒙特卡罗模拟法来解决多属性拍卖中的赢者确定问题，Chan 等 [123] 用进化算法来确定多属性拍卖中的赢者，Singh 和 Benyoucef[124] 运用基于 TOPSIS (Technique for Order Preference by Similarity to an Ideal Solution) 的多属性决策方法来确定赢者，Falagario 等 [125] 基于改进的数据包络分析法建立了多属性拍卖中的赢者确定方法，等等。刘树人等 [126] 以电子商务为背景研究了网上拍卖销售与逆向拍卖采购下的库存管理，利用马尔可夫决策过程建立了该问题的最优控制模型。这些多属性拍卖机制的共同点是基于决策的理论与方法设计了有效的赢者确定优化算法，但大多数优化算法的适用对象是确定唯一的赢者，对于处理多源采购中的多个赢者选择问题不一定有效。

除了上述基于博弈论的多属性拍卖和基于决策论的多属性拍卖的研究外，近年来不少学者在多属性拍卖理论与实验相结合的研究方面也取得了不少有价值的成果。例如，Perrone 等 [127] 基于多属性拍卖理论设计了自动化环境下新产品开发的工程服务采购机制，并运用数值实验模拟了采购流程。Strecker[128] 从理论和实验室实验两方面研究了多属性拍卖中信息优势对拍卖效率的影响，得出信息披露越多拍卖效率越高的结论。Karakaya 和 Köksalan[129] 针对单物品的拍卖提出了一种交互式多属性反向拍卖方法，并设计了实验验证了其可行性和合理性; Ray 等 [130] 研究了仅有少量供应商情形下新型多属性反向拍卖机制，该机制中通过引入奖惩措施来激励供应商诚实申报信息，可实现买卖双方保持长久合作关系。Liu 等 [131] 研究了供应商是风险厌恶情形下的多属性采购拍卖机制，并深入研究了供应商数量和风险态度对均衡价格高低的影响。Yang 等[132] 提出了一个偏好诱导方法和交互式买方代理商来实现多属性采购拍卖。Pla 等[133] 提出了一种新的 Vickrey 反向多属性拍卖，并用实验验证了该机制的可行性。另外，还有一些文献从供应商提供投标组合辅助决策工具的角度，以及多属性决策评价软件实现等角度进行了有益的探讨，具体可见相关文献[134−137]。

1.3.3 多属性拍卖的理论问题及研究评述

综合现有的多属性拍卖研究，提出如下的评述和展望[13,20−24]:

(1) 大部分研究中涉及的拍卖对象是单物品或者不可分离的多个物品，针对“连续、同质、可分离”这一类特性物品的多属性拍卖研究还不多。

(2) 大部分都是基于报价表，即投标人的投标是离散属性这个前提来设计多属性拍卖机制的，对于投标人的投标是连续函数情形下的多属性拍卖可以进一步开展研究。

(3) 很多文献都假设投标人是对称的 (体现在所有投标人的成本函数的表达形式相同)，然而在现实投标中，由于厂商所采用的生产技术不同，当然他们的成本函数也不相同。因此，考虑非对称的投标人是多属性采购拍卖理论研究中可突破的另一个方向。

(4) 许多拍卖文献在研究投标人的投标策略时，假设所有投标人要么是风险中性的，要么是风险厌恶的。但是，在实际投标中，可能风险中性、风险爱好和风险厌恶的投标人同时存在。现有研究显示，投标人的风险态度不仅对自己的投标有正向影响，而且对其他投标人的投标有交叉影响。因此，研究三类风险投标人 (风险中立者、风险爱好者、风险厌恶者) 共存情形下的多属性拍卖理论及方法也是一个值得研究的新问题。

(5) 连续同质可分离物品多属性拍卖中的均衡点可能不唯一 (称之为均衡点的“漂移”)。均衡点的漂移会影响拍卖的收益，且不利于对分配效率的估计，因此机制设计不能忽视这些均衡点的变动规律，即“诱导”问题。关于这点目前尚无文献讨论。

(6) 不同的信息结构会对多属性拍卖的效率和买卖双方收益以及策略的选择产生不同影响，这点在现有文献中也鲜见讨论。因此，探讨多属性逆向拍卖中基于隐藏、部分披露和完全披露的信息策略的合作与博弈，研究和比较不对称投标人之间或拍卖人与投标人之间存在的“信息优势”对拍卖效率、买卖双方收益以及策略选择的影响，是多属性拍卖中另一个值得研究的理论问题。

另外，多属性拍卖中还有很多问题有待进一步研究和解决，例如，很多文献缺乏对拍卖人最优策略的讨论，拍卖人的策略不满足激励相容性，缺乏对投标人投标策略的分析，多属性拍卖的解析分析比常规拍卖更难，等等。

1.4　本书内容概述

全书共 13 章，各章的内容概述如下:

第 1 章阐述了本书研究的背景和意义，对多物品拍卖的国内外研究现状和最新研究动态进行了总结和分析，提出了若干研究前沿和热点问题，并介绍了本书各章的内容安排。

第 2 章在供给量不确定条件下设计了一个可分离物品的最优拍卖机制，讨论了最优拍卖的一些性质，给出了实现可分离物品最优拍卖机制的方法。

第 3 章基于第 2 章提出的可分离物品最优拍卖机制的基本框架，以消除买者之间的隐性合谋和低价均衡为出发点，研究了供给量 $Q \leqslant Q_0$ (主方不固定拍卖量，而采取视买者报价情况选取实际供给量) 和供给量 $Q = Q(p)$ (将供给量看成成交价格的函数) 的可分离物品统一价格拍卖机制及模型，讨论了其信息激励性和分配有效性。

第 4 章在供给量优化策略和共有估价的前提下，从理论上研究和分析了一个可分离物品统一价格拍卖机制中买者的策略行为与均衡点间的关系; 分别在假设策略性买者对称和不对称两种情形下求解了纯策略纳什均衡，重点分析了均衡点漂移问题，给出了若干能使统一价格拍卖达到理想均衡点的机制设计建议。

第 5 章研究了买者采用非线性均衡报价和线性均衡报价下的纯策略纳什均衡，着重比较了非线性和线性均衡报价之间的占优关系，还进一步地给出了若干关于买者如何选择最优报价以及卖者如何设计最优拍卖机制的建议。

第 6 章针对第 4 章和第 5 章提出的统一价格下同质可分离物品拍卖中可能存在的均衡点漂移问题，提出了两种可防止均衡点漂移的可分离物品拍卖机制，即基于投标人序贯理性的可分离物品拍卖机制和可分离物品多阶段序贯统一价格拍卖机制，并从理论上深入探讨了投标人的渐近策略行为和预期理想均衡点的形成过程。

第 7 章建立了污染物允许排放量免费分配的有效性评价模型，结合可分离物品统一价格拍卖机制论证了其可行性和合理性，给出了免费分配有效性的评价指标、参数估算及评价步骤，并采用汉江流域 14 个县 (市) 环境规划中有关污染物总量分配数据和统计申报资料进行了案例分析和计算，给出了汉江流域水环境规划中化学需氧量 (COD) 免费分配方案的有效性评价结果及建议。

第 8 章将第 1 章至第 7 章所讨论的单属性 (价格属性) 下的可分离物品拍卖进行拓展，研究了供给量不确定条件下连续同质可分离物品最优多属性拍卖的机制设计，分析了相关最优多属性拍卖机制的可行性及其性质，给出了采用统一价格和歧视性价格实现最优多属性拍卖机制的方法。

第 9 章在第 8 章提出的最优多属性拍卖基本框架下，在供应商向采购商提交连续属性值的假设下，设计了一个基于多属性拍卖的多源采购机制，研究了其信息激励性和分配有效性，并讨论了该机制的性质。

第 10 章在第 8 章提出的最优多属性拍卖基本框架下，在供应商向采购商提交离散属性值的假设下，设计了一个多源采购机制，研究了机制的可行性，讨论了投标人的最优投标策略，并提出了一种最小增量投标法来模拟供应商多轮投标的全过程。

第 11 章基于多属性拍卖和多属性决策的理论与方法提出了一种可分离物品多属性多源采购的两阶段复合机制：第一阶段设计了一个多属性拍卖机制来确定入围供应商人选，第二阶段提出了两种新的多属性决策方法 (二元语义灰关联分析法和二元语义 VIKOR (VIsekriterijumska Optimizacija I Kompromisno Resenje) 法) 对所有入围供应商进行排序并确定最终赢者。

第 12 章将提出的三种基于可分离物品多属性拍卖的多源采购机制应用到电煤采购的决策问题中，并结合具体的数值实例进行了分析，验证了所提出的采购机制的有效性和合理性。

第 13 章是研究总结和研究展望。

1.5 本章小结

本章系统阐述了本书研究的背景、问题、目的和意义，对单属性 (价格) 下多物品拍卖机制设计和多属性下多物品拍卖机制设计的国内外研究现状和发展趋势进行了总结和分析，指出了其中的不足，提出了若干研究前沿和热点问题，并概述了本书各章的内容安排。

第 2 章　可分离物品的最优拍卖机制

在可分离物品的拍卖中，卖者的目标是通过设计对自己最有利的拍卖规则 (报价规则、分配规则和支付规则等) 使得收益最大化 (卖者剩余最大化)，买者的目标是在卖者制定的拍卖规则下选择自己的最优报价策略使得收益最大化 (买者剩余最大化)，而拍卖机制的设计者希望社会剩余 (卖者剩余和买者剩余的和) 最大化，即拍卖的双方达到一种均衡状态，这种状态的出现应是买卖双方同时追求最优化的结果。基于此，机制设计者应该开始于对买者最优报价策略的分析，继而找出卖者的最优期望收益。在这种状态下的最优拍卖机制就是一个理想的拍卖机制，它充分考虑了买卖双方的利益，从而可以达到社会资源的最优化配置。

本章以减少或消除低价均衡为前提，研究了供给量不确定条件下可分离物品的最优拍卖机制设计方法。具体地，首先给出了可分离物品拍卖的几个重要假设，并在此假设下讨论了可行分配和可分离物品拍卖的概念; 其次，基于价格属性设计了一个可分离物品的最优拍卖机制，讨论了最优拍卖机制的一些性质，给出了利用统一价格方式和歧视性价格方式实现最优拍卖机制的方法。

2.1　最优拍卖机制设计

2.1.1　基本假设和相关定义

对于可分离的多物品拍卖，首先给出一些重要的假设和定义 [11]，然后在此信息框架下设计可分离物品拍卖的最优机制。

假设一个卖者拥有数量为 Q_0 的连续、同质可分离物品待拍卖。现有 n $(n > 1)$ 个买者参与报价，买者集合记为 $N = \{1, 2, \cdots, n\}$。卖者和所有的买者都是风险中性的，卖者和每个买者都会尽力使自己的收益最大化。

设买者 i 在拍卖中得到的物品数量为 q_i，$i = 1, 2, \cdots, n$，其中 q_i 满足 $q_i \geqslant 0$ 和 $\sum\limits_{i=1}^{n} q_i \leqslant Q_0$。在拍卖中，对买者 i 而言，需支付 T_i 以获得分配量 q_i。分配集和支付集分别记为 $q = \{q_1, q_2, \cdots, q_n\}$ 和 $T = \{T_1, T_2, \cdots, T_n\}$。从这些假设出发，一个可分离物品的拍卖被定义为 $A = A(q, T)$。

设每个买者都有关于单位物品估价的私人信息，记为 s_i，$i = 1, 2, \cdots, n$，这就是说在当前信息下，买者 i 对单位物品愿意支付的最高价。s_i 在下文称为私有类型。s_i 的值仅有买者 i 自己知道，其他买者 (包括卖方) 不能观察到 s_i 的值，仅将

s_i 看作取自于 $\Omega_i=[h_i,l_i]$ 上的概率分布 $F_i(s_i)$，其中 h_i 和 l_i 表示 s_i 能取得的最小值和最大值。$F_i(s_i)$ 的密度函数设为 $f_i(s_i)$。任意两个变量 s_i 和 $s_j\,(i\neq j)$ 是独立的。

在下文中，Ω 用来表示买者对单位物品的私人信息 (所有信号) 集合，即

$$\Omega=\Omega_1\times\Omega_2\times\cdots\times\Omega_n=[l_1,h_1]\times[l_2,h_2]\times\cdots\times[l_n,h_n]$$

Ω 称为一个私人信息空间。对于任何一个买者 i，Ω_{-i} 表示除买者 i 外所有其他买者私人信息的集合，即

$$\begin{aligned}\Omega_{-i}&=\Omega_1\times\Omega_2\times\cdots\times\Omega_{i-1}\times\Omega_{i+1}\times\cdots\times\Omega_n\\&=[l_1,h_1]\times[l_2,h_2]\times\cdots\times[l_{i-1},h_{i-1}]\times[l_{i+1},h_{i+1}]\times\cdots\times[l_n,h_n]\end{aligned}$$

在拍卖中，买者 i 对单位物品的估价不一定完全由买者的私有信号唯一决定，可能还会受其他买者私有信号的影响。由于个人偏好的不确定性和最终分配物品总量的不确定性，当买者 i 洞悉其他买者的相关估价信息后，将会对自身当前的估价进行修改。

设 $e_j(s_j)\,(j=1,2,\cdots,n,j\neq i)$ 为修正的影响函数，这意味着当买者 i 预测到买者 j 对单位物品的私有估价可能是 s_j 时，他将对当前的私有估价 s_i 修改为 $s_i+e_j(s_j)$，$i\neq j$。因此，当买者 i 获悉到所有买者的私有估价向量 $s=(s_1,s_2,\cdots,s_n)$ 时，他最终将对单位物品的私有估价修改为

$$r_i(s)=s_i+\sum_{\substack{j=1\\j\neq i}}^{n}e_j(s_j)$$

由以上分析可得，数量为 q_i 的物品对买者 i 的价值满足

$$E[r_i(q_i,s)]=k_is_iq_i+\sum_{j=1}^{n}k_j\int_0^{q_i}e_j(x,s_j)\mathrm{d}x \tag{2.1}$$

其中 $E[r_i(q_i,s)]$ 表示买者 i 通过预测其他买者的估价后对拍卖物品所作估价 $r_i(q_i,s)$ 的期望值。函数 $e_j(x,s_j)\,(j=1,2,\cdots,n)$ 关于 q_i 是非增的，关于参数 s_j 是递增的；实数 $k_j\,(j=1,2,\cdots,n)$ 表示买者 j 的信息对买者 i 估价的影响系数，且 k_j 是非负的。

在式 (2.1) 中，如果 $e_j(x,s_j)=0\,(j=1,2,\cdots,n,j\neq i)$，则对应的拍卖模型就变为传统的私有估价模型。如果对于任意的 $i,j\;(j\neq i)$，有 $k_i=k_j$ 和 $s_i=e_j\,(s_j)\,(j=1,2,\cdots,n,j\neq i)$ 成立，则对应的拍卖模型就变为传统的共有估价模型。在实际拍卖中，假设所有人的私有估价信息对买者 i 最终估价的影响程度是一样大的，即 $k_i=\dfrac{1}{n}$。另外，为了表达的方便，将 s_i 记为 $s_i=e_i(s_i)$。于是 $r_i(q_i,s)$ 的期望值可

以写为

$$E[r_i(q_i, s)] = \frac{1}{n}\sum_{j=1}^{n}\int_0^{q_i} e_j(x, s_j)\mathrm{d}x$$

在拍卖 $A(q,T)$ 中，卖者的收益函数记为 $u_0(q,T)$，它等于所有买者支付之和的期望值，记为

$$u_0 = E\left[\sum_{i=1}^{n} T_i\right]$$

另外，买者的收益也受所分配数量的影响，故买者 i 的收益可表示为

$$u_i(s_i) = E\left[r_i(q_i, s)\right] - T_i(s_i), \quad i = 1, 2, \cdots, n \tag{2.2}$$

2.1.2 拍卖机制

基于 2.1.1 节给定的密度函数 $f_i(s_i)$、修正的影响函数 $e_j(\cdot, s_j)$ 和收益函数 $u_0(q,T)$，下面来讨论可分离物品的最优拍卖机制设计。

在可分离物品拍卖中，卖者的目标是寻求一种机制使得自己的期望收益最大化。为了达到这个目标，卖者首先要确定拍卖的可行分配集。一般来说，一个机制可能导致随机分配的结果。但是，由对不可分离物品拍卖的分析[138]可知：最优拍卖总是确定性的，而且最优拍卖也必须是可行拍卖[4,28]。因此，对于可分离物品的最优拍卖机制设计也是基于这个前提进行分析的。

由于买者拥有不为卖者和其他买者所知的私人信息，如果不给予他正确的激励，他不可能诚实地报告自己的私人信息。要使设计出来的拍卖机制具有可行性，就应激励买者说真话，即满足激励相容性条件。另外，参与报价的买者还必须是自愿参加拍卖的，即满足个体理性条件。基于这两点，Myerson[28] 指出：拍卖 $A(q,T)$ 是可行拍卖，当且仅当满足激励相容性条件和个体理性条件。同时，如果在显示机制下进行考虑，一个可行的拍卖也必须是激励相容和个体理性的。

首先，来讨论个体理性问题。假设每个买者都是自愿参加拍卖。如果买者不参加拍卖，那么他就不能获得物品且不用支付任何费用，因此他的收益为 0。因此，为了激励更多的人积极主动地参与报价，必须满足如下的个体理性条件:

$$u_i(s_i, s_i) = E[r_i(q_i(s_i, s_{-i}), s)] - T_i(s_i, s_{-i}) \geqslant 0, \quad i = 1, 2, \cdots, n \tag{2.3}$$

其中，

$$\begin{aligned}
E\left[r_i(q_i(s_i, s_{-i}), s)\right] &= \frac{1}{n}\sum_{j=1}^{n}\int_0^{q_i(s_i, s_{-i})} e_j(x, s_j)\mathrm{d}x \\
&= \frac{1}{n}\int_0^{q_i(s_i, s_{-i})} e_i(x, s_i)\mathrm{d}x + \frac{1}{n}\sum_{\substack{j=1\\ j\neq i}}^{n}\int_0^{q_i(s_i, s_{-i})} e_j(x, s_j)\mathrm{d}x
\end{aligned}$$

$$s_{-i}=(s_1,s_2,\cdots,s_{i-1},s_{i+1},\cdots,s_n)$$

$u_i(s_i,s_i)$ 表示真实类型为 s_i 而上报类型也为 s_i 的买者 i 的期望收益。个体理性条件意味着每个买者参与报价时的收益大于或者等于不参与报价时的收益。

其次， 来讨论激励相容性条件。 假设卖者不会阻止任何买者虚假报价。Myerson[28] 指出显示机制能实施的前提条件是没有任何买者能在虚假报价时增加自己的收益。也就是说，在拍卖中，当所有买者都诚实报价时，必然会形成一个纳什均衡。由于所有的买者都被假定是风险中性的，于是真实类型为 s_i 而上报类型为 $\hat{s}_i$ 的买者 i 的期望收益为

$$u_i(s_i,\hat{s}_i)=E\left[r_i(q_i(\hat{s}_i,s_{-i}),s)\right]-T_i(\hat{s}_i,s_{-i}),\quad \forall i\in N,\ \forall s_i,\hat{s}_i\in\Omega_i$$

其中，

$$E\left[r_i(q_i(\hat{s}_i,s_{-i}),s)\right]=\frac{1}{n}\int_0^{q_i(\hat{s}_i,s_{-i})}e_i(x,s_i)\mathrm{d}x+\frac{1}{n}\sum_{\substack{j=1\\j\neq i}}^{n}\int_0^{q_i(\hat{s}_i,s_{-i})}e_j(x,s_j)\mathrm{d}x$$

$$\forall i\in N,\ \forall s_i,\hat{s}_i\in\Omega_i$$

设计最优机制的目标是诱导买者在报价时真实显示自己的类型，这就要求所设计的机制要保证所有买者在真实报告自己类型时所获得的期望收益不小于谎报自己类型时获得的期望收益，即要满足激励相容性条件

$$u_i(s_i,s_i)\geqslant u_i(s_i,\hat{s}_i),\quad \forall i\in N,\ \forall s_i,\hat{s}_i\in\Omega_i \tag{2.4}$$

基于以上分析，一个拍卖 $A(q,T)$ 是一个可行拍卖当且仅当个体理性条件 (2.3) 和激励相容性条件 (2.4) 同时满足。换言之，在拍卖 $A(q,T)$ 中，拍卖机制能顺利实施，即卖者按照买者提交的报价信息 $s=(s_1,s_2,\cdots,s_n)$ 和支付 $T=(T_1,T_2,\cdots,T_n)$ 来分配物品，当且仅当卖者设计的拍卖机制满足个体理性条件 (2.3) 和激励相容性条件 (2.4)。

因此，设计最优拍卖机制的问题等价于在满足个体理性条件 (2.3) 和激励相容性条件 (2.4) 下设计一个可行机制，以最大化卖者的期望收益，即

$$\mathrm{Max}\ u_0=E\left[\sum_{i=1}^{n}T_i\right]$$

下面探讨可分离物品拍卖的最优机制设计。这里，先给出一个充分条件来保证拍卖 $A(q,T)$ 是可行的。

命题 2.1 对于一个拍卖 $A(q,T)$，如果下列条件成立：

(i) $\dfrac{\partial q_i(s)}{\partial s_i}\geqslant 0,\ \forall i\in N,\forall s_i\in\Omega_i$；

(ii) $u_i(l_i, l_i) \geqslant 0,\ \forall i \in N, \forall l_i \in \Omega_i$;

(iii) $u_i(s_i, s_i) = u_i(l_i, l_i) + \dfrac{1}{n}\displaystyle\int_{l_i}^{s_i}\int_0^{q_i(x,s_{-i})} \frac{\partial e_i(y,x)}{\partial s_i}\mathrm{d}y\mathrm{d}x,\ \forall i \in N, \forall s_i, l_i \in \Omega_i$;

(iv) $\displaystyle\sum_{i=1}^{n} q_i \leqslant Q_0$，其中 $q_i \geqslant 0,\ \forall i \in N$，

那么 $A(q,T)$ 是一个可行的拍卖机制。

证明 对于任意的 $i \in N, s_i, \hat{s}_i \in \Omega_i$，

$$\begin{aligned} u_i(s_i, \hat{s}_i) &= E\left[r_i(q_i(\hat{s}_i, s_{-i}), s)\right] - T_i(\hat{s}_i, s_{-i}) \\ &= \frac{1}{n}\int_0^{q_i(\hat{s}_i, s_{-i})} e_i(x, s_i)\mathrm{d}x + \frac{1}{n}\sum_{\substack{j=1\\ j\neq i}}^{n}\int_0^{q_i(\hat{s}_i, s_{-i})} e_j(x, s_j)\mathrm{d}x - T_i(\hat{s}_i, s_{-i}) \end{aligned}$$

于是有

$$\frac{\partial u_i(s_i, \hat{s}_i)}{\partial s_i} = \frac{1}{n}\int_0^{q_i(\hat{s}_i, s_{-i})} \frac{\partial e_i(x, s_i)}{\partial s_i}\mathrm{d}x$$

进而得

$$\frac{\partial u_i(s_i, s_i)}{\partial s_i} = \left.\frac{\partial u_i(s_i, \hat{s}_i)}{\partial s_i}\right|_{\hat{s}_i = s_i} = \frac{1}{n}\int_0^{q_i(s_i, s_{-i})} \frac{\partial e_i(x, s_i)}{\partial s_i}\mathrm{d}x$$

由包络定理 [1] 得

$$u_i(s_i, s_i) = u_i(\hat{s}_i, \hat{s}_i) + \frac{1}{n}\int_{\hat{s}_i}^{s_i}\int_0^{q_i(x,s_{-i})} \frac{\partial e_i(y,x)}{\partial s_i}\mathrm{d}y\mathrm{d}x, \quad \forall i \in N,\ \forall s_i, \hat{s}_i \in \Omega_i \quad (2.5)$$

一方面，由式 (2.5)，当 $\hat{s}_i = l_i$ 时，有

$$u_i(s_i, s_i) = u_i(l_i, l_i) + \frac{1}{n}\int_{l_i}^{s_i}\int_0^{q_i(x,s_{-i})} \frac{\partial e_i(y,x)}{\partial s_i}\mathrm{d}y\mathrm{d}x, \quad \forall i \in N,\ \forall s_i, l_i \in \Omega_i \quad (2.6)$$

又由 (ii) 知，对于 $\forall i \in N, \forall l_i \in \Omega_i$ 有 $u_i(l_i, l_i) \geqslant 0$，再加上条件

$$\frac{\partial e_i(y,x)}{\partial s_i} \geqslant 0$$

故有

$$u_i(s_i, s_i) \geqslant 0, \quad \forall i \in N,\ \forall s_i \in \Omega_i$$

即个体理性条件是满足的。下面证明激励相容性。

另一方面，利用条件 (2.5) 和条件 (i)，(iv)，得

$$u_i(s_i, s_i) = u_i(\hat{s}_i, \hat{s}_i) + \frac{1}{n}\int_{\hat{s}_i}^{s_i}\int_0^{q_i(x,s_{-i})} \frac{\partial e_i(y,x)}{\partial s_i}\mathrm{d}y\mathrm{d}x$$

$$
\begin{aligned}
&\geqslant \frac{1}{n}\int_0^{q_i(\hat{s}_i,s_{-i})} e_i(y,\hat{s}_i)\mathrm{d}y+\frac{1}{n}\sum_{\substack{j=1\\ j\neq i}}^{n}\int_0^{q_i(\hat{s}_i,s_{-i})} e_j(y,s_j)\mathrm{d}y-T_i(\hat{s}_i,s_{-i})\\
&\quad+\frac{1}{n}\int_{\hat{s}_i}^{s_i}\int_0^{q_i(\hat{s}_i,s_{-i})}\frac{\partial e_i(y,x)}{\partial s_i}\mathrm{d}y\mathrm{d}x\\
&=\frac{1}{n}\int_0^{q_i(\hat{s}_i,s_{-i})} e_i(y,\hat{s}_i)\mathrm{d}y+\frac{1}{n}\sum_{\substack{j=1\\ j\neq i}}^{n}\int_0^{q_i(\hat{s}_i,s_{-i})} e_j(y,s_j)\mathrm{d}y\\
&\quad+\frac{1}{n}\int_0^{q_i(\hat{s}_i,s_{-i})}[e_i(y,s_i)-e_i(y,\hat{s}_i)]\mathrm{d}y-T_i(\hat{s}_i,s_{-i})\\
&=\frac{1}{n}\sum_{\substack{j=1\\ j\neq i}}^{n}\int_0^{q_i(\hat{s}_i,s_{-i})} e_j(y,s_j)\mathrm{d}y+\frac{1}{n}\int_0^{q_i(\hat{s}_i,s_{-i})} e_i(y,s_i)\mathrm{d}y-T_i(\hat{s}_i,s_{-i})\\
&=u_i(s_i,\hat{s}_i)
\end{aligned}
$$

也就是说，激励相容性条件也是成立的。

综上所证，$A(q,T)$ 是一个可行的拍卖机制。 [证毕]

基于命题 2.1 的结论，进一步讨论最优拍卖机制。

命题 2.2 在拍卖 $A(q^*,T^*)$ 中，若在满足下列条件下：

$$u_i(l_i,l_i)\geqslant 0,\quad \forall i\in N,\ \forall l_i\in\Omega_i \tag{2.7}$$

$$u_i(s_i,s_i)\geqslant u_i(s_i,\hat{s}_i),\quad \forall i\in N,\ \forall s_i,\hat{s}_i\in\Omega_i \tag{2.8}$$

$$\frac{\partial q_i(s)}{\partial s_i}\geqslant 0,\quad \forall i\in N,\ \forall s_i\in\Omega_i \tag{2.9}$$

$$\sum_{i=1}^{n}q_i\leqslant Q_0, \tag{2.10}$$

$$q_i\geqslant 0,\quad \forall i\in N \tag{2.11}$$

卖者的期望收益可以最大化，即

$$\mathrm{Max}\ u_0=E\left[\sum_{i=1}^{n}T_i\right] \tag{2.12}$$

且买者 i 的支付满足

$$T_i^*(s_i,s_{-i})=E\left[r_i(q_i^*(s_i,s_{-i}),s)\right]-\frac{1}{n}\int_{l_i}^{s_i}\int_0^{q_i^*(x,s_{-i})}\frac{\partial e_i(y,x)}{\partial s_i}\mathrm{d}y\mathrm{d}x \tag{2.13}$$

则 $A(q^*,T^*)$ 是一个最优拍卖机制。

证明 一方面，由式 (2.2) 和式 (2.6)，卖者的收益可写成

$$u_0=E\left[\sum_{i=1}^{n}T_i\right]$$

$$= \sum_{i=1}^{n} E[r_i(q_i, s)] - \sum_{i=1}^{n} E[r_i(q_i, s) - T_i(s_i)]$$

$$= \sum_{i=1}^{n} E[r_i(q_i, s)] - \sum_{i=1}^{n} E[u_i(s_i)]$$

$$= \sum_{i=1}^{n} E[r_i(q_i, s)] - \sum_{i=1}^{n} E\left[u_i(l_i, l_i) + \frac{1}{n}\int_{l_i}^{s_i}\int_0^{q_i(x, s_{-i})} \frac{\partial e_i(y, x)}{\partial s_i} \mathrm{d}y\mathrm{d}x\right]$$

$$= E\left[\sum_{i=1}^{n} r_i(q_i, s) - \frac{1}{n}\int_{l_i}^{s_i}\int_0^{q_i(x, s_{-i})} \frac{\partial e_i(y, x)}{\partial s_i} \mathrm{d}y\mathrm{d}x\right] - \sum_{i=1}^{n} u_i(l_i, l_i)$$

由于买者的期望支付 T_i 只出现在 $u_i(l_i, l_i)$ 中，$i = 1, 2, \cdots, n$，因此选择 T_i 使卖者收益 u_0 最大化等价于使 $u_i(l_i, l_i)$ 极小化。又因为个体理性条件要求 $u_i(l_i, l_i) \geqslant 0$，因此，若卖者的收益达到最大化，则必有 $u_i(l_i, l_i) = 0$，即最优拍卖中最低私有信号的买者收益为零。

再次运用式 (2.2) 和式 (2.6)，得

$$\begin{aligned} u_i(l_i, l_i) &= u_i(s_i, s_i) - \frac{1}{n}\int_{l_i}^{s_i}\int_0^{q_i(x, s_{-i})} \frac{\partial e_i(y, x)}{\partial s_i} \mathrm{d}y\mathrm{d}x \\ &= E\left[r_i(q_i(s_i, s_{-i}), s)\right] - T_i(s_i, s_{-i}) - \frac{1}{n}\int_{l_i}^{s_i}\int_0^{q_i(x, s_{-i})} \frac{\partial e_i(y, x)}{\partial s_i} \mathrm{d}y\mathrm{d}x \end{aligned}$$

当 $u_i(l_i, l_i) = 0$ 时，可得

$$T_i^*(s_i, s_{-i}) = E\left[r_i(q_i^*(s_i, s_{-i}), s)\right] - \frac{1}{n}\int_{l_i}^{s_i}\int_0^{q_i^*(x, s_{-i})} \frac{\partial e_i(y, x)}{\partial s_i} \mathrm{d}y\mathrm{d}x$$

另一方面，若式 (2.13) 成立，则有 $u_i(l_i, l_i) = 0$，于是卖者的收益达到最大。另外，由式 (2.7)—(2.11) 及命题 2.1 知，$A(q^*, T^*)$ 是一个可行的拍卖机制。因此，$A(q^*, T^*)$ 是一个最优拍卖机制。　**[证毕]**

2.2　基于统一价格和歧视性价格的最优拍卖实现

2.1 节提出的最优拍卖机制可以通过歧视性价格拍卖或者统一价格拍卖的方式来实现，下文进行逐一讨论。

在统一价格拍卖中，买者按照自己需要的物品数量和愿意支付的价格进行报价，卖者根据报价信息，按照事先制订的中标规则确定赢者，并确定供求相等的出清价格，所有赢者对于他们赢得的物品均以相同的单位价格 p_0 (市场出清价格) 支

付给卖者。相应地，在歧视性价格拍卖中，所有赢者对于他们赢得的物品以各自报价中的单位价格 p_i 支付给卖者。

具体地，2.1 节给出了基于价格属性的可分离物品最优拍卖的一般框架，针对具体的报价函数可以利用统一价格或者歧视性价格的方式来实现最优拍卖。例如，拍卖中，假设每个买者独立上报一递减的连续可微的报价函数 $d_i(p)$，表示该买者在单位物品价格不大于 p 时的累积需求，$0 \leqslant d_i(p) \leqslant Q_0$; $p_i(d_i) = d_i^{-1}(p)$ 为买者 i 的需求函数的反函数，表示需求量为 d_i 时的价格。

(1) 卖者按照歧视性价格拍卖的方式进行。其方法为: 卖者在每买者 i 报出其报价函数 $d_i(p)$ 的私人信息后，按照歧视性价格 p_i 将总量 Q_0 分配给 i 个买者，第 i 个买者的分配量记为 q_i，满足

$$\sum_{i=1}^{n} q_i = Q \leqslant Q_0$$

则 2.1 节的可分离物品最优拍卖可以转化为下列的模型 (M_1) 来实现:

$$(\mathrm{M}_1) \quad \begin{aligned} &\text{Max} \quad u_0 = E\left[\sum_{i=1}^{n} T_i\right] = \sum_{i=1}^{n} p_i q_i \\ &\text{s.t.} \begin{cases} \sum_{i=1}^{n} q_i = Q \leqslant Q_0 \\ p_i(d_i) = p_i, & i = 1, 2, \cdots, n \\ 0 \leqslant q_i \leqslant Q_0, & i = 1, 2, \cdots, n \end{cases} \end{aligned}$$

买者 i 的目标是通过选取最优的报价策略 $d_i(p)$，使得其自身收益 $R = (v - p_i)q_i(p_i)$ 最大化，最终他需支付 $p_i q_i$ 以获得分配量 q_i。

(2) 卖者按照统一价格拍卖的方式进行。其具体方法为: 卖者在买者 i 报出其报价函数 $d_i(p)$ 的私人信息后，按照统一价格 (市场出清价格)p 将总量 Q_0 分配给 i 个买者，第 i 个买者的分配量记为 q_i，满足

$$\sum_{i=1}^{n} q_i = Q \leqslant Q_0$$

则 2.1 节的可分离物品最优拍卖可以转化为下列的模型 (M_2) 来实现:

$$(\mathrm{M}_2) \quad \begin{aligned} &\text{Max} \quad u_0 = E\left[\sum_{i=1}^{n} T_i\right] = \sum_{i=1}^{n} p q_i = pQ \\ &\text{s.t.} \begin{cases} \sum_{i=1}^{n} q_i = Q \leqslant Q_0 \\ p_i(d_i) = p, & i = 1, 2, \cdots, n \\ 0 \leqslant q_i \leqslant Q_0, & i = 1, 2, \cdots, n \end{cases} \end{aligned}$$

对买者 i 而言，其目标是通过选取最优的报价策略 $d_i(p)$，使其自身收益 $R=(v-p)q_i(p)$ 最大化，最终他需支付 pq_i 以获得分配量 q_i。

实质上，(M_1) 和 (M_2) 是将传统的固定供给量 $\sum\limits_{i=1}^{n} q_i = Q_0$ 改成了可变供给量 $\sum\limits_{i=1}^{n} q_i \leqslant Q_0$，这种改进体现了卖者 (主方) 的一种 "威胁" 策略。关于这个改进模型描述的拍卖机制的均衡分析及性质将在第 3 章进行详细讨论。

2.3 统一价格拍卖中的多重均衡点问题

对于上述 (M_2) 所表示的统一价格拍卖，均衡点的存在性和唯一性问题是理论上必须探讨的核心问题之一。本书第一作者在攻读博士研究生及做博士后研究期间，重点研究了同质可分离物品的统一价格拍卖机制及模型，并从资源配置的角度建立了基于统一价格拍卖的污染物允许排放量免费分配的有效性评价模型。在案例分析与数值实验过程中发现：当统一价格拍卖的均衡点存在时，可能会出现均衡点不唯一的情形，即出现多重均衡点。

下面给出一个实例来说明统一价格拍卖中存在多重均衡点的情形。

假设一拍卖人有数量为 Q_0 的可分离物品待出售，有 n 个风险中性的投标人参与投标，且假设投标人对称。拍卖物具有 "共同价值" 特征，即单位数量的物品对所有投标人的价值为 v，v 为共同知识。每个投标人根据需求计划 $p(q)=a-bq$ 投标，其中 $a>0$，$b\geqslant 0$，其含义是投标人愿意为获得数量为 q 的物品支付 $p(q)$，或者等价地，以价格 $p<a$ 购买数量为 $q(p)=\dfrac{a-p}{b}$ 的物品。每个投标人的真实需求函数设为 $p(q)=a_0-b_0q$。

假设前 $n-1$ 个投标人都采用这个策略，现在来考虑第 n 个投标人的投标。如果这位投标人在拍卖中得到数量为 q 的物品，那么其他 $n-1$ 个投标人中的每个人得到的物品数量均为 $\dfrac{Q_0-q}{n-1}$，所以成交价格为

$$p=a-\frac{b(Q_0-q)}{n-1}$$

于是第 n 个投标人获得的收益为

$$u=vq-\left[a-\frac{b(Q_0-q)}{n-1}\right]q$$

在对称均衡中，当 $q=\dfrac{Q_0}{n}$ 时，第 n 个投标人的收益达到最大。因此，在均衡

中，$q=\dfrac{Q_0}{n}$ 必然满足投标人的一阶条件：

$$\left.\frac{\mathrm{d}u}{\mathrm{d}q}\right|_{q=\frac{Q_0}{n}}=\left.\frac{\mathrm{d}}{\mathrm{d}q}\right|_{q=\frac{Q_0}{n}}\left[vq-\left(a-b\frac{Q_0-q}{n-1}\right)q\right]=0$$

即有

$$a=v+\frac{(n-2)Q_0}{n(n-1)}b \tag{2.14}$$

又由于在每一个均衡中，价格 $p=a-\dfrac{bQ_0}{n}$，所以 $a=p+\dfrac{bQ_0}{n}$，代入 (2.14)，得

$$b=\frac{n(n-1)(v-p)}{Q_0} \tag{2.15}$$

由 (2.14) 和 (2.15)，可以在很大的价格范围内构造对称均衡点，例如，为了确定价格为 $p_0\,(0\leqslant p_0\leqslant v)$ 的均衡，将 $p=p_0$ 代入 (2.15) 中，得

$$b=\frac{n(n-1)(v-p_0)}{Q_0}$$

从而

$$a=v+(n-2)(v-p_0)$$

即对应的投标人均衡投标策略为

$$p(q)=v+(n-2)(v-p_0)-\frac{n(n-1)(v-p_0)}{Q_0}q$$

这个结果说明当投标人采取不同的均衡投标策略 $p(q)=a-bq$ 时 (这些投标策略可能会严重偏离真实的需求函数 $p(q)=a_0-b_0q$)，会得到不同的均衡价格，即该统一价格拍卖中存在多重均衡点，而且会产生任意低的均衡价格 (其中包括零价格均衡)。

多重均衡点下，可能导致投标人之间 “隐性共谋”，形成 “合谋均衡”，具体表现为投标人之间互相协调自己的投标行为，报价偏离真实成本，通过借助于 “需求缩减” 策略在一个较低的价格上瓜分拍卖物品 (低价均衡)，其结果是形成无效率的资源分配结果，并给拍卖人造成一定的收益损失。另外，对于投标人而言，在面对可能出现的多重均衡点时，由于参与人在多轮投标中难以推测其他人的行为预期，因此难以在多重均衡点之间作出最优策略选择 (不同的策略选择结果将会影响投标人的收益水平)。基于此，要提高统一价格拍卖的可行性和实用性，在设计拍卖机制时不能忽视均衡点的变动规律分析，关键问题是通过理论分析找出多重均衡点存在的条件，并由此设计有效的诱导策略使拍卖收敛于唯一的均衡点，关于这点目前未见文献进行系统化的研究。针对这一理论问题，第 4 章将作出全面分析和探讨。

2.4 本章小结

本章研究了可分离物品的最优拍卖机制设计问题。具体地，结合可行分配和可分离物品拍卖的概念，分析了最优拍卖机制的可行性，即激励相容性和个体理性，讨论了最优拍卖的若干性质，给出了如何实现最优拍卖机制的基本过程，并提出了统一价格拍卖中可能存在多重均衡点的问题。为后文提出的多种可分离物品拍卖的机制设计提供了基本的理论框架。

第 3 章　不确定供给量下的可分离物品拍卖机制

本章首先分析了传统基于固定供给量的可分离物品拍卖机制的不足，并结合第 2 章提出的可分离物品最优拍卖机制的基本框架，以消除买者之间的隐性合谋和低价均衡为出发点，研究了两类不确定供给策略 (即 $Q \leqslant Q_0$ 和 $Q = Q(p)$) 下连续、同质可分离物品统一价格拍卖机制及模型。3.1 节在买者报价连续、独立私有估价和三类风险买者 (风险中立、风险爱好、风险厌恶) 共存的假设下研究了一个供给量 $Q \leqslant Q_0$ (主方不固定拍卖量，而采取视买者报价情况选取实际供给量) 的可分离物品统一价格拍卖机制及模型，研究了其信息激励性和分配有效性; 3.2 节在买者报价连续、卖者和买者风险中立的假设下，研究了一个供给量 $Q = Q(p)$ (弹性供给量，即将供给量看成价格的函数) 的可分离物品统一价格拍卖机制及模型，探讨了均衡价格和卖者的最佳供给策略，同时将模型推广到风险中立、风险爱好、风险厌恶三类风险买者共存的情形，并给出了相应的均衡结论。

3.1　基于固定供给量的可分离物品拍卖机制的局限性

先给出可分离物品统一价格拍卖的一般假设 [1,6,7,40−42]。

(S_1) 拍卖人 (卖者) 和所有的投标人 (买者) 都是风险中性的。

(S_2) 假设只有一个卖者和 $n\,(n > 1)$ 个买者。

(S_3) 卖者拥有数量为 Q_0 的同质可分离物品待拍卖。

(S_4) 拍卖物具有 “共同价值” 特征，即单位数量的物品对买者 i 的价值为 v，v 为共同知识。

(S_5) 拍卖中，每个买者独立上报一递减的连续可微的需求函数 $d_i(p)$，表示该买者在单位物品价格不大于 p 时的累积需求，$0 \leqslant d_i(p) \leqslant Q_0$; $D(p) = \sum\limits_{i=1}^{n} d_i(p)$ 记为累积需求函数; $p_i = p_i(d_i)$ 为买者 i 的需求函数的反函数，表示需求量为 d_i 时的价格。

(S_6) 拍卖按照统一价格拍卖的方式进行。具体方法为: 卖者在每个买者 i 报出其需求函数 $d_i(p)$ 的私有信息后，按照统一价格 (市场出清价格) p 将总量 Q_0 分配给 i 个买者，第 i 个买者的分配量记为 q_i，满足 $\sum\limits_{i=1}^{n} q_i = Q_0$。

在拍卖中，对买者 i 而言，需支付 pq_i 以获得分配量 q_i，而卖者的目标是设计有效的拍卖规则最大化其收益 $U = pQ_0$。则具体分配方法可表示为下面的数学模型 (M_3)：

$$(\mathrm{M}_3)\qquad \begin{aligned} &\mathrm{Max}\ U = pQ_0 \\ &\text{s.t.}\ \begin{cases} \sum\limits_{i=1}^{n} q_i = Q_0 \\ p_i(q_i) = p, & i = 1, 2, \cdots, n \\ 0 \leqslant q_i \leqslant Q_0, & i = 1, 2, \cdots, n \end{cases} \end{aligned}$$

现有文献 [1], [6], [39]—[42] 研究指出，基于固定总量的模型 (M_3) 易出现买者共谋、产生低价均衡，达不到分配的公平性和有效性，并指出其主要原因是 (M_3) 中的 $\sum\limits_{i=1}^{n} q_i = Q_0$ 限制了卖者的策略选择。因此需要对模型进行改进以改善卖者的决策环境，提高分配的有效性。

实际上，(M_3) 描述的拍卖中产生"隐性合谋"或"低价均衡"的原因是固定供给总量 $\left(\sum\limits_{i=1}^{n} q_i = Q_0\right)$ 限制了卖者的策略选择，并导致目标 $\mathrm{Max}\ pQ_0$ 完全由买者决定，因此从买者的利益出发该目标当然越小越好。基于这个原因，(M_3) 的改进可通过改变条件 $\sum\limits_{i=1}^{n} q_i = Q_0$ 来扩大卖者的策略空间，提高卖者决策的主动性，并遏制买者的逆向选择。具体思路如下:

(1) 将 (M_3) 中的约束 $\sum\limits_{i=1}^{n} q_i = Q_0$ 改为 $\sum\limits_{i=1}^{n} q_i \leqslant Q_0$，即卖者事先不固定拍卖量，而采取视买者报价情况选取实际供给量 $Q \leqslant Q_0$ 以实现 $\mathrm{Max}\ pQ$。

(2) 将 (M_3) 中的约束 $\sum\limits_{i=1}^{n} q_i = Q_0$ 改为 $\sum\limits_{i=1}^{n} q_i = Q(p)$，即 $Q(p)$ 具有价格弹性或是成交价格 p 的函数。

这两种改进都旨在将固定供给量机制变成不确定供给量机制，体现了卖者的一种"威胁"策略，这将会改善卖者的决策空间，提高拍卖机制的激励性。

接下来，3.2 节和 3.3 节将证明改进后的可分离物品统一价格拍卖机制具有激励相容性，并探讨买者的报价策略和期望剩余、卖方的期望供给量 Q 等，且与固定总量 $\sum\limits_{i=1}^{n} q_i = Q_0$ 的原拍卖机制进行比较和分析。

3.2　供给量 $Q \leqslant Q_0$ 的拍卖机制及模型

3.2.1　基本模型

在经典的可分离物品统一价格拍卖模型中，采用的都是 3.1 节提出的六条假设 (S_1)—(S_6)[39−42]。

基于 (S_1)—(S_6)，在统一价格拍卖中，卖者的目标是设计有效的拍卖规则以最大化其收益，即

$$\text{Max } u_0 = pQ_0 = P\sum_{i=1}^{n} q_i$$

对买者 i 而言，需支付 pq_i 以获得分配量 q_i，其目标是通过选取最优的报价 $d_i(p)$，使其收益 $u_i = (v-p)q_i(p)$ 最大化。

上述拍卖模型记为 (D_1)。实质上，模型 (D_1) 就是 3.1 节中原模型 (M_3) 的一般化形式。对于此模型，可从如下两个方面进行探讨[6,15]:

(i) 对于假设 (S_1)，只考虑买者风险中立的情形，具有特殊性。然而在现实报价中，往往风险中立、风险爱好、风险厌恶的买者可能同时存在。另外，对于假设 (S_4)，考虑的是买者对称的情形，即认为所有人对单位物品的估价是相同的。但在实际拍卖中，卖者对单位物品的估价 v_i 往往是私人信息，其他买者 (包括卖者) 并不能观察到 v_i 的值。为使传统模型更具一般性，特考虑报价中三类风险买者共存且买者对物品的估价是独立私人信息的情形，将假设 (S_1)，(S_4) 修改为 (S_1')。

(S_1') 假设卖者是风险中立的，买者中有 n_1 个人是风险厌恶的，n_2 个人是风险中立的，n_3 个人是风险爱好的，$n_1+n_2+n_3=n$; 且买者对物品的估价是独立私人信息。

对于单位数量的可分离拍卖物品，假设买者 $i\,(i=1,2,\cdots,n)$ 先根据确定性因素 (如卖者设置的保留价格、类似物品的价格、入场费等) 确定自己的独立私有估价 v_i，然后根据一些不确定因素 (如拍卖品的质量、拍卖品的未来价值、二级市场的炒作程度等) 对自己的原始估价作出调整。风险厌恶者认为不确定因素对自己不利，于是对原始估价减小; 风险爱好者认为不确定因素会给自己带来更高的收益，于是增大原始估价; 风险中立者将不受不确定因素的影响，不会对原始估价作出调整。

将买者的风险态度量化为 θ_i，$\theta_i > 0$，引入如下的 "风险标度" 来度量风险态度的大小:

$$\theta_i \begin{cases} <1, & \text{投标人是风险厌恶者} \\ =1, & \text{投标人是风险中立者} \\ >1, & \text{投标人是风险爱好者} \end{cases} \tag{3.1}$$

其中 $\theta_i < 1$ 对应的投标人是风险厌恶者，$\theta_i = 1$ 对应的投标人是风险中立者，$\theta_i > 1$ 对应的投标人是风险爱好者. 应用此度量方法，买者 i 调整后的估计为 $\theta_i v_i$。$\theta_i\,(\theta_i < 1)$ 越小表示买者风险厌恶的程度越高，$\theta_i\,(\theta_i > 1)$ 越大表示买者风险爱好的程度越高。

(ii) 对于模型 (D_1) 描述的拍卖机制，3.1 节已经通过理论分析和案例验证得出: 此拍卖机制易出现隐性合谋，产生低价均衡，达不到分配的公平性和有效性，并且指出其主要原因是假设 (S_6) 中的 $\sum\limits_{i=1}^{n} q_i = Q_0$ 限制了卖者的策略选择。因此需要对其进行改进以改善卖者的决策环境，提高分配的有效性。因此，将假设 (S_6) 修改为 (S_6'):

(S_6') 将 $\sum\limits_{i=1}^{n} q_i = Q_0$ 中固定供给总量的约束修改为 $\sum\limits_{i=1}^{n} q_i = Q \leqslant Q_0$，即在拍卖前买者面临的总供给量 Q 是不确定的，Q 的取值区间为 $[0, Q_0]$，这个信息为公共信息。

基于假设 (S_1')—(S_3), (S_5), (S_6')，重新建立改进后的统一价格拍卖模型。这里，卖者的目标是在买者提供的报价信息前提下，通过对供给量 $Q \leqslant Q_0$ 和统一价格 $p > 0$ 的选取，使得分配或拍卖所得收益 $\sum\limits_{i=1}^{n} pq_i = pQ$ 最大化，即

$$
(\mathrm{D}_2)\qquad
\begin{aligned}
&\mathrm{Max}\ pQ\\
&\text{s.t.}\ \begin{cases}
\sum\limits_{i=1}^{n} q_i = Q \leqslant Q_0\\
p_i(d_i) = p, & i = 1, 2, \cdots, n\\
0 \leqslant q_i \leqslant Q_0, & i = 1, 2, \cdots, n
\end{cases}
\end{aligned}
$$

买者 i 的目标是通过选取最优的报价 $d_i(p)$，使得自身的收益最大化，即

$$
\mathrm{Max}\ u_i = (\theta_i v_i - p) q_i(p)
$$

特别地，市场出清价格定义为

$$
p_0 = \sup\{p \,|\, D(p) \geqslant Q\}
$$

即为所有供给量全部分配完时的最高价格 [43,44,47]。当对于任何价格 p，总需求量低于总供给量，即 $D(p) < Q$ 时，出清价格 $p_0 = r$，r 为卖者的保留价格，$r \geqslant 0$。

模型 (D_2) 描述的是一个不确定供给量的可分离物品统一价格拍卖机制。下面给出 (D_2) 描述的拍卖机制的一般均衡结论，并分析和讨论其信息激励性和分配有效性。

3.2.2 最优供给量分析

命题 3.1 在 (D_2) 所描述拍卖机制的均衡中，卖者的最佳策略将是选择 $Q^*=Q_0$。

证明 假设双方达到均衡时，均衡价格为 p^*，卖者选择的均衡供给量为 Q^*，且 $Q^*<Q_0$。考虑买者 i 作如下偏离 $\bar{d}_i$ (图 3.1):

$$\begin{cases} \bar{d}_i^{-1}(q_i^*) = d_i^{-1}(q_i^*) = p^* \\ \bar{d}_i^{-1}(q_i^* + \delta) = p^* - \varepsilon \end{cases}$$

其中 $\varepsilon>0, \delta>0$，且 ε 足够小，δ 满足 $\delta \geqslant \dfrac{Q^*\varepsilon}{p^*-\varepsilon}$。除买者 j 外，其余 $n-1$ 个买者的报价策略都不变。

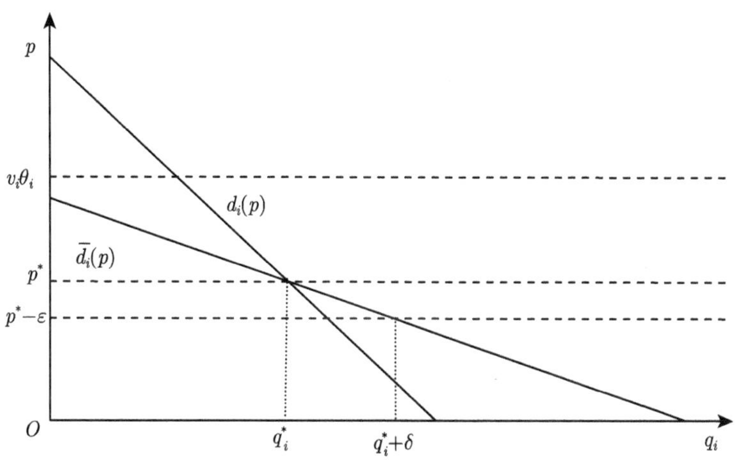

图 3.1 买者 i 调整报价函数前后的均衡示意图 (一)

此时，若卖者选择供应量 $Q^*+\delta$，则相应的出清价格为 $p=p^*-\varepsilon$。由于 ε 足够小，$\delta \geqslant \dfrac{Q^*\varepsilon}{p^*-\varepsilon}$，因而卖者的收益满足

$$p(Q^*+\delta) = (p^*-\varepsilon)(Q^*+\delta) \geqslant (p^*-\varepsilon)\left(Q^* + \frac{Q^*\varepsilon}{p^*-\varepsilon}\right) = p^*Q^*$$

即卖者将获利; 另外，由于 $p=p^*-\varepsilon<p^*$，且买者 i 获得的分配量 $q_i=q_i^*+\delta>q_i^*$，故其收益

$$\begin{aligned} u_i &= (\theta_i v_i - p)q_i = [\theta_i v_i - (p^*-\varepsilon)](q_i^*+\delta) \\ &= (\theta_i v_i - p^* + \varepsilon)(q_i^*+\delta) > (\theta_i v_i - p^*)q_i^* \end{aligned}$$

即买者 i 通过适当的偏离也将获利。

因此，综合双方利益，卖者原有的均衡供给量 Q^* 必将会增加，直到 $Q^* = Q_0$。 [证毕]

命题 3.1 说明卖者虽然不固定供给量，但根据卖者的利益最大化原则，卖者的均衡策略仍然是选择 $Q^* = Q_0$。这种视买者报价后的具体情况选取供给量 Q 以使得自身收益最大化的分配方法可看成是卖者的一种威胁策略。因此，在制订分配方案时，可以利用这个性质来判断基础信息的准确性，即当 $Q^* < Q_0$ 时，说明卖者可以公布可能的分配结果让买者进一步调整报价，使其接近买者的真实估价，且 $Q_0 - Q^*$ 越小，则说明越接近真实估价。

推论 3.1　假设卖者和买者的风险态度满足条件 (S_1')，当买者 i 将其报价函数由 d_i 变为 $\bar{d}_i$ (如图 3.1 所示，$\bar{d}_i$ 使得买者的报价更接近于真实估价)，其余买者的报价保持不变时，则基于 $\bar{d}_i$ 的供给量 $Q^{*\prime}$ 不小于基于 d_i 的供给量 Q^*，即 $Q^{*\prime} \geqslant Q^*$。

证明　由命题 3.1 的证明过程易得此结论。 [证毕]

命题 3.1 和推论 3.1 说明了 (D_2) 描述的拍卖机制具有"报价一致性"的重要均衡性质。此性质进一步说明了 (D_2) 用于多物品拍卖的合理性和有效性。

3.2.3　均衡价格讨论

命题 3.2　(D_2) 所描述拍卖机制的均衡中，卖者可得到的均衡价格 p^* 满足

$$\frac{1}{n}\left(\sum_{i=1}^{n}\theta_i v_i - \operatorname*{Max}_{k}\theta_k v_k\right) \leqslant p^* \leqslant \frac{1}{n}\left(\sum_{i=1}^{n}\theta_i v_i - \operatorname*{Min}_{k}\theta_k v_k\right) \tag{3.2}$$

其中 $i = 1, 2, \cdots, n$，$k = 1, 2, \cdots, n$。

证明　将分配量 $q_1, q_2, \cdots, q_n$ 看成统一价格 p 的函数，且 $q_i = Q - \sum\limits_{j \neq i} q_j$ 和 $\dfrac{\mathrm{d}q_i}{\mathrm{d}p} \leqslant 0$。

对于卖者而言，其目标是最大化收益 $u_0 = pQ$，由极大值条件和命题 3.1 的结论，有

$$\left.\frac{\mathrm{d}u_0}{\mathrm{d}p}\right|_{p=p^*} = 0$$

即有

$$\left.\frac{\mathrm{d}u_0}{\mathrm{d}p}\right|_{p=p^*} = Q_0 + p^* \left.\frac{\mathrm{d}Q}{\mathrm{d}p}\right|_{p=p^*} = 0$$

从而得

$$\left.\frac{\mathrm{d}Q}{\mathrm{d}p}\right|_{p=p^*} = -\frac{Q_0}{p^*} \tag{3.3}$$

对于买者 i，其目标是最大化其收益，即

$$\operatorname{Max} u_i = (\theta_i v_i - p) q_i(p) = (\theta_i v_i - p)\left(Q - \sum_{\substack{j=1\\j\neq i}}^{n} q_i\right)$$

同样由极大值条件和命题 3.1 的结论可得

$$-q_i^* - (\theta_i v_i - p^*)\left(\sum_{\substack{j=1\\j\neq i}}^{n} \left.\frac{\mathrm{d}q_j}{\mathrm{d}p}\right|_{p=p^*}\right) = 0$$

即有

$$\begin{aligned} q_i^* &= -(\theta_i v_i - p^*)\left(\sum_{\substack{j=1\\j\neq i}}^{n} \left.\frac{\mathrm{d}q_j}{\mathrm{d}p}\right|_{p=p^*} + \left.\frac{\mathrm{d}q_i}{\mathrm{d}p}\right|_{p=p^*}\right) + (\theta_i v_i - p^*) \left.\frac{\mathrm{d}q_i}{\mathrm{d}p}\right|_{p=p^*} \\ &= -(\theta_i v_i - p^*) \left.\frac{\mathrm{d}Q}{\mathrm{d}p}\right|_{p=p^*} + (\theta_i v_i - p^*) \left.\frac{\mathrm{d}q_i}{\mathrm{d}p}\right|_{p=p^*} \\ &\geqslant -(\theta_i v_i - p^*) \left.\frac{\mathrm{d}Q}{\mathrm{d}p}\right|_{p=p^*} + \left(\operatorname*{Max}_k \theta_k v_k - p^*\right) \left.\frac{\mathrm{d}q_i}{\mathrm{d}p}\right|_{p=p^*} \end{aligned} \tag{3.4}$$

其中 $i = 1, 2, \cdots, n$，$k = 1, 2, \cdots, n$.

对式 (3.4) 两边求和

$$\begin{aligned} Q_0 &\geqslant -\sum_{i=1}^{n} (\theta_i v_i - p^*) \left.\frac{\mathrm{d}Q}{\mathrm{d}p}\right|_{p=p^*} + (\operatorname*{Max}_k \theta_k v_k - p^*) \left.\frac{\mathrm{d}Q}{\mathrm{d}p}\right|_{p=p^*} \\ &= \left[-\sum_{i=1}^{n} (\theta_i v_i - p^*) + (\operatorname*{Max}_k \theta_k v_k - p^*)\right] \left.\frac{\mathrm{d}Q}{\mathrm{d}p}\right|_{p=p^*} \end{aligned} \tag{3.5}$$

将式 (3.3) 代入式 (3.5) 得

$$Q_0 \geqslant \left[-\sum_{i=1}^{n} (\theta_i v_i - p^*) + (\operatorname*{Max}_k \theta_k v_k - p^*)\right]\left(-\frac{Q_0}{P^*}\right)$$

即有

$$p^* \geqslant \frac{1}{n}\left(\sum_{i=1}^{n} \theta_i v_i - \operatorname*{Max}_k \theta_k v_k\right)$$

同样，若对式 (3.4) 取 Min，即

$$q_i \geqslant -(\theta_i v_i - p^*) \left.\frac{\mathrm{d}Q}{\mathrm{d}p}\right|_{p=p^*} + \left(\operatorname*{Max}_k \theta_k v_k - p^*\right) \left.\frac{\mathrm{d}q_i}{\mathrm{d}p}\right|_{p=p^*}$$

则可得

$$p^* \leqslant \frac{1}{n}\left(\sum_{i=1}^{n}\theta_i v_i - \operatorname*{Min}_{k}\theta_k v_k\right)$$

[证毕]

命题 3.2 说明 (D_2) 描述的拍卖机制可保证卖者得到一个拍卖的底价，且当 n 充分大时卖者几乎可以得到买者真实的估价，从而有效地抑制了买者之间的隐性合谋和低价均衡的产生。因此，(D_2) 描述的拍卖机制是一个激励相容机制，可以达到资源分配的有效性。

命题 3.2 是在买者独立私有估价，以及风险中立、风险爱好、风险厌恶三类风险买者共存的前提下得到的一般结论。若将该结论特殊化，可得到如下推论:

推论 3.2　如果买者具有对称性，即各买者对单位物品的估价 v_i 和风险态度 θ_i 均相同时，那么卖者可以得到的均衡价格为 $p^* = \dfrac{n-1}{n}v$。

证明　由于 $v_1 = v_2 = \cdots = v_n$，$\theta_1 = \theta_2 = \cdots = \theta_n$，将其代入式 (3.4) 中，

$$\frac{1}{n}\left(\sum_{i=1}^{n}\theta_i v_i - \operatorname*{Max}_{k}\theta_k v_k\right) \leqslant p^* \leqslant \frac{1}{n}\left(\sum_{i=1}^{n}\theta_i v_i - \operatorname*{Min}_{k}\theta_k v_k\right)$$

易得 $p^* = \dfrac{n-1}{n}v$。 **[证毕]**

推论 3.2 的结论与 Back 和 Zender[42]、Damianov[45] 给出的结论是一致的。但他们的结论是基于报价表 (即离散报价函数和收益函数)、买者具有对称性和买者是风险中性等简单条件得出的，且只给出了均衡价格 p^* 的下界，因此与他们的工作相比，本书的结论更具一般性。

3.3　供给量 $Q = Q(p)$ 的拍卖机制及模型

3.3.1　拍卖机制及模型

考虑到 (D_1) 在实际应用中的不足，本节从另外一个思路对模型 (D_1) 进行改进。其基本改进思路为 [139]: 将拍卖模型 (D_1) 的固定供给量 Q_0 变成弹性供给量 $Q(p)$，即供给量 Q 具有价格弹性，或可看作成交价格 p 的函数。基于资源的有限性，设在均衡出清价格 p_0 下的总供给量 $Q(p_0) \leqslant Q_{\max}$，其中 $Q_{\max}$ 为常数，为卖者的私人信息。

在 3.1 节假设 (S_1)—(S_6) 的基础上，再进一步给出如下假设:

(S_7) 设卖者的供给总量 $Q(p)$ 为一非线性函数，设为 $\sum\limits_{i=1}^{n} q_i = Q(p) = a + bp^2$，其中 $a > 0, b > 0$ 且均为常数。此信息为公共信息。

(S_8) 卖者设置一个保留价格 $r\,(r > 0)$，即如果最终成交价格 p_0 低于 r，则交易失败; 需要买者重新报价。保留价格 r 是共同知识。

(S_9) 买者之间不存在合作，即所有买者独立决定自己的报价策略，不存在任何具有约束力的合作性协议。

拍卖中，卖者在得到买者提供的报价信息情况下，通过设置关于价格的弹性供给量 $Q(p) = a + bp^2$，并选取统一价格 $p\,(r \leqslant p \leqslant v)$，使得自己在分配或拍卖中的所得收益 $\sum\limits_{i=1}^{n} pq_i = pQ(p)$ 最大化，即

$$
(\mathrm{D}_3)\qquad
\begin{aligned}
&\mathrm{Max}\ u_0 = pQ(p)\\
&\mathrm{s.t.}\begin{cases}
\sum\limits_{i=1}^{n} q_i = Q(p) = a + bp^2 & \\
p_i\,(q_i) = p, & i = 1, 2, \cdots, n\\
q_i \geqslant 0, & i = 1, 2, \cdots, n\\
r \leqslant p \leqslant v, & i = 1, 2, \cdots, n\\
Q(p) \leqslant Q_{\max} &
\end{cases}
\end{aligned}
$$

买者 i 的目标是通过选取最优的报价 $d_i(p)$，使得其自身收益最大化，即 $\max u_i = (v - p)q_i(p)$。

特别地，市场出清价格定义为 $p_0 = \sup\{p\,|D(p) \geqslant Q(p)\}$，即为所有供给量全部分配完时的最高价格，其中 $Q(p) \leqslant Q_{\max}$。当总需求量低于总供给量，即 $D(p) < Q(p)$ 时，出清价格为卖者的保留价格，即 $p_0 = r$。在出清价格 p_0 下的分配规则[44] 为

$$
q_i = \frac{d_i(p_0)}{\max\{D(p_0), Q(p_0)\}} Q(p_0), \quad i = 1, 2, \cdots, n \tag{3.6}
$$

其中 $Q(p_0) = a + bp_0^2$，$Q(p_0) \leqslant Q_{\max}$。

3.3.2 均衡分析

3.3.1 节描述的是一个基于弹性供给量的连续、同质可分离物品统一价格拍卖机制。下面分析和讨论该机制的信息激励性和分配有效性。

命题 3.3 设卖者和所有的买者都是风险中性的，在 (D_3) 所描述拍卖机制的均衡策略中，卖者的最佳供给策略将是选择 $Q^* = a + bv^2$，此时对应的唯一均衡出清价格 $p^* = v$。

证明 设 p^* 和 q_i^* 分别表示达到均衡时的统一价格和买者 i 的分配量，$Q(p^*) = a + bp^{*2}$ 是达到均衡时的总供给量。显然，要使买者获利非负，p^* 不可能超过单位数量的物品对买者 i 的价值 v，即 $p^* \leqslant v$。不妨设 $p^* < v$，下面证明当 $p^* < v$ 时不可能达到真正的均衡。

现假设买者 j 的报价作如下偏离:

$$\bar{d}_j(p) = \begin{cases} \infty, & p \leqslant p^* + \varepsilon \\ d_j(p), & p > p^* + \varepsilon \end{cases}$$

其中 ε 为充分小的正实数。除买者 j 外，其余 $n-1$ 个买者的报价都不变。下面证明买者 j 将在此偏离中获利。

在新的出清价格 $p_e = p^* + \varepsilon$ 下，总需求量 $D(p^* + \varepsilon)$ 大于总分配量 $Q(p_e) = Q(p^* + \varepsilon)$，且大于偏离前的总需求量 $D(p^*)$。按照分配规则 (3.6)，则买者 j 在 $p_e = p^* + \varepsilon$ 下的分配量为

$$\begin{aligned} q_j(p_e) &= Q(p^* + \varepsilon) - \sum_{\substack{i=1 \\ i \neq j}}^{n} \frac{d_i(p^* + \varepsilon)}{D(p^* + \varepsilon)} Q(p^* + \varepsilon) \\ &= Q(p^* + \varepsilon) \left(1 - \sum_{\substack{i=1 \\ i \neq j}}^{n} \frac{d_i(p^* + \varepsilon)}{D(p^* + \varepsilon)} \right) \end{aligned}$$

买者 j 偏离前的分配量为

$$q_j(p^*) = Q(p^*) - \sum_{\substack{i=1 \\ i \neq j}}^{n} \frac{d_i(p^*)}{D(p^*)} Q(p^*) = Q(p^*) \left(1 - \sum_{\substack{i=1 \\ i \neq j}}^{n} \frac{d_i(p^*)}{D(p^*)} \right)$$

现比较偏离前后买者 j 的分配量大小。由于除买者 j 外，其余 $n-1$ 个买者的报价都不变，因此

$$d_i(p^* + \varepsilon) < d_i(p^*), \quad i = 1, 2, \cdots, n, \ i \neq j$$

而又有

$$D(p^* + \varepsilon) > D(p^*), \quad Q(p^* + \varepsilon) > Q(p^*)$$

可得

$$q_j(p_e) > q_j(p^*)$$

在新的出清价格 $p_e = p^* + \varepsilon$ 下，买者 j 对应的收益为

$$u_j(p_e) = (v - p^* - \varepsilon) q_j(p_e)$$

又买者 j 在出清价格 p^* 下的收益为

$$u_j(p^*) = (v - p^*) q_j(p^*)$$

由于 ε 充分小，$q_j(p_e)>q_j(p^*)$，因此有

$$u_j(p_e)>u_j(p^*)$$

即买者在较大出清价格下的收益要大些。此结论说明了当买者 j 通过适当的偏离，使得出清价格增大时，他将从中获利。

另外，卖者在出清价格 p^* 的收益为

$$u_0(p^*)=(a+bp^{*2})p^*$$

当 p^* 增大到 $p_e=p^*+\varepsilon$ 时，显然其对应的收益 $u_0(p_e)=(a+bp_e^2)p_e$ 增大。

所以综合双方利益，卖者原有的均衡供给量 $Q(p^*)$ 必将会增加，直到出清价格 $p^*=v$ 时达到真正的均衡，即当 $p^*<v$ 时不能达到真正的均衡。当 $p^*=v$ 时，均衡供给量为 $Q^*=Q(v)=a+bv^2$。 **[证毕]**

命题 3.3 说明了卖者根据弹性供给总量，即 $\sum\limits_{i=1}^{n}q_i=Q(p)$ 的主方威胁策略，迫使统一价格拍卖中的买者报出其真实的报价信息，有效地消除了买者之间的隐性合谋和低价均衡的产生。从而得出 (D_3) 所描述的拍卖机制是一个激励相容机制。

3.3.3 模型的进一步讨论

为使模型 (D_3) 更具一般性，和 3.2 节的改进统一价格拍卖模型类似，也进一步考虑报价中三类风险 (风险中立、风险爱好、风险厌恶) 买者共存的情形，将假设 (S_1) 拓展为 (S_1'')，假设 (S_2)—(S_9) 保持不变。

(S_1'') 假设卖者是风险中立的，买者中有 n_1 个人是风险厌恶的，n_2 个人是风险中立的，n_3 个人是风险爱好的，$n_1+n_2+n_3=n$。

假设所有买者先根据确定性因素 (如卖者设置的保留价格、入场费、类似物品的价格等) 确定单位物品的共同价值为 v，然后根据一些不确定因素 (如拍卖品的质量、拍卖品的未来价值、二级市场的炒作程度等) 对共同价值 v 作出调整。

风险态度的度量标度和 3.2 节的度量方法相同，即用风险标度 (3.1) 来表示。应用此度量方法，买者 i 调整后的估价为 $\theta_i v$。$\theta_i\,(\theta_i<1)$ 越小表示买者风险厌恶的程度越高，$\theta_i\,(\theta_i>1)$ 越大表示买者风险爱好的程度越高。基于此假设，单位数量的物品对买者 i 的价值为 $\theta_i v$，$i=1,2,\cdots,n$。$\theta_i v$ 为独立私人信息，任意两个变量 $\theta_i v$ 和 $\theta_j v\,(i\neq j)$ 是独立的，$i,j=1,2,\cdots,n$。其他买者 (包括卖方) 不能观察到 $\theta_i v$ 的值。

买者 i 的目标是通过选取最优的报价 $d_i(p)$，使得其自身收益 $u_i=(\theta_i v-p)q_i(p)$ 最大化。

命题 3.4　当卖者和买者的风险态度满足条件 (S_1'') 的前提下，在 (D_3) 所描述拍卖机制的均衡策略中，卖者的最佳供给策略将是选择 $Q^*=Q_{\max}$，此时对应唯一的均衡出清价格 $p^*=\sqrt{\dfrac{Q_{\max}-a}{b}}$。

证明　设 p^* 和 $Q(p^*)=a+bp^{*2}$ 表示某一市场出清价格及对应的总供给量，q_i^* 表示在出清价格 p^* 下买者 i 的分配量。此时，卖者在出清价格 p^* 的收益为 $u_0(p^*)=(a+bp^{*2})p^*$。

若卖者选择出清价格为 $p_c=p^*+\varepsilon$，ε 为一足够小的正实数，则此时对应的供应量为

$$Q(p_c)=a+bp_c^2=a+b(p^*+\varepsilon)^2$$

当 p^* 增大到 $p_c=p^*+\varepsilon$ 时，卖者对应的收益

$$u_0(p_c)=(a+bp_c^2)p_c=[a+b(p^*+\varepsilon)^2](p^*+\varepsilon)>U(p^*)=(a+bp^{*2})p^*$$

即卖者的收益增加。

另外，需要分析当 p^* 增大到 $p_c=p^*+\varepsilon$ 时，买者 j 的收益变化情况。

与命题 3.3 相似，假设买者 j 的报价作偏离

$$\bar{d_j}(p)=\begin{cases}\infty, & p\leqslant p^*+\varepsilon\\ d_j(p), & p>p^*+\varepsilon\end{cases}$$

其中 ε 为充分小的正实数。除买者 j 外，其余 $n-1$ 个买者的报价都不变。下面证明买者 j 将在此偏离中获利。

由命题 3.3 的证明过程可知，在新的出清价格 $p_c=p^*+\varepsilon$ 下，买者 j 的分配量大于在出清价格 p^* 下的分配量，即可得 $q_j(p_c)>q_j(p^*)$。由于 ε 充分小，则在新的出清价格 $p_e=p^*+\varepsilon$ 下，买者 j 对应的收益和在出清价格 p^* 下的收益的大小关系为

$$u_j(p_c)=(\theta_j v-p^*-\varepsilon)q_j(p_c)>(\theta_j v-p^*)q_j(p^*)$$

即买者在较大出清价格下的收益要大些。

所以综合双方利益，卖者供给量 $Q(p)$ 必将会增加，直到 $Q^*=Q_{\max}$。由于 $Q(p)=a+bp^2$，则此时对应的均衡出清价格为 $p^*=\sqrt{\dfrac{Q_{\max}-a}{b}}$。　　**[证毕]**

根据利益最大化原则，当 $\theta_i v\geqslant p^*=\sqrt{\dfrac{Q_{\max}-a}{b}}$ 时，即风险态度的指标值 $\theta_i\geqslant\sqrt{\dfrac{Q_{\max}-a}{bv^2}}$ 的买者才能分得物品，风险态度指标值 $\theta_i<\sqrt{\dfrac{Q_{\max}-a}{bv^2}}$ 的买者

将分不到物品。

由命题 3.3 的结论可知，在考虑风险中立、风险爱好、风险厌恶的买者共存的前提下，(D_3) 所描述的拍卖机制仍然是一个激励相容机制，也能有效抑制买者之间的隐性合谋和低价均衡的产生。

推论 3.3 在卖者和买者的风险态度满足条件 (S_1'') 的前提下，当买者 i 将其报价函数由 d_i 变为 d_i' (如图 3.2 所示。要求这个报价应该是递增的，不允许向下修改，即在相同价格下，需求量增加)，其余买者的报价保持不变时，则基于 d_i' 的供给量 $Q^{*\prime}$ 不小于基于 d_i 的供给量 Q^*，即 $Q^{*\prime} \geqslant Q^*$。

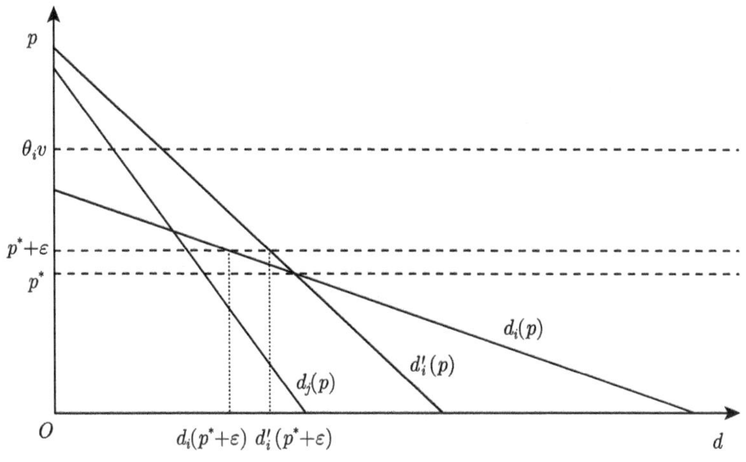

图 3.2 买者 i 调整报价函数前后的均衡示意图 (二)

证明 由命题 3.3 的证明过程可知，当其余买者的报价保持不变时，买者 i 能在将其报价函数由 d_i 变为 d_i' 的偏离中获利，偏离后的均衡出清价格必定比偏离前增大。偏离前的出清价格设为 p^*，偏离后的出清价格设为 $p_e = p^* + \varepsilon$，易得基于 d_i' 的供给量 $Q^{*\prime} = a + b(p^* + \varepsilon)^2$ 大于基于 d_i 的供给量 $Q^* = a + bp^{*2}$。 **[证毕]**

推论 3.3 说明了模型 (D_3) 描述的拍卖机制具有这样的均衡性质: 当买者 i 将其报价函数由变为 d_i'、其余买者的报价保持不变时，如果 d_i' 使得均衡出清价格更接近单位物品的真实价值时，则基于 d_i' 的供给量 $Q^{*\prime}$ 不小于基于 d_i 的供给量 Q^*。这说明基于弹性供给量的统一价格拍卖机制也具有“报价一致性”的特性。

3.4 讨论与建议

由上文分析可知，采用基于供给量 $Q \leqslant Q_0$ 的拍卖模型 (D_2) 和基于供给量 $Q = Q(p)$ 的拍卖模型 (D_3) 来分配某一可分离物品，均可以得到较好的分配结果。然而，在实际分配中这两种方法并不容易操作。除了需要卖者和买者满足模型成立的理性条件外，还需要一个理想的交互环境以便买者及时了解卖者的选择和可能的适时分配结果，继而报出尽可能真实的报价函数。要达到这个目的，可以借助于 Internet 网来实现，即卖者可以通过建立一个基于 Internet 的信息申报和总量分配系统，要求所有买者在一个有效时间内申报其报价函数 $d_i(p)$，并适时公布可能的分配结果，同时允许买者在规定的时间内修改其报价，但要求这个报价是递增的，不允许向下修改。从而减少买者报价的随意性，以进一步提高模型 (D_2) 和 (D_3) 的使用效率。

若卖者采用 (D_2) 或者 (D_3) 描述的可分离物品拍卖方法进行分配，则买者一旦观察到卖者的最佳分配量小于计划分配的总量 Q_0，必然会调整自己的报价而促使卖者将余额分配完，即 $Q^* = Q_0$，同时这些报价会进一步接近真实水平，从而提高分配结果的可信性和有效性。例如，利用 (D_2) 或者 (D_3) 描述的可分离物品拍卖方法来分配污染物允许排放量 (如 SO_2，COD 等) 的话，其基础信息将会进一步得到改善，分配结果将会比现行的免费分配方法更有效，同时政府的排污收费收益也会进一步提高或改善。

3.5 本章小结

针对可分离物品的拍卖问题，为了抑制买者隐性合谋、消除低价均衡点，从改善卖者的供应策略出发，分别研究了供给量 $Q \leqslant Q_0$ 和供给量 $Q = Q(p)$ 的可分离物品统一价格拍卖机制及模型。研究结果表明，这两类模型描述的拓展机制均具有信息激励性和报价一致性等特性，能够有效抑制隐性合谋和低价均衡的发生。

第 4 章　统一价格下可分离物品拍卖的均衡点漂移

在同质可分离物品统一价格拍卖中，均衡点有可能不唯一 (称为 “均衡点漂移”)。均衡点漂移无疑会影响买卖双方在拍卖中的收益，且不利于对分配效率的估计。因此在机制设计中需要从研究买者的策略行为出发来探究均衡点的变动规律，从而设计诱导策略使得拍卖达到一个理想均衡。基于这个问题，本章设计了一个基于供给量优化的同质可分离物品统一价格拍卖机制 [9]。为了使得统一价格拍卖机制更具一般性，本章特引入非策略性与策略性两类买者共同参与报价，而且假设卖者在观察策略性买者的报价信息后再确定最优供给量，并分别在假设策略性买者对称和非对称情形下求解纯策略纳什均衡，重点分析均衡点漂移问题，研究其信息激励性和分配的有效性，并给出若干能促进拍卖达到理想均衡点的机制设计建议。

4.1　拍 卖 模 型

Wilson[39]，Back 和 Zender[41,42] 等给出的统一价格拍卖机制考虑的仅仅是策略性买者的参与，下文将在此基础上给出一个更为一般的拍卖机制。该机制除引入了策略性买者外，还引入了非策略性买者，且假设策略性买者在不知道非策略性买者愿意为单位物品支付的最高价格大小的前提下进行报价 (提交连续性的报价函数)，而卖者在观察策略性买者的报价结果后确定最优供给量。引入非策略性买者的目的在于更简单直观地进行均衡分析，以探讨统一价格拍卖下是否存在均衡点的漂移，且 Wilson，Back 和 Zender 等给出的机制是该机制在非策略性买者愿意支付价格充分高条件下的一种特殊情形。

设一卖者拥有数量为 Q_0 的连续、同质可分离物品待拍卖，Q_0 为卖者公布的公共信息。参与报价的买者可分为两类: 第一类是 $n\,(n>2)$ 个具有理性的、竞争性的策略性买者 (下文称为第一类买者)，记为 $N=\{1,2,\cdots,n\}$; 第二类是非竞争性的、非策略性散户买者 (下文称为第二类买者)。这里，第二类买者的设计源于 Wang 和 Zender[47] 中美国国债拍卖的应用背景，即国债拍卖中存在非竞争性报价; 在法国和新加坡的 IPO 投标询价中，也涉及非策略性散户买者的参与 [140−142]，且策略性买者是在不知道非策略性买者愿意为单位物品支付的最高价格的前提下进行报价。

第二类买者在拍卖中能获得的最多物品总量设为 Q_1，愿意为单位物品支付的最高价格为 p_0，其中 $0<Q_1\leqslant Q_0$，且 p_0 为卖者的已知信息。再设每个第一类买者

独立提交连续可微的报价函数 $d_i(p)$，$i=1,2,\cdots,n$，则 $D(p)=\sum\limits_{i=1}^{n}d_i(p)$ 表示价格为 p 时的累积需求，而 $D_{-i}(p)=\sum\limits_{\substack{j=1\\j\neq i}}^{n}d_j(p)$ 表示除买者 i 之外所有第一类买者的累积需求。这里，第一类买者不知道第二类买者愿意为单位物品支付的最高价格 p_0，仅会把 p_0 当作分布在区间 $[v_1,v]$ 上的一个随机变量，其中 $0\leqslant v_1<v$，但知道其概率分布函数 $F(p_0)$ 和密度函数 $f(p_0)$。

机制中，假设卖者和所有买者都是风险中性的，且拍卖物具有“共同价值”特征，即单位数量的物品对所有第一类买者的价值为 v，v 为共同知识。待所有第一类买者提交报价函数后，卖者根据他们的实际报价信息 $(d_1(p),d_2(p),\cdots,d_n(p))$ 确定最优供给量，即

$$\sum_{i=1}^{n}q_i=kQ_0$$

其中 q_i 表示第一类买者 i 得到的分配量，$k\in[0,1]$ 称为供给系数 (下文简称为系数)。这里，$k=1$ 意味着第一类买者得到全部物品; $0<k<1$ 说明第一类买者只得到了部分物品，另一部分物品分配给了第二类买者; $k=0$ 说明物品全部分配给了第二类买者。

拍卖按照统一价格的方式进行。卖者的目标是依据第一类买者提供的信息，通过对系数 k 和统一价格 $p(k)>0$ 的选取，使得拍卖收益 $u_0=p(k)Q_0$ 最大化，即

$$\begin{aligned}
&\text{Max } u_0 = p(k)Q_0\\
&\text{s.t.}\left\{\begin{array}{ll}
\sum\limits_{i=1}^{n}q_i=kQ_0 & \\
d_i(p(k))=q_i, & i=1,2,\cdots,n\\
p(k)\leqslant p_0 & \\
(1-k)Q_0\leqslant Q_1 & \\
0<Q_1\leqslant Q_0 &
\end{array}\right.
\end{aligned}$$

其中后三个约束条件是基于第二类买者的参与及其最大配给数量的限制而给出的。

第一类买者 i 的目标是通过选取最优的报价 $d_i(p)$，使自身的收益最大化，即

$$\underset{d_i(p)}{\text{Max}}\, u_i=(v-p)d_i(p)$$

此外，市场出清价格定义为

$$p^*(k)=\max\{p\,|D(p)=kQ_0,p\geqslant 0\} \tag{4.1}$$

其中系数 $k\in[0,1]$ 是卖者在观察累积需求 $D(p)$ 的信息后确定的。

上述拍卖机制的步骤如下:

步骤 1: 卖者向买者公布报价规则，并公布有第二类买者参与拍卖，根据第一类买者的实际报价信息确定最优供给量，等等。

步骤 2: 所有第一类买者同时提交一连续可微的报价函数 $d_i(p)$, $i=1,2,\cdots,n$。

步骤 3: 卖者依据第一类买者提交的报价信息 $(d_1(p),d_2(p),\cdots,d_n(p))$，以最大化自身的收益为目标，选择最优系数 k^*，其中 $k^*\in[0,1]$。

步骤 4: 卖者基于式 (4.1) 和 k^* 值设置均衡价格 $p^*(k^*)$。

步骤 5: 卖者以统一价格 $p^*(k^*)$ 将物品分配给买者。第一类买者 i 得到的分配量为 q_i，其中 $q_i=d_i(p^*(k^*))$，且 $\sum\limits_{i=1}^{n}q_i=k^*Q_0$，同时买者 i 需向卖者支付 $p^*(k^*)q_i$; 第二类买者得到的物品总量为 $(1-k^*)Q_0$。

上述拍卖机制中，本书只考虑 $p^*(k)\leqslant p_0$ 而不考虑 $p^*(k)>p_0$ 的情形，这是因为 $p^*(k)>p_0$ 意味着卖者将物品全部分给了第一类买者，即 $k=1$，对应着第二类买者得到的分配总量为 0，等价于只有第一类买者参与拍卖 (不存在第二类买者)。此时上文中的拍卖机制就变成 Wilson，Back 和 Zender 等给出的统一价格拍卖机制。否则，有一部分物品分给了第二类买者，即 $k<1$，本书讨论的机制则是 Wilson，Back 和 Zender 等给出的统一价格拍卖机制的一种拓展，更具一般性。因此，如果此拍卖机制存在均衡点的漂移，则传统的统一价格拍卖机制也存在均衡点的漂移。

为了简化分析，下文将分别在假设第一类买者对称和第一类买者非对称的情形下讨论上述拍卖机制的纯策略对称纳什均衡 (下文简称为纳什均衡) 和纯策略非对称纳什均衡，并依据均衡点的构成来分析均衡点的数量和变动规律。上述拍卖机制的一个纳什均衡可由三个因素来刻画，即:

(1) 每个第一类买者以最大化自身收益为目标所提交的最优报价 $d_i(p)$, $i=1,2,\cdots,n$ (所有最优报价 $d_i(p)$ 的组合称为均衡报价策略，见下文定义 4.1);

(2) 由卖者确定的最优系数 k^*;

(3) 当最优系数 k^* 确定后使得供需平衡时的出清价格 $p^*(k^*)$。

定义 4.1 设所有第一类买者提交的报价组合为 $(d_1^*(p),d_2^*(p),\cdots,d_n^*(p))$。若对于 $\forall i\in N,d_i(p)\in D_i(p)$，有

$$u_i(d_i^*(p),d_{-i}^*(p))\geqslant u_i(d_i(p),d_{-i}^*(p))$$

成立，即满足

$$d_i^*(p)\in\arg\max_{d_i(p)\in D_i(p)}u_i(d_i(p),d_{-i}^*(p))$$

其中 $D_i(p)$ 表示第一类买者 i 的所有报价集合,

$$d_{-i}^*(p) = (d_1^*(p), d_2^*(p), \cdots, d_{i-1}^*(p), d_{i+1}^*(p), \cdots, d_n^*(p))$$

则称 $(d_1^*(p), d_2^*(p), \cdots, d_n^*(p))$ 是一个均衡报价策略。

纳什均衡下，如果一个第一类买者希望其他的买者提交均衡报价，则他的最优反应也是提交相同的均衡报价。此外，当其他买者的报价给定后，在任何一个给定的系数 k 下，每个第一类买者都不会单独改变自己的报价，尽管卖者允许他们改变。

4.2　纯策略对称纳什均衡及机制设计建议

4.2.1　对称纳什均衡

对称情形下，所有买者采用的相同均衡报价函数设为

$$d_1(p) = d_2(p) = \cdots = d_n(p) = d(p)$$

则对于任意的 $i \in N$，有 $D_{-i}(p) = (n-1)d(p)$，对于一个给定的系数 k，买者 i 的收益为

$$u = (v-p)d_i(p) = (v-p)[kQ_0 - D_{-i}(p)] = (v-p)[kQ_0 - (n-1)d(p)]$$

因此均衡价格 $p^*(k)$ 满足如下条件:

$$p^*(k) \in \arg\max_p \{(v-p)[kQ_0 - (n-1)d(p)]\}$$

买者 i 的目标是最大化自身的收益，由此得到如下的一阶条件成立:

$$-kQ_0 + (n-1)d(p^*(k)) - (n-1)(v - p^*(k))d'(p^*(k)) = 0 \tag{4.2}$$

另外，在对称均衡中必须满足如下市场出清条件:

$$nd(p^*(k)) = kQ_0 \tag{4.3}$$

在具体求解纳什均衡之前，命题 4.1 给出了报价 $(d_1(p), d_2(p), \cdots, d_n(p))$ 构成均衡报价策略的一个充要条件。

命题 4.1　若报价 $(d_1(p), d_2(p), \cdots, d_n(p))$ 构成一个均衡报价策略当且仅当对于任意的统一价格 $p > 0$，以下三个条件成立:

(i) 一阶条件 (4.2) 成立;

(ii) 市场出清条件 (4.3) 成立;

(iii) $d_i(p)$ 关于 p 是非增的。

证明 充分性 在式 (4.2) 左端买者 i 收益函数一阶导数的基础上求得二阶导数为

$$\begin{aligned}u'' &= (n-1)d'(p^*(k)) + (n-1)d'(p^*(k)) - (n-1)(v-p^*(k))d''(p^*(k)) \\ &= 2(n-1)d'(p^*(k)) - (n-1)(v-p^*(k))d''(p^*(k))\end{aligned}$$

当一阶条件 (4.2) 和市场出清条件 (4.3) 成立时，将式 (4.3) 代入式 (4.2) 中得

$$d(p^*(k)) = -(n-1)(v-p^*(k))d'(p^*(k))$$

两边对 p 求导得

$$d'(p^*(k)) = (n-1)d'(p^*(k)) - (n-1)(v-p^*(k))d''(p^*(k))$$

将其代入 u'' 中，得 $u'' = nd'(p^*(k))$。

由于 $d_i(p)$ 关于 p 是非增的，故 $d'(p^*(k)) \leqslant 0$，因而 $u'' \leqslant 0$，即对于任意的统一价格 $p > 0$，使得买者 i 收益最大化的二阶条件处处是成立的，由此可得报价 $(d_1(p), d_2(p), \cdots, d_n(p))$ 构成一个均衡报价策略。

必要性 假设报价 $(d_1(p), d_2(p), \cdots, d_n(p))$ 构成一个均衡报价策略，则必有一阶条件 (4.2) 和市场出清条件 (4.3) 成立。因此只需要证明 $d_i(p)$ 关于 p 是非增的即可。

假设存在 $p^*(k)$ 使得 $d'(p^*(k)) \geqslant 0$，则有 $u'' = nd'(p^*(k)) \geqslant 0$，即使得买者 i 收益最大化的二阶条件不是处处成立的，故报价 $(d_1(p), d_2(p), \cdots, d_n(p))$ 不能构成均衡报价策略，与题设矛盾。因此，$d_i(p)$ 关于 p 是非增的。 **[证毕]**

由命题 4.1 的结论易得到关于第一类买者报价函数在凹凸性方面的结论，见如下推论 4.1。

推论 4.1 若 $n\,(n > 2)$ 个第一类买者的报价 $(d_1(p), d_2(p), \cdots, d_n(p))$ 构成一个均衡报价策略，则函数 $d_i(p), i = 1, 2, \cdots, n$ 必定是凸函数。

证明 由命题 4.1 知，若 $n\,(n > 2)$ 个第一类买者的报价 $(d_1(p), d_2(p), \cdots, d_n(p))$ 构成一个均衡报价策略，则任意的统一价格 $p > 0$，式 (4.2) 和式 (4.3) 成立。将式 (4.3) 代入式 (4.2) 中，并对 p 求导得

$$(n-1)(v-p)d''(p) - (n-2)d'(p) = 0$$

分两种情况讨论:

(1) 当 $p = v$ 时，有 $d'(p) = 0$，故 $d''(p) = 0$;

(2) 当 $p < v$ 时，有

$$d''(p) = \frac{(n-2)d'(p)}{(n-1)(v-p)}$$

由于 $n - 2 > 0$，又由命题 4.1 得 $d'(p) \leqslant 0$，故有 $d''(p) \leqslant 0$.

综合 (1) 和 (2) 的结论，知函数 $d_i(p), i=1,2,\cdots,n$ 是凸函数。　**[证毕]**

命题 4.1 给出了构成纳什均衡的报价必须满足的三个基本条件。基于此结论，给出如下的命题 4.2 来描述纳什均衡。

命题 4.2　假设所有第一类买者是对称的且都是风险中性的，卖者依据第一类买者提交的报价信息确定最优供给量，则有如下结论:

(i) 任一第一类买者的均衡报价可表示为

$$d(p)=\bar{q}\left(1-\frac{p}{v}\right)^{\frac{1}{n-1}} \tag{4.4}$$

其中，$\bar{q}=d(0)$ 为买者在拍卖底价为 0 处的需求量，$\bar{q}$ 的取值范围为 $\left[\frac{Q_0}{n},\infty\right)$。

(ii) 达到均衡时，且当 $p_0\leqslant v\left[1-\left(\frac{Q_0-Q_1}{n\bar{q}}\right)^{n-1}\right]$ 时，卖者选择的最优系数为

$$k^*=\frac{n}{Q_0}\bar{q}\left(1-\frac{p_0}{v}\right)^{\frac{1}{n-1}}$$

对应的市场出清价格为

$$p^*=p_0.$$

(iii) 达到均衡时，且当 $p_0>v\left[1-\left(\frac{Q_0-Q_1}{n\bar{q}}\right)^{n-1}\right]$时，卖者选择的最优系数为

$$k^*=1-\frac{Q_1}{Q_0}$$

对应的市场出清价格为

$$p^*=v\left[1-\left(\frac{Q_0-Q_1}{n\bar{q}}\right)^{n-1}\right]$$

证明　首先证明结论 (i)。由命题 4.1 知，待求的均衡报价函数必须满足式 (4.2) 和式 (4.3)。

将 (4.3) 代入式 (4.2) 得

$$(n-1)(v-p^*(k))d'(p^*(k))+d(p^*(k))=0$$

求解此关于均衡价格 p 的常微分方程，可得一般通解为

$$d(p)=a(v-p)^{\frac{1}{n-1}}$$

其中 a 为一个正常数。

令 $p=0$，$d(0)=\bar{q}$，则有

$$\bar{q} = a(v-0)^{\frac{1}{n-1}}$$

解得

$$a = \bar{q}v^{-\frac{1}{n-1}}$$

从而得到

$$d(p) = \bar{q}\left(1-\frac{p}{v}\right)^{\frac{1}{n-1}}$$

其中，$\bar{q} = d(0)$ 为买者在拍卖底价为 0 处的需求量，$\bar{q}$ 的取值范围为 $\left[\frac{Q_0}{n}, \infty\right)$。显然，$d(p)$ 关于 p 是非增的，故由命题 4.1 知，结论 (i) 成立。

再来证明结论 (ii) 和 (iii)。由 (i) 知，当某一个第一类买者的均衡报价函数为

$$d(p) = \bar{q}\left(1-\frac{p}{v}\right)^{\frac{1}{n-1}}$$

并且达到均衡时，对于均衡价格 $p^*(k)$，满足市场出清条件 (4.3)：

$$nd(p^*(k)) = kQ_0$$

即有

$$n\bar{q}\left(1-\frac{p^*(k)}{v}\right)^{\frac{1}{n-1}} = kQ_0$$

由此可得

$$p^*(k) = v\left[1-\left(\frac{kQ_0}{n\bar{q}}\right)^{n-1}\right]$$

$$k = \frac{n}{Q_0}\bar{q}\left(1-\frac{p^*(k)}{v}\right)^{\frac{1}{n-1}}$$

其中 $\bar{q} = d(0)$，$\bar{q} \in \left[\frac{Q_0}{n}, \infty\right)$。显然，$p^*(k)$ 是关于 k 的减函数。

如果第二类买者能分得部分数量的拍卖物品，则卖者从最大化自身的收益出发，首先会选择最优系数 $k^* - \frac{n}{Q_0}\bar{q}\left(1-\frac{p_0}{v}\right)^{\frac{1}{n-1}}$ 使得均衡价格为 $p^* = p_0$。当然，这个选择结果是在满足第二类买者能分得最大分配数量的限制条件 $(1-k)Q_0 \leqslant Q_1$ 下成立的，即要满足

$$k \geqslant 1-\frac{Q_1}{Q_0}$$

亦即

$$k^* = \frac{n}{Q_0}\bar{q}\left(1-\frac{p_0}{v}\right)^{\frac{1}{n-1}} \geqslant 1-\frac{Q_1}{Q_0}$$

解得

$$p_0 \leqslant v\left[1-\left(\frac{Q_0-Q_1}{n\bar{q}}\right)^{n-1}\right]$$

这意味着满足此条件的上述均衡才存在。

若不然，若 $p_0 > v\left[1-\left(\frac{Q_0-Q_1}{n\bar{q}}\right)^{n-1}\right]$ 成立，由于 $p^*(k)$ 是关于 k 的减函数，故卖者会选择最优系数

$$k^* = 1-\frac{Q_1}{Q_0}$$

此时对应的均衡价格为

$$p^* = v\left[1-\left(\frac{Q_0-Q_1}{n\bar{q}}\right)^{n-1}\right]$$

即结论 (ii) 和结论 (iii) 成立。　**[证毕]**

命题 4.2 中，买者 i 在拍卖底价为 0 处的需求量 $\bar{q}_i$ 须满足 $\bar{q}_i \geqslant \frac{Q_0}{n}$ 的条件。$\bar{q}_i \geqslant \frac{Q_0}{n}$ 意味着无论第一类买者最后所获得的物品数量是多少，在报价时都不会出现认购不足的情况。

事实上，由市场出清价格的定义式 (4.1) 知

$$p^*(k) = \max\{p\,|D(p) = kQ_0, p \geqslant 0\}$$

而由命题 4.1 知 $d_i(p)$ 关于 p 非增，故 $D(p) = \sum_{i=1}^{n} d_i(p)$ 也关于 p 非增。因此，只有当 $d_i(0) = \bar{q}_i \geqslant \frac{Q_0}{n}$ 时才能使得任意的 $k \in [0,1]$，均衡价格 $p^*(k)$ 恒大于 0，否则可能会出现均衡价格为 0 的情形。因此，为了降低第一类买者的市场支配力，有效抑制低价均衡的产生，这里要求 $\bar{q}_i$ 的取值范围为 $\left[\frac{Q_0}{n}, \infty\right)$。

另外，由命题 4.2 的证明知，均衡价格关于系数 k 的函数为

$$p^*(k) = v\left[1-\left(\frac{kQ_0}{n\bar{q}}\right)^{n-1}\right]$$

这意味着 $p^*(k)$ 是关于 k 的减函数。因此，卖者为了实现收益最大化的目标，针对不同的买者信息，必然尽量使得均衡价格越大越好，与之对应的系数 k 越小越好，即当 $p_0 \leqslant v\left[1-\left(\frac{Q_0-Q_1}{n\bar{q}}\right)^{n-1}\right]$ 时，卖者为了获得最高均衡价格 $p^* = p_0$，将会选取最小系数

$$k^* = \frac{n}{Q_0}\bar{q}\left(1 - \frac{p_0}{v}\right)^{\frac{1}{n-1}}$$

当满足 $p_0 > v\left[1 - \left(\dfrac{Q_0 - Q_1}{n\bar{q}}\right)^{n-1}\right]$ 时，卖者会选取最小系数 $k^* = 1 - \dfrac{Q_1}{Q_0}$ 以获得最高均衡价格

$$p^* = v\left[1 - \left(\frac{Q_0 - Q_1}{n\bar{q}}\right)^{n-1}\right]$$

卖者这样的分配策略将激励第一类买者进行更激烈的竞标以获得更多数量的物品，促使其报出的需求信息接近或者等于其真实需求信息。

4.2.2 均衡点分析

结合命题 4.2 给出的纳什均衡的构成，命题 4.3 描述了上文拍卖机制的均衡情况。

命题 4.3 上述统一价格拍卖的纳什均衡不唯一。

证明 由命题 4.2 的结论，均衡价格为

$$p^* = \begin{cases} p_0, & p_0 \leqslant v\left[1 - \left(\dfrac{Q_0 - Q_1}{n\bar{q}}\right)^{n-1}\right] \\ v\left[1 - \left(\dfrac{Q_0 - Q_1}{n\bar{q}}\right)^{n-1}\right], & p_0 > v\left[1 - \left(\dfrac{Q_0 - Q_1}{n\bar{q}}\right)^{n-1}\right] \end{cases}$$

由此可以看出，均衡价格 p^* 完全由 $\bar{q}$ 决定 (p_0、v、Q_0 和 Q_1 都是已知的)。下面，分析 $\bar{q}$ 在什么条件下分别使得两种均衡价格成立。

一方面，由 $p_0 \leqslant v\left[1 - \left(\dfrac{Q_0 - Q_1}{n\bar{q}}\right)^{n-1}\right]$，可得到

$$\bar{q} \geqslant \frac{Q_0 - Q_1}{n}\left(\frac{v}{v - p_0}\right)^{\frac{1}{n-1}}$$

再由上文知 $\bar{q} \geqslant \dfrac{Q_0}{n}$，故 $\bar{q}$ 满足条件 $\bar{q} \geqslant \max\left\{\dfrac{Q_0}{n}, \dfrac{Q_0 - Q_1}{n}\left(\dfrac{v}{v - p_0}\right)^{\frac{1}{n-1}}\right\}$。

另一方面，由系数 $k^* = \dfrac{n}{Q_0}\bar{q}\left(1 - \dfrac{p_0}{v}\right)^{\frac{1}{n-1}} \leqslant 1$，解得

$$\bar{q} \leqslant \frac{Q_0}{n}\left(\frac{v}{v - p_0}\right)^{\frac{1}{n-1}}$$

故当

$$\bar{q} \in \left[\max\left\{\frac{Q_0}{n}, \frac{Q_0 - Q_1}{n}\left(\frac{v}{v-p_0}\right)^{\frac{1}{n-1}}\right\}, \frac{Q_0}{n}\left(\frac{v}{v-p_0}\right)^{\frac{1}{n-1}}\right]$$

时，均衡价格恒为 p_0。

由 $p_0 > v\left[1-\left(\frac{Q_0-Q_1}{n\bar{q}}\right)^{n-1}\right]$，得

$$\bar{q} < \frac{Q_0 - Q_1}{n}\left(\frac{v}{v-p_0}\right)^{\frac{1}{n-1}}$$

又由上文知 $\bar{q} \geqslant \frac{Q_0}{n}$，因此，当满足条件

$$\frac{Q_0}{n} \leqslant \bar{q} < \frac{Q_0 - Q_1}{n}\left(\frac{v}{v-p_0}\right)^{\frac{1}{n-1}}$$

时，均衡价格

$$p^* = v\left[1-\left(\frac{Q_0-Q_1}{n\bar{q}}\right)^{n-1}\right]$$

若不然，则其他两种情况，即

$$\bar{q} < \frac{Q_0 - Q_1}{n}\left(\frac{v}{v-p_0}\right)^{\frac{1}{n-1}} < \frac{Q_0}{n}$$

或

$$\bar{q} < \frac{Q_0}{n} < \frac{Q_0 - Q_1}{n}\left(\frac{v}{v-p_0}\right)^{\frac{1}{n-1}}$$

与上文给出的均衡要求 $\bar{q} \geqslant \frac{Q_0}{n}$ 不符。

记

$$S_1 = \left[\max\left\{\frac{Q_0}{n}, \frac{Q_0 - Q_1}{n}\left(\frac{v}{v-p_0}\right)^{\frac{1}{n-1}}\right\}, \frac{Q_0}{n}\left(\frac{v}{v-p_0}\right)^{\frac{1}{n-1}}\right]$$

$$S_2 = \left[\frac{Q_0}{n}, \frac{Q_0 - Q_1}{n}\left(\frac{v}{v-p_0}\right)^{\frac{1}{n-1}}\right]$$

下面结合第一类买者的收益，分别在 $\bar{q} \in S_1$ 和 $\bar{q} \in S_2$ 两种情形下讨论他们的渐近策略行为。

(1) 当 $\bar{q} \in S_1$ 时，卖者选择的最优系数为

$$k^* = \frac{n}{Q_0}\bar{q}\left(1-\frac{p_0}{v}\right)^{\frac{1}{n-1}}$$

市场出清价格为 $p^*=p_0$，故每个第一类买者的均衡分配量为

$$q^*=\frac{k^*Q_0}{n}=\frac{Q_0}{n}\cdot\frac{n\bar{q}}{Q_0}\left(1-\frac{p_0}{v}\right)^{\frac{1}{n-1}}=\bar{q}\left(1-\frac{p_0}{v}\right)^{\frac{1}{n-1}}$$

其收益可表示为

$$u=(v-p^*)q^*=\bar{q}(v-p_0)\left(1-\frac{p_0}{v}\right)^{\frac{1}{n-1}}$$

显然，u 是关于 $\bar{q}$ 的增函数。因此第一类买者为了最大化自己的收益，最优渐近策略 $\bar{q}$ 越大越好。但无论 $\bar{q}$ 如何变化，只要满足 $\bar{q}\in S_1$，均衡价格恒为 p_0。

(2) 当 $\bar{q}\in S_2$ 时，卖者选择的最优系数为 $k^*=1-\dfrac{Q_1}{Q_0}$，市场出清价格为

$$p^*=v\left[1-\left(\frac{Q_0-Q_1}{n\bar{q}}\right)^{n-1}\right]$$

故每个第一类买者的均衡分配量为

$$q^*=\frac{k^*Q_0}{n}=\frac{Q_0-Q_1}{n}$$

其收益可表示为

$$\begin{aligned}u'&=(v-p^*)q^*\\&=\left\{v-v\left[1-\left(\frac{Q_0-Q_1}{n\bar{q}}\right)^{n-1}\right]\right\}\cdot\frac{Q_0-Q_1}{n}=\frac{v(Q_0-Q_1)^n}{n^n\bar{q}^{n-1}}\end{aligned}$$

显然，u' 是关于 $\bar{q}$ 的减函数。故 $\bar{q}$ 值越小，收益 u' 越大。因此，当 $\bar{q}\to\dfrac{Q_0}{n}$ 时收益 u' 趋于最大值，均衡价格

$$p^*\to v\left[1-\left(\frac{Q_0-Q_1}{n\cdot\dfrac{Q_0}{n}}\right)^{n-1}\right]=v\left[1-\left(\frac{Q_0-Q_1}{Q_0}\right)^{n-1}\right]$$

综上所证，如果第一类买者利用均衡报价函数 (4.4) 进行报价，当报价起点不同时 ($\bar{q}\in S_1$ 或者 $\bar{q}\in S_2$)，会导致不同的均衡价格 $\left(\text{前者趋于 } p_0\text{，后者趋于 } v\left[1-\left(\dfrac{Q_0-Q_1}{Q_0}\right)^{n-1}\right]\right)$，这意味着上述统一价格拍卖的纳什均衡可能不唯一。

[证毕]

由命题 4.3 知，上述拍卖机制可能会产生均衡点的漂移。虽然如此，该机制仍能有效降低第一类买者的市场支配力，消除文献 [11]，[39]，[41]，[42]，[47] 中给出的许多低价均衡点。下面的命题 4.4 证明了这个结论。

命题 4.4　上述拍卖机制不会产生任意低的均衡价格，能有效地消除 0 到 $\min\left\{p_0, v\left[1-\left(\frac{Q_0-Q_1}{Q_0}\right)^{n-1}\right]\right\}$ 之间的“坏均衡价格”。

证明　当每个第一类买者按照命题 4.2 给出的均衡报价函数 (4.4) 进行报价时，分两种情况进行讨论:

情形 1　当满足 $p_0 > v\left[1-\left(\frac{Q_0-Q_1}{n\bar{q}}\right)^{n-1}\right]$ 时，均衡价格为

$$p^* = v\left[1-\left(\frac{Q_0-Q_1}{n\bar{q}}\right)^{n-1}\right]$$

显然 p^* 关于 $\bar{q}$ 是递增的。由 $\bar{q} \geqslant \frac{Q_0}{n}$，故卖者能得到最低均衡价格为

$$p^*_{\min} = v\left[1-\left(\frac{Q_0-Q_1}{n\cdot\frac{Q_0}{n}}\right)^{n-1}\right] = v\left[1-\left(\frac{Q_0-Q_1}{Q_0}\right)^{n-1}\right]$$

情形 2　当满足 $p_0 \leqslant v\left[1-\left(\frac{Q_0-Q_1}{n\bar{q}}\right)^{n-1}\right]$ 时，均衡价格 p^* 恒为 p_0，故卖者能得到最低均衡价格 $p^*_{\min} = p_0$。

综合情形 1 和情形 2 可得，上述拍卖机制不会产生任意低的均衡价格，能有效地消除 0 到 $\min\left\{p_0, v\left[1-\left(\frac{Q_0-Q_1}{Q_0}\right)^{n-1}\right]\right\}$ 之间的低均衡价格。　　[证毕]

实际运用上述拍卖机制时，为了提高拍卖的效率，实现卖者收益最大化，需要寻求可行的对策来将漂移的均衡点引导到一个理想状态。如下的命题 4.5 和命题 4.6 为设计可行的引导对策提供了参考依据。

命题 4.5　上述拍卖机制中，均衡价格与第一类买者的数量 n 有关，且均衡价格是关于 n 非减的。当 n 充分大时，存在着唯一的均衡价格 $p^* = p_0$。

证明　由命题 4.2 知，在满足条件 $p_0 \leqslant v\left[1-\left(\frac{Q_0-Q_1}{n\bar{q}}\right)^{n-1}\right]$ 的前提下，无论第一类买者的数量 n 如何变化，对应的市场出清价格恒为 $p^* = p_0$。因此均衡价格 p^* 关于 n 是非减的。

当满足条件 $p_0 > v\left[1-\left(\frac{Q_0-Q_1}{n\bar{q}}\right)^{n-1}\right]$ 时，对应的市场出清价格为

$$p^* = v\left[1 - \left(\frac{Q_0 - Q_1}{n\bar{q}}\right)^{n-1}\right]$$

故有

$$\frac{\partial p^*}{\partial n} = -v\left(\frac{Q_0 - Q_1}{n\bar{q}}\right)^{n-1}\left[\ln\left(\frac{Q_0 - Q_1}{n\bar{q}}\right) - \frac{n-1}{n}\right]$$

由 $\bar{q} \geqslant \dfrac{Q_0}{n}$，得

$$\frac{Q_0 - Q_1}{nq} \leqslant \frac{Q_0 - Q_1}{n \cdot \dfrac{Q_0}{n}} = \frac{Q_0 - Q_1}{Q_0} \leqslant 1$$

故 $\ln\left(\dfrac{Q_0 - Q_1}{n\bar{q}}\right) \leqslant 0$，从而得 $\dfrac{\partial p^*}{\partial n} \geqslant 0$，这说明均衡价格 p^* 关于 n 也是非减的。

再次运用命题 4.2，均衡价格可表示成另一种形式：

$$p^* = \min\left\{p_0, v\left[1 - \left(\frac{Q_0 - Q_1}{n\bar{q}}\right)^{n-1}\right]\right\}$$

因此当第一类买者的数量 n 充分大时，

$$\left(\frac{Q_0 - Q_1}{n\bar{q}}\right)^{n-1} \to 0$$

故

$$p^* = \min\{p_0, v\} = p_0$$

[证毕]

命题 4.6 上述拍卖机制中，均衡价格与第二类买者能得到的最大分配量 Q_1 有关，且均衡价格关于 Q_1 是非减的。当 Q_1 趋于 Q_0 时，存在唯一的均衡价格 $p^* = p_0$。

命题 4.6 的证明方法同命题 4.5，证明过程此处略。

命题 4.5 和命题 4.6 的结论表明: 虽然基于供给量优化的统一价格拍卖机制可能存在均衡点的漂移，但是当参与报价的第一类买者越多，或者使得第二类买者能得到的最大分配量 Q_1 越大时，均衡价格会越接近于卖者希望得到的最高价格 p_0。

命题 4.5 的结论和我们的直觉是一致的，即买者越多，买者的市场支配力将越低 (人为操纵拍卖的机会越小)，竞争会越激烈，要想赢得更多的物品，买者不得不提高竞价，从而市场出清价格将越高。

命题 4.6 的结论可从另外一个角度来理解，即如果第一类买者形成隐性合谋或者过度隐藏真实需求，使得市场出清价格足够低，那么卖者将会以价格 p_0 将物品全部分配给第二类买者。这可视为卖者的一个“威胁策略”，将激励第一类买者上报更为真实的需求信息。此结论也进一步说明了本章基于供给量优化的统一价格拍卖机制能有效地抑制买者隐性合谋，降低第一类买者的市场支配力。

4.2.3　机制设计的建议

基于以上结论，为了防止均衡点漂移对卖者收益和分配效率等产生不利影响，我们的建议是:

(1) 对第一类买者制定准入规则，即要求参加报价的买者提交的报价函数是凸函数 (依据为推论 4.1)，否则此报价视为无效报价。

(2) 卖者应尽可能组织更多的买者参与拍卖。

(3) 卖者在设置拍卖规则时使得第二类买者能得到的最大分配量 Q_1 尽可能大 (趋近或等于 Q_0)。

实际拍卖会受很多外界环境和客观条件的诸多限制，不一定能保证参与拍卖的人数足够多; 另外，第二类买者能得到的最大分配量 Q_1 也不一定能趋近或者等于 Q_0。在此情况下，还可以通过控制买者的初始报价起点来影响最后的均衡价格。具体策略如下:

(4) 设置报价规则时，卖者可要求每个买者的初始报价起点满足如下条件:

$$\bar{q} \in S_1 = \left[\max\left\{\frac{Q_0}{n}, \frac{Q_0 - Q_1}{n}\left(\frac{v}{v-p_0}\right)^{\frac{1}{n-1}}\right\}, \frac{Q_0}{n}\left(\frac{v}{v-p_0}\right)^{\frac{1}{n-1}}\right] \tag{4.5}$$

条件 (4.5) 可由命题 4.3 的证明得到。

通过合理选用以上提出的对策，可使得最终均衡价格接近或者等于卖者希望得到的最高价格 p_0，即使拍卖达到一个理想的均衡点。

命题 4.7　上述统一价格拍卖机制满足激励相容约束和参与约束，是一个可行机制。

证明　首先证明该机制满足参与约束。由命题 4.2 知，第一类买者的收益可表示为

$$u = (v - p^*)q^* = (v - p^*)d(p^*) = (v - p^*)\bar{q}\left(1 - \frac{p^*}{v}\right)^{\frac{1}{n-1}}, \quad i = 1, 2, \cdots, n$$

由于均衡价格 $p^* \leqslant p_0 \leqslant v$，$\bar{q} \geqslant \dfrac{Q_0}{n} > 0$，故对于任意的 $p^* \geqslant 0$，有 $u \geqslant 0$，即满足参与约束条件。

再证明该机制是满足激励相容约束的。由上文分析知，当运用建议 (1)—(4) 后可将拍卖引导到一个理想的均衡状态。这种状态下，卖者选择的最优系数为

$$k^* = \frac{n}{Q_0}\bar{q}\left(1 - \frac{p_0}{v}\right)^{\frac{1}{n-1}}$$

市场出清价格为 $p^* = p_0$，每个第一类买者的均衡分配量为

$$q^* = \frac{k^* Q_0}{n} = \bar{q}\left(1 - \frac{p_0}{v}\right)^{\frac{1}{n-1}}$$

其收益为

$$u = (v - p^*)q^* = (v - p_0)q^*, \quad i = 1, 2, \cdots, n$$

显然收益 u 是关于分配量 q^* 的增函数，因此第一类买者为了最大化自己的收益，最优报价是选择最优的 $\bar{q}$ 值使得分配量 q^* 尽可能大 (此值小于或者等于其最大需求量)。

设第一类买者 i 的真实报价函数为 $d(p) = \bar{q}_0 \left(1 - \frac{p}{v}\right)^{\frac{1}{n-1}}$。一般地，每个第一类买者真实的最大需求量是足够大的。为了在实际拍卖中获得尽可能多的分配量，使其更接近最大需求量，在真实报价函数 $d(p) = \bar{q}_0 \left(1 - \frac{p}{v}\right)^{\frac{1}{n-1}}$ 中，$\bar{q}_0$ 的取值也需足够大 $\left(\text{此处至少满足 } \bar{q}_0 \geqslant \frac{Q_0}{n}\left(\frac{v}{v - p_0}\right)^{\frac{1}{n-1}}\right)$。因此，买者 i 报价中的 $\bar{q}$ 值增大到 $\bar{q}_0$ 后将不再增大。因为当 $\bar{q} = \frac{Q_0}{n}\left(\frac{v}{v - p_0}\right)^{\frac{1}{n-1}}$ 时，买者 i 已得到最大分配量 $q^* = \frac{Q_0}{n}$；当 $\bar{q}$ 值增大到 $\bar{q}_0$ 时，买者获得的分配量依然为 $\frac{Q_0}{n}$，此时对应的收益也达到最大。若 $\bar{q}$ 值继续增大，收益不会增加。这意味着第一类买者说真话时的收益不小于虚报报价信息时的收益，故每个第一类买者的最优策略是报出自己的真实需求信息。即该机制是满足激励相容约束的。 **[证毕]**

另外，从命题 4.7 的证明过程可以看出，上述统一价格拍卖机制具有报价一致性的性质。

4.3　纯策略非对称纳什均衡及机制设计建议

4.3.1　非对称纳什均衡

4.2 节中讨论的是第一类买者为对称的情形，本节讨论第一类买者为非对称的情形[8]。

由 4.1 节的假设知，设每个第一类买者独立提交需求函数 $d_i(p)$，$i = 1, 2, \cdots, n$，$D(p) = \sum_{i=1}^{n} d_i(p)$ 表示价格为 p 时的累积需求，$D_{-i}(p) = \sum_{\substack{j=1 \\ j \neq i}}^{n} d_j(p)$ 表示除买者 i 之外所有第一类买者的累积需求，其中 $D(p)$ 和 $D_{-i}(p)$ 连续可微的。在假设所有第一类买者是非对称的这一条件下，在均衡中有

$$D_{-i}(p) = \sum_{\substack{j=1 \\ j \neq i}}^{n} d_j(p), \quad \forall i \in N$$

于是买者 i 的收益函数 u_i 可表示为

$$\begin{aligned} u_i &= (v-p)d_i(p) \\ &= (v-p)[kQ_0 - D_{-i}(p)] \\ &= (v-p)\left[kQ_0 - \sum_{\substack{j=1 \\ j\neq i}}^{n} d_j(p)\right] \end{aligned}$$

均衡价格 $p^*(k^*)$ 必须满足下列条件：

$$p^*(k) \in \arg\max_p \left\{(v-p)\left[kQ_0 - \sum_{\substack{j=1 \\ j\neq i}}^{n} d_j(p)\right]\right\}$$

因为买者 i 的目标是最大化自己的收益，所以下列一阶条件成立：

$$kQ_0 - \sum_{\substack{j=1 \\ j\neq i}}^{n} d_j(p^*(k)) - (v-p^*(k))\left(\sum_{\substack{j=1 \\ j\neq i}}^{n} d_j'(p^*(k))\right) = 0 \tag{4.6}$$

另外，在非对称纳什均衡中，下列的市场出清条件是成立的：

$$\sum_{i=1}^{n} d_i(p^*(k)) = kQ_0 \tag{4.7}$$

基于一阶条件 (4.6) 和市场出清条件 (4.7)，下面给出下列的命题 4.8 来刻画纯策略非对称纳什均衡。

命题 4.8　假设所有第一类买者是非对称且都是风险中性的，卖者依据第一类买者提交的报价信息确定最优供给量，则买者 i 的均衡需求策略为

$$d_i(p) = \bar{Q}\left(1-\frac{p}{v}\right)^{\frac{1}{n-1}} - \frac{v(\bar{Q}-\bar{q}_i)}{v-p} \tag{4.8}$$

其中 $\bar{Q} = \sum_{i=1}^{n} \bar{q}_i$，$\bar{q}_i = d_i(0)$，$\bar{q}_i$ 为买者 i 在拍卖底价为 0 处的需求量，$\bar{q}$ 的取值范围为 $\bar{q}_i \geqslant \dfrac{Q_0}{n}$。

证明　假设达到均衡时买者 i 提交的需求函数为 $d_i(p)$，$i = 1, 2, \cdots, n$，则 $d_i(p)$ 必须满足一阶条件 (4.6) 和市场出清条件 (4.7)。将 (4.7) 代入 (4.6) 中得

$$d_i(p^*(k)) - (v-p^*(k))\left(\sum_{\substack{j=1 \\ j\neq i}}^{n} d_j'(p^*(k))\right) = 0 \tag{4.9}$$

将此方程看成是关于均衡价格 p 的方程，则 (4.9) 可变成如下的微分方程：

$$\frac{\mathrm{d}\left[\sum\limits_{\substack{j=1\\j\neq i}}^{n} d_j(p)\right]}{\mathrm{d}p}=-\frac{d_i(p)}{v-p} \tag{4.10}$$

分别令 $i=1,i=2,\cdots,i=n$，则方程 (4.10) 对应 n 个常微分方程。将此 n 个常微分方程相加，得到

$$(n-1)\frac{\mathrm{d}\left[\sum\limits_{i=1}^{n} d_i(p)\right]}{\mathrm{d}p}=-\frac{\sum\limits_{i=1}^{n} d_i(p)}{v-p}$$

即

$$\frac{\mathrm{d}\left[\sum\limits_{i=1}^{n} d_i(p)\right]}{\sum\limits_{i=1}^{n} d_i(p)}=-\frac{1}{(n-1)}\frac{\mathrm{d}p}{v-p}$$

求解此微分方程，得到其解为

$$\sum_{i=1}^{n} d_i(p)=a(v-p)^{\frac{1}{n-1}} \tag{4.11}$$

其中 a 为一个正常数。

令 $d_i(0)=\bar{q}_i$，$\sum\limits_{i=1}^{n}\bar{q}_i=\bar{Q}$，其中 $\bar{q}_i$ 为买者 i 在拍卖底价为 0 处的需求量，$\bar{q}$ 的取值范围为 $\bar{q}_i\geqslant\dfrac{Q_0}{n}$。将 $\bar{q}_i=d_i(0)$ 和 $\sum\limits_{i=1}^{n}\bar{q}_i=\bar{Q}$ 代入 (4.11)，得

$$\sum_{i=1}^{n} d_i(0)=a(v-0)^{\frac{1}{n-1}}=\bar{Q}$$

因为 $a=\bar{Q}v^{-\frac{1}{n-1}}$，所以方程 (4.11) 可改写为

$$\sum_{i=1}^{n} d_i(p)=\bar{Q}v^{-\frac{1}{n-1}}(v-p)^{\frac{1}{n-1}}$$

于是有

$$\sum_{\substack{j=1\\j\neq i}}^{n} d_j(p)=\bar{Q}v^{-\frac{1}{n-1}}(v-p)^{\frac{1}{n-1}}-d_i(p)$$

将此等式代入方程 (4.10)，得到

$$\frac{\mathrm{d}[d_i(p)]}{\mathrm{d}p}-\frac{d_i(p)}{v-p}+\frac{\bar{Q}v^{-\frac{1}{n-1}}(v-p)^{\frac{2-n}{n-1}}}{n-1}=0$$

这是一个非线性齐次微分方程，易求出它的一般解如下：

$$d_i(p)=\bar{Q}\left(1-\frac{p}{v}\right)^{\frac{1}{n-1}}-\frac{r}{v-p}$$

由初始条件 $d_i(0)=\bar{q}_i$ 可得 $r=v(\bar{Q}-\bar{q}_i)$，于是

$$d_i(p)=\bar{Q}\left(1-\frac{p}{v}\right)^{\frac{1}{n-1}}-\frac{v(\bar{Q}-\bar{q}_i)}{v-p} \tag{4.12}$$

显然 $d_i(p)$ 关于价格 p 是非增的，这意味着对于任意的均衡价格 $p^*(k)$，有 $d'(p^*(k))\leqslant 0$ 成立。接下来证明需求策略 (4.12) 确实是一个均衡需求策略。

对于买者 i 的收益函数 u_i，其二阶导数为

$$u_i''=2\sum_{\substack{j=1\\j\neq i}}^{n}d_j'(p^*(k))-(v-p^*(k))\left(\sum_{\substack{j=1\\j\neq i}}^{n}d_j''(p^*(k))\right)$$

由方程 (4.9)，两边对 p 求导数，得

$$(v-p^*(k))\left(\sum_{\substack{j=1\\j\neq i}}^{n}d_j''(p^*(k))\right)=-d_i'(p^*(k))+\sum_{\substack{j=1\\j\neq i}}^{n}d_j'(p^*(k))$$

将该结果代入 u''，得

$$u_i''=\sum_{i=1}^{n}d_i'(p^*(k))$$

由于 $d'(p^*(k))\leqslant 0$，得 $u_i''\leqslant 0$，这说明使得买者 i 收益最大化的二阶条件是处处成立的，所以需求策略 (4.12) 是一个均衡需求策略。　　**[证毕]**

4.3.2　均衡点分析

命题 4.2 中，买者 i 在拍卖底价为 0 处的需求量 $\bar{q}_i$ 须满足 $\bar{q}_i\geqslant\dfrac{Q_0}{n}$ 的条件。$\bar{q}_i\geqslant\dfrac{Q_0}{n}$ 意味着无论第一类买者最后所获得的物品数量是多少，在报价时都不会出现认购不足的情况。

实际上，由命题 4.8 可知，$d_i(p)$ 关于价格 p 是非增的，于是 $d(p)=\sum\limits_{i=1}^{n}d_i(p)$ 关于价格 p 是非增的。结合式 (4.1) 给出的均衡价格的定义

$$p^*(k)=\max\{p\,|d(p)=kQ_0,p\geqslant 0\}$$

可得到结论:

$$d_i(0) = \bar{q}_i \geqslant \frac{Q_0}{n}$$

且均衡价格是大于零的。否则，将出现零均衡价格。因此，为了有效降低第一类买者操纵市场的能力和有效消除任意的低价均衡产生，特假设 $\bar{q}_i \geqslant \dfrac{Q_0}{n}$。

基于命题 4.8，最优的供给系数 k^* 和出清价格 p^* 可由如下的命题 4.9 进行描述。

命题 4.9 设第一类买者 $i\,(i=1,2,\cdots,n)$ 提交式 (4.8) 所示的均衡需求策略，则在均衡中，有如下结论:

(i) 若条件 $\bar{Q} \geqslant \dfrac{v^{n-1}(v-p)(Q_0-Q_1)}{n(v-p)^{\frac{n}{n-1}}-(n-1)v^{\frac{n}{n-1}}}$ 成立，则卖者选择的最优供给系数为

$$k^* = \frac{\bar{Q}}{Q_0}\left[n\left(1-\frac{p_0}{v}\right)^{\frac{1}{n-1}} - \frac{(n-1)v}{v-p_0}\right]$$

相应的市场出清价格为 $p^* = p_0$。

(ii) 若条件 $\bar{Q} < \dfrac{v^{n-1}(v-p)(Q_0-Q_1)}{n(v-p)^{\frac{n}{n-1}}-(n-1)v^{\frac{n}{n-1}}}$ 成立，则卖者选择的最优供给系数为

$$k^* = 1 - \frac{Q_1}{Q_0}$$

相应的市场出清价格 p^* 为下列方程的解:

$$\left(1-\frac{p^*}{v}\right)^{\frac{1}{n-1}} - \frac{(n-1)v}{n(v-p^*)} = \frac{Q_0-Q_1}{n\bar{Q}}$$

证明 当第一类买者 $i\,(i=1,2,\cdots,n)$ 提交式 (4.8) 所示的均衡需求策略时，有

$$\sum_{i=1}^{n} d_i(p^*(k)) = kQ_0$$

其中 $p^*(k)$ 为均衡价格，即

$$n\bar{Q}\left(1-\frac{p^*(k)}{v}\right)^{\frac{1}{n-1}} - \frac{(n-1)v\bar{Q}}{v-p} = kQ_0$$

于是有

$$k = \frac{\bar{Q}}{Q_0}\left[n\left(1-\frac{p^*(k)}{v}\right)^{\frac{1}{n-1}} - \frac{(n-1)v}{v-p}\right]$$

其中 $\bar{Q} = \sum\limits_{i=1}^{n}\bar{q}_i$，$\bar{q}_i = d_i(0)$，$\bar{q}_i \in \left[\dfrac{Q_0}{n}, \infty\right)$。显然 $p^*(k)$ 关于 k 是递减的。

如果第二类买者可以分配到一部分物品，那么卖者会选择最优的供给系数

$$k^* = \frac{\bar{Q}}{Q_0}\left[n\left(1-\frac{p_0}{v}\right)^{\frac{1}{n-1}} - \frac{(n-1)v}{v-p_0}\right]$$

来使得市场出清价格达到最大值 $p^* = p_0$。当然，仅当第二类买者的分配量限制条件 $(1-k)Q_0 \leqslant Q_1$ 成立的条件下该均衡状态才会达到，即

$$k^* = \frac{\bar{Q}}{Q_0}\left[n\left(1-\frac{p_0}{v}\right)^{\frac{1}{n-1}} - \frac{(n-1)v}{v-p_0}\right] \geqslant 1-\frac{Q_1}{Q_0}$$

求解该不等式，得到

$$\bar{Q} \geqslant \frac{v^{n-1}(v-p)(Q_0-Q_1)}{n(v-p)^{\frac{n}{n-1}}-(n-1)v^{\frac{n}{n-1}}}$$

否则，当 $\bar{Q} < \dfrac{v^{n-1}(v-p)(Q_0-Q_1)}{n(v-p)^{\frac{n}{n-1}}-(n-1)v^{\frac{n}{n-1}}}$ 时，卖者会选择最优的供给系数 $k^* = 1-\dfrac{Q_1}{Q_0}$。此时相应的市场出清价格 p^* 是方程 $\left(1-\dfrac{p^*}{v}\right)^{\frac{1}{n-1}} - \dfrac{(n-1)v}{n(v-p^*)} = \dfrac{Q_0-Q_1}{n\bar{Q}}$ 的解。 **[证毕]**

由命题 4.9，当 $\bar{Q} < \dfrac{v^{n-1}(v-p)(Q_0-Q_1)}{n(v-p)^{\frac{n}{n-1}}-(n-1)v^{\frac{n}{n-1}}}$ 成立时，市场出清价格 p^* 是方程 $\left(1-\dfrac{p^*}{v}\right)^{\frac{1}{n-1}} - \dfrac{(n-1)v}{n(v-p^*)} = \dfrac{Q_0-Q_1}{n\bar{Q}}$ 的解，这是一个关于价格 p^* 的无理方程。当给定 n, $v, Q_0, Q_1, \bar{Q}$ 的值时，运用数学软件 (如 MATLAB 8.0，Mathematica 5.0 等) 可得到价格 p^* 的值。

另外，由命题 4.9，可知均衡价格 p^* 的值是由 $\bar{Q} = \sum_{i=1}^{n} \bar{q}_i$ 决定的。一方面，对于每个不同的 $\bar{Q}$ 值，当条件

$$\bar{Q} \geqslant \frac{v^{n-1}(v-p)(Q_0-Q_1)}{n(v-p)^{\frac{n}{n-1}}-(n-1)v^{\frac{n}{n-1}}}$$

成立时，均衡价格为常数 p_0，其对应着不同的均衡需求策略，也即对应着不同的纯策略非对称纳什均衡。另一方面，当条件

$$\bar{Q} < \frac{v^{n-1}(v-p)(Q_0-Q_1)}{n(v-p)^{\frac{n}{n-1}}-(n-1)v^{\frac{n}{n-1}}}$$

成立时，相应的均衡价格是方程 $\left(1-\dfrac{p^*}{v}\right)^{\frac{1}{n-1}} - \dfrac{(n-1)v}{n(v-p^*)} = \dfrac{Q_0-Q_1}{n\bar{Q}}$ 的解。于

是每个不同的 $\bar{Q}$ 对应着不同的均衡价格 p^*，也对应着不同的纯策略非对称纳什均衡。

基于以上分析，可以得到: 4.1 节提出的统一价格拍卖中存在着许多纯策略非对称纳什均衡。但是，该拍卖机制中不会出现任意低的均衡价格。下列的推论 4.2 (易由命题 4.8 和命题 4.9 推得) 印证了该结论。

推论 4.2 对于 4.1 节给出的统一价格拍卖机制，有如下结论成立:

(i) 均衡价格 p^* 与 $\bar{Q}$ 的值有关，其中 $\bar{Q}=\sum\limits_{i=1}^{n}\bar{q}_i$，且均衡价格关于 $\bar{Q}$ 是非减的。

(ii) 均衡价格 p^* 与第一类买者的数量 n 有关，且均衡价格关于 n 是非减的。当 n 充分大时，存在着唯一的均衡价格 $p^*=p_0$。

(iii) 均衡价格与第二类买者能得到的最大分配量 Q_1 有关，且均衡价格是关于 Q_1 非减的。

4.3.3 机制设计建议

基于 4.3.2 节得到的结论，在假设第一类买者为非对称的情形下，就如何更好地实施 4.1 节提出的统一价格拍卖机制，下面给出相关的建议和改进策略。

在实际拍卖中，为了提高拍卖的效率、最大化卖者的收益并防止多个非对称纳什均衡对拍卖产生不利的影响，我们的建议是:

(1) 卖者应尽可能组织更多的买者参与拍卖。

(2) 卖者在设置拍卖规则时使得第二类买者能得到的最大分配量 Q_1 尽可能大 (趋近或等于 Q_0)。

(3) 设置报价规则时，卖者可有效控制第一类买者的投标起点值 $\bar{q}_i$ 来影响最终的均衡价格 p^*。具体地，卖者可要求第一类买者 i 的初始报价起点满足如下条件:

$$\bar{q}_i \geqslant \max\left\{\frac{Q_0}{n}, \frac{v^{n-1}(v-p)(Q_0-Q_1)}{n^2(v-p)^{\frac{n}{n-1}}-n(n-1)v^{\frac{n}{n-1}}}\right\}, \quad i=1,2,\cdots,n$$

此条件来自命题 4.9 的结论 (ii)。

通过合理选用以上提出的对策，可使得最终均衡价格接近或者等于卖者希望得到的最高价格 p_0，即使拍卖达到一个理想的均衡点。

4.4 本章小结

本章提出了一种基于供给量优化的统一价格拍卖机制。该机制中，除了策略性买者外，还引入了非策略性买者，卖者在观察策略性买者的报价信息后确定最优供给量。这种在拍卖中分散物品所有权的做法可激励策略性买者进行激烈的竞标，促使其报出的需求信息接近或等于其真实需求。研究表明：该拍卖机制的纯策略纳什均衡不唯一。为了避免多均衡点在卖者收益和拍卖效率方面带来不利影响，可从报价函数的凹凸性要求、买者数量、非策略性买者能得到的最大分配总量以及买者的初始报价起点等方面入手来设计对策，以将拍卖引导到一个理想的均衡点。另外，该机制具有信息激励性和报价一致性等特性，能够有效抑制隐性合谋和低价均衡的发生。

第 5 章　可分离物品拍卖中买者占优报价策略分析

可分离物品拍卖中买者的报价策略将直接影响市场出清价格的确定，进而决定卖者的收益高低。因此，以买者收益最大化为出发点研究其最优报价策略，这对理解市场出清价格及低价均衡形成的微观机制具有理论意义。现有文献大部分是以最大化卖者的收益为目标来设计多物品拍卖机制的，对于基于买者收益最大化的机制设计及均衡报价策略的研究比较欠缺。另外，现有文献中即使有少部分讨论了均衡报价策略，对于非线性均衡报价和线性均衡报价也是分开讨论的。那么在统一价格拍卖和不确定供给量框架下，线性均衡报价和非线性均衡报价之间是否存在占优关系？这是机制设计需要考虑的问题之一。本章结合第 4 章提出的基于供给量优化的可分离物品统一价格拍卖机制，研究买者采用非线性均衡报价和线性均衡报价下的纯策略纳什均衡，比较非线性和线性均衡报价之间的占优关系，给出若干关于买者如何选择最优报价以及卖者如何设计最优拍卖机制的建议。

5.1　线性与非线性报价策略

对于 4.1 节提出的基于供给量优化的可分离物品统一价格拍卖机制，下面求解买者采用非线性均衡报价和线性均衡报价下的纯策略纳什均衡，并在此基础上来比较非线性和线性均衡报价之间的占优关系[9]。

由命题 4.2 知，在所有第一类买者对称且都是风险中性的前提下，当第一类买者提交非线性报价后，卖者依据第一类买者提交的报价信息确定最优供给量，则有如下结论:

(i) 任一第一类买者的非线性均衡报价可表示为

$$d(p) = \bar{q}\left(1-\frac{p}{v}\right)^{\frac{1}{n-1}} \tag{5.1}$$

其中，$\bar{q}=d(0)$ 为第一类买者在拍卖底价为 0 处的需求量，$\bar{q}$ 的取值范围为 $\left[\dfrac{Q_0}{n},\infty\right)$。

(ii) 达到均衡时，卖者选择的最优系数和市场出清价格分别为

$$k^* = \max\left\{\frac{n\bar{q}}{Q_0}\left(1-\frac{p_0}{v}\right)^{\frac{1}{n-1}}, 1-\frac{Q_1}{Q_0}\right\} \tag{5.2}$$

$$p^* = \min\left\{p_0, v\left[1-\left(\frac{Q_0-Q_1}{n\bar{q}}\right)^{n-1}\right]\right\} \tag{5.3}$$

以上讨论的是第一类买者提交的报价为非线性函数的情况。接下来，我们在策略性买者提交的报价函数为线性的情况下讨论纳什均衡。下面的命题 5.1 刻画了在第一类买者提交线性报价函数下的纳什均衡。

命题 5.1 假设所有第一类买者是对称的且都是风险中性的，卖者依据第一类买者提交的报价信息确定最优供给量，则有如下结论:

(i) 任一第一类买者的线性均衡报价可表示为

$$d(p) = \bar{q} - \frac{n(n-1)\bar{q} - (n-2)kQ_0}{n(n-1)v}p \tag{5.4}$$

其中，$\bar{q}=d(0)$ 为第一类买者在拍卖底价为 0 处的需求量，$\bar{q}$ 的取值范围为 $\left[\frac{Q_0}{n},\infty\right)$。

(ii) 达到均衡时，卖者选择的最优系数和市场出清价格分别为

$$k^* = \max\left\{\frac{n(n-1)\bar{q}(v-p_0)}{(n-1)vQ_0-(n-2)Q_0p_0}, 1-\frac{Q_1}{Q_0}\right\} \tag{5.5}$$

$$p^* = \min\left\{p_0, \frac{n(n-1)\bar{q}-(n-1)(Q_0-Q_1)}{n(n-1)\bar{q}-(n-2)(Q_0-Q_1)}v\right\} \tag{5.6}$$

证明 先证明结论 (i)。所有第一类买者是对称的且都是风险中性的前提下，先假设线性均衡报价存在，并求解此线性均衡报价函数。

由于第一类买者是对称的，故设 n 个第一类买者的均衡报价函数均为

$$d(p) = \alpha - \beta p \quad (a > 0, b \geqslant 0)$$

当 $p = 0$ 时，令 $d(0) = \bar{q}$ 为第一类买者在拍卖底价为 0 处的需求量，$\bar{q}$ 的取值范围为 $\left[\frac{Q_0}{n},\infty\right)$，则有

$$\alpha = \bar{q} \tag{5.7}$$

由命题 4.1 知，一方面，均衡报价函数满足市场出清条件

$$nd(p^*(k)) = kQ_0$$

即有

$$n(\alpha - \beta p^*(k)) = kQ_0$$

得

$$p^*(k) = \frac{\alpha}{\beta} - \frac{kQ_0}{n\beta} \tag{5.8}$$

另一方面，均衡报价函数满足一阶条件 (4.2)，即有

$$-kQ_0 + (n-1)(\alpha - \beta p^*(k)) - (n-1)(v - p^*(k))(-\beta) = 0$$

解得

$$p^*(k)=\frac{(n-1)(\alpha+\beta v)-kQ_0}{2\beta(n-1)} \tag{5.9}$$

二阶条件为

$$\frac{\mathrm{d}^2u}{\mathrm{d}p^{*2}}=\frac{\mathrm{d}^2[(v-p^*)(kQ_0-(n-1)(\alpha-\beta p^*))]}{\mathrm{d}p^{*2}}=-2(n-1)\beta<0$$

故 p^* 能使得 u 取得最大值。

联立式 (5.7)—(5.9) 解得

$$\alpha=\bar{q},\quad \beta=\frac{n(n-1)\bar{q}-(n-2)kQ}{n(n-1)v}$$

即

$$d(p)=\bar{q}-\frac{n(n-1)\bar{q}-(n-2)kQ_0}{n(n-1)v}p \tag{5.10}$$

对于式 (5.10)，由于 $\bar{q}\geqslant\dfrac{Q_0}{n}$，因而

$$n(n-1)\bar{q}-(n-2)kQ_0\geqslant n(n-1)\cdot\frac{Q_0}{n}-(n-2)Q_0=Q_0>0$$

于是有

$$d'(p)=-\frac{n(n-1)\bar{q}-(n-2)kQ_0}{n(n-1)v}<0$$

因此，$d(p)$ 关于 p 是非增的，且是在满足一阶条件 (4.2) 和市场出清条件 (4.3) 下推导出来的，故由命题 4.1 知，式 (5.10) 描述的确实是一个均衡报价，即结论 (i) 成立。

再来证明结论 (ii)。达到均衡时，对于均衡价格 $p^*(k)$，满足市场出清条件 (4.3)，即

$$nd(p^*(k))=kQ_0$$

故

$$n\left[\bar{q}-\frac{n(n-1)\bar{q}-(n-2)kQ_0}{n(n-1)v}p^*(k)\right]=kQ_0$$

由此可得

$$p^*(k)=\frac{(n-1)kQ_0-n(n-1)\bar{q}}{(n-2)kQ_0-n(n-1)\bar{q}}v$$

其中 $\bar{q}=d(0)$，$\bar{q}\in\left[\dfrac{Q_0}{n},\infty\right)$。由于

$$p^{*\prime}(k)=-\frac{n(n-1)^2\bar{q}vQ_0}{[(n-2)kQ_0-n(n-1)\bar{q}]^2}<0$$

因而 $p^*(k)$ 是关于 k 的减函数。

如果第二类买者能分得部分数量的拍卖物品，则卖者从最大化自身的收益出发，首先会选择最优系数

$$k^* = \frac{n(n-1)\bar{q}(v-p_0)}{(n-1)vQ_0-(n-2)Q_0p_0}$$

使得均衡价格为 $p^* = p_0$。当然，这个选择结果是在满足第二类买者能分得最大分配数量的限制条件 $(1-k)Q_0 \leqslant Q_1$ 下成立的，即要满足

$$k \geqslant 1-\frac{Q_1}{Q_0}$$

亦即

$$k^* = \frac{n(n-1)\bar{q}(v-p_0)}{(n-1)vQ_0-(n-2)Q_0p_0} \geqslant 1-\frac{Q_1}{Q_0}$$

解得

$$p_0 \leqslant \frac{n(n-1)\bar{q}-(n-1)(Q_0-Q_1)}{n(n-1)\bar{q}-(n-2)(Q_0-Q_1)}v$$

这意味着在满足此条件下上述均衡才存在。

若不然，若 $p_0 > \dfrac{n(n-1)\bar{q}-(n-1)(Q_0-Q_1)}{n(n-1)\bar{q}-(n-2)(Q_0-Q_1)}v$ 成立，由于 $p^*(k)$ 是关于 k 的减函数，则卖者会选择最优系数 $k^* = 1-\dfrac{Q_1}{Q_0}$，此时对应的均衡价格为

$$p^* = \frac{n(n-1)\bar{q}-(n-1)(Q_0-Q_1)}{n(n-1)\bar{q}-(n-2)(Q_0-Q_1)}v$$

即结论 (ii) 成立。　　**[证毕]**

由命题 5.1，当 $p_0 > \dfrac{n(n-1)\bar{q}-(n-1)(Q_0-Q_1)}{n(n-1)\bar{q}-(n-2)(Q_0-Q_1)}v$ 时，均衡价格为

$$p^* = \frac{n(n-1)\bar{q}-(n-1)(Q_0-Q_1)}{n(n-1)\bar{q}-(n-2)(Q_0-Q_1)}v$$

由于

$$\frac{\mathrm{d}p^*}{\mathrm{d}\bar{q}} = \frac{n(n-1)v(Q_0-Q_1)}{[n(n-1)\bar{q}-(n-2)(Q_0-Q_1)]^2} \geqslant 0$$

故 p^* 关于 $\bar{q}$ 是非减的。又由于 $\bar{q} \geqslant \dfrac{Q_0}{n}$，故当每个第一类买者按照命题 5.1 给出的线性均衡报价函数进行报价时，最低的均衡价格为

$$p^*_{\min} = \frac{n(n-1)\cdot\dfrac{Q_0}{n}-(n-1)(Q_0-Q_1)}{n(n-1)\cdot\dfrac{Q_0}{n}-(n-2)(Q_0-Q_1)}v$$

$$= \frac{(n-1)Q_0-(n-1)(Q_0-Q_1)}{(n-1)Q_0-(n-2)(Q_0-Q_1)}v$$

这意味着在线性均衡报价下，该拍卖机制也能有效地消除许多 0 到 $\min\left\{p_0, \frac{(n-1)Q_0-(n-1)(Q_0-Q_1)}{(n-1)Q_0-(n-2)(Q_0-Q_1)}v\right\}$ 之间的"坏均衡价格"。这个结论与非线性均衡报价的情形是类似的。

实质上，上文中给出的非线性均衡报价函数 (5.1) 可看成是由一阶条件 (4.2) 和市场出清条件 (4.3) 构成的一个常微分方程的通解，线性均衡报价函数 (5.4) 可看成是该微分方程的奇解。由常微分方程的相关理论可知，奇解所在的曲线和通解所在的曲线是相切的关系，因此若均衡价格对应的点就是切点，则非线性均衡报价和线性均衡报价对第一类买者是无差异的。而在一般情形下，均衡价格对应的点不一定是切点，则此时这两种均衡报价之间必然存在一种占优关系。下文就此问题进行分析.

5.2 报价策略的比较与占优分析

基于上文的结论，下面比较非线性均衡报价和线性均衡报价之间的占优关系。

命题 5.2 每个第一类买者无论是按照式 (5.1) 给出的非线性均衡报价函数或者是按照式 (5.4) 给出的线性均衡报价函数进行报价时，下列结论均成立:

(i) 当第一类买者的数量 n 充分大时，存在唯一的均衡价格 $p^*=p_0$。

(ii) 当第二类买者能得到的最大分配量 Q_1 趋于 Q_0 时，存在唯一的均衡价格 $p^*=p_0$。

证明 若每个第一类买者按照非线性均衡报价函数 (5.1) 进行报价，则均衡价格为

$$p^*=\min\left\{p_0, v\left[1-\left(\frac{Q_0-Q_1}{n\bar{q}}\right)^{n-1}\right]\right\}$$

故当第一类买者的数量 n 充分大时，或者当 $Q_1\to Q_0$ 时，均有

$$\left(\frac{Q_0-Q_1}{n\bar{q}}\right)^{n-1}\to 0$$

故 $p^*=\min\{p_0,v\}=p_0$。

若每个第一类买者按照线性均衡报价函数 (5.4) 进行报价，则均衡价格为

$$p^*=\min\left\{p_0, \frac{n(n-1)\bar{q}-(n-1)(Q_0-Q_1)}{n(n-1)\bar{q}-(n-2)(Q_0-Q_1)}v\right\}$$

故当策略性买者的数量 n 充分大时，或者当 $Q_1\to Q_0$ 时，均有

$$\frac{n(n-1)\bar{q}-(n-1)(Q_0-Q_1)}{n(n-1)\bar{q}-(n-2)(Q_0-Q_1)}v \to v$$

从而有

$$p^* = \min\{p_0, v\} = p_0$$

[证毕]

命题 5.2 说明了无论第一类买者提交非线性均衡报价还是线性均衡报价，基于供给量优化的可分离物品统一价格拍卖机制均有可能达到唯一的均衡价格 p_0，这个价格正是卖者能够得到的最高价格。

命题 5.3　设在非线性均衡报价函数 (5.1) 和线性均衡报价函数 (5.4) 下的均衡价格分别为 $p^{(1)}$ 和 $p^{(2)}$，第一类买者的收益分别为 $u^{(1)}$ 和 $u^{(2)}$，分配量分别为 $q^{(1)}$ 和 $q^{(2)}$，则有如下结论:

(i) 当均衡价格 $p^{(1)}$ 和 $p^{(2)}$ 均小于 p_0 时，有

$$q^{(1)} = q^{(2)} = \frac{Q_0-Q_1}{n}$$

$$p^{(1)} \geqslant p^{(2)}$$

$$u^{(1)} \leqslant u^{(2)}$$

(ii) 当均衡价格 $p^{(1)}$ 和 $p^{(2)}$ 均达到 p_0 时，有

$$q^{(1)} > q^{(2)}$$

$$u^{(1)} > u^{(2)}$$

证明　先证明结论 (i)。若第一类买者采用非线性均衡报价函数 (5.1) 进行报价，则由命题 4.2 知，均衡价格 $p^{(1)} < p_0$ 时，有

$$p^{(1)} = v\left[1-\left(\frac{Q_0-Q_1}{n\bar{q}}\right)^{n-1}\right]$$

最优系数为

$$k^* = 1-\frac{Q_1}{Q_0}$$

故每个第一类买者的均衡分配量为

$$q^{(1)} = \frac{k^*Q_0}{n} = \frac{Q_0-Q_1}{n}$$

若第一类买者采用线性均衡报价函数 (5.4) 进行报价，则由命题 5.1 知，当均衡价格 $p^{(2)} < p_0$ 时，有

$$p^{(2)} = \frac{n(n-1)\bar{q}-(n-1)(Q_0-Q_1)}{n(n-1)\bar{q}-(n-2)(Q_0-Q_1)}v$$

最优系数为

$$k^* = 1 - \frac{Q_1}{Q_0}$$

故每个第一类买者的均衡分配量为

$$q^{(2)} = \frac{k^* Q_0}{n} = \frac{Q_0 - Q_1}{n}$$

因此有

$$q^{(1)} = q^{(2)} = \frac{Q_0 - Q_1}{n}$$

且有

$$\begin{aligned} p^{(1)} - p^{(2)} &= v\left[1 - \left(\frac{Q_0 - Q_1}{n\bar{q}}\right)^{n-1}\right] - \frac{n(n-1)\bar{q} - (n-1)(Q_0 - Q_1)}{n(n-1)\bar{q} - (n-2)(Q_0 - Q_1)} v \\ &= v(Q_0 - Q_1)\left[\frac{(n\bar{q})^{n-1} - (Q_0 - Q_1)^{n-2}[n(n-1)\bar{q} - (n-2)(Q_0 - Q_1)]}{(n\bar{q})^{n-1}[n(n-1)\bar{q} - (n-2)(Q_0 - Q_1)]}\right] \end{aligned}$$

令 $f(\bar{q}) = (n\bar{q})^{n-1} - (Q_0 - Q_1)^{n-2}[n(n-1)\bar{q} - (n-2)(Q_0 - Q_1)]$，则有

$$\frac{\mathrm{d}f(\bar{q})}{\mathrm{d}\bar{q}} = n(n-1)(n\bar{q})^{n-2} - n(n-1)(Q_0 - Q_1)^{n-2}$$

显然 $\dfrac{\mathrm{d}f(\bar{q})}{\mathrm{d}\bar{q}}$ 为 $\bar{q}$ 的增函数，又由于 $\bar{q} \geqslant \dfrac{Q_0}{n}$，故

$$\begin{aligned} \frac{\mathrm{d}f(\bar{q})}{\mathrm{d}\bar{q}} &\geqslant n(n-1)\left(n \cdot \frac{Q_0}{n}\right)^{n-2} - n(n-1)(Q_0 - Q_1)^{n-2} \\ &= n(n-1)Q_0^{n-2} - n(n-1)(Q_0 - Q_1)^{n-2} > 0 \end{aligned}$$

因此，对于任意的 $\bar{q} \geqslant \dfrac{Q_0}{n}$，有

$$\begin{aligned} & f(\bar{q}) \geqslant f\left(\frac{Q_0}{n}\right) > f\left(\frac{Q_0 - Q_1}{n}\right) \\ = & \left(n \cdot \frac{Q_0 - Q_1}{n}\right)^{n-1} - (Q_0 - Q_1)^{n-2}\left[n(n-1) \cdot \frac{Q_0 - Q_1}{n} - (n-2)(Q_0 - Q_1)\right] \\ = & \, 0 \end{aligned}$$

又由于

$$v(Q_0 - Q_1) \geqslant 0$$

$$(n\bar{q})^{n-1}[n(n-1)\bar{q} - (n-2)(Q_0 - Q_1)] > 0$$

故有 $p^{(1)} \geqslant p^{(2)}$。又因为

$$u^{(1)} = (v - p^{(1)})q^{(1)}$$

$$u^{(2)} = (v - p^{(2)})q^{(2)}$$

故有 $u^{(1)} \leqslant u^{(2)}$。

再证明结论 (ii)。若第一类买者采用非线性均衡报价函数 (5.1) 进行报价，则由命题 4.2 知，当均衡价格 $p^{(1)} = p_0$ 时，最优系数为

$$k^* = \frac{n\bar{q}}{Q_0}\left(1 - \frac{p_0}{v}\right)^{\frac{1}{n-1}}$$

故每个第一类买者的均衡分配量为

$$q^{(1)} = \frac{k^* Q_0}{n} = \bar{q}\left(1 - \frac{p_0}{v}\right)^{\frac{1}{n-1}}$$

若第一类买者采用线性均衡报价函数 (5.4) 进行报价，则由命题 5.1 知，当均衡价格 $p^{(2)} = p_0$ 时，最优系数为

$$k^* = \frac{n(n-1)\bar{q}(v - p_0)}{(n-1)vQ_0 - (n-2)Q_0 p_0}$$

故每个第一类买者的均衡分配量为

$$q^{(2)} = \frac{k^* Q_0}{n} = \frac{(n-1)\bar{q}(v - p_0)}{(n-1)v - (n-2)p_0}$$

在 $q^{(1)}$ 和 $q^{(2)}$ 中，分别令

$$\left(1 - \frac{p_0}{v}\right)^{\frac{1}{n-1}} = A$$

$$\frac{(n-1)(v - p_0)}{(n-1)v - (n-2)p_0} = B$$

于是要比较 $q^{(1)}$ 和 $q^{(2)}$ 的大小关系转化为比较 A 和 B 的大小关系。

由 $\dfrac{1}{B} = \dfrac{(n-1)v - (n-2)p_0}{(n-1)(v - p_0)} = 1 + \dfrac{p_0}{(n-1)(v - p_0)}$，得

$$\begin{aligned}\left(\frac{1}{B}\right)^{n-1} &= \left(1 + \frac{p_0}{(n-1)(v - p_0)}\right)^{n-1} \\ &= 1 + \frac{p_0}{(v - p_0)} + \mathrm{C}_{n-1}^{2}\left(\frac{p_0}{(n-1)(v - p_0)}\right)^2 + \cdots \\ &\quad + \mathrm{C}_{n-1}^{n-2}\left(\frac{p_0}{(n-1)(v - p_0)}\right)^{n-2} + \left(\frac{p_0}{(n-1)(v - p_0)}\right)^{n-1}\end{aligned}$$

另外，由 $\dfrac{1}{A}=\dfrac{1}{\left(1-\dfrac{p_0}{v}\right)^{\frac{1}{n-1}}}=\left(1+\dfrac{p_0}{v-p_0}\right)^{\frac{1}{n-1}}$，得

$$\left(\frac{1}{A}\right)^{\frac{1}{n-1}}=1+\frac{p_0}{v-p_0}$$

故有

$$\left(\frac{1}{A}\right)^{\frac{1}{n-1}}<\left(\frac{1}{B}\right)^{\frac{1}{n-1}}$$

即有 $A>B$，进而得 $q^{(1)}>q^{(2)}$。又因为

$$u^{(1)}=(v-p^{(1)})q^{(1)}$$

$$u^{(2)}=(v-p^{(2)})q^{(2)}$$

故有 $u^{(1)}>u^{(2)}$，即结论 (ii) 成立。 **[证毕]**

命题 5.3 说明：当卖者实施供给量优化策略时，对于风险中性的买者而言，当均衡价格 $p^*<p_0$ 时，第一类买者在线性均衡报价下的收益比非线性均衡报价下的收益大，得到的分配量相等，但对于卖者而言，收益的大小则相反。当均衡价格 $p^*=p_0$ 时，第一类买者在非线性均衡报价下的收益比线性均衡报价下的收益大，且得到的分配量前者也比后者大，但卖者的收益在两种均衡报价下相等。

5.3 买者报价策略选择及机制设计的建议

具体拍卖中，作为博弈的主方，卖者为了实现自身利益最大化的目标，当面对第一类买者提交的非线性均衡报价或者线性均衡报价时，可以通过设计可行的对策来将拍卖引导到一个理想的均衡点 (即使得均衡价格为 p_0，此时可实现收益最大化的目标)。为使其达到这个目标，第 4 章从报价函数的凹凸性要求、参与拍卖的买者数量、非策略性买者能得到的最大分配总量、控制买者初始报价起点等方面入手设计了相关对策，其中对于买者初始报价起点的要求是满足条件 (4.5)。但本章除了考虑第 4 章中给出的非线性均衡报价外，同时还考虑了第一类买者提交线性均衡报价的情况，因而条件 (4.5) 可以进一步修正为如下的条件:

$$\bar{q}\geqslant\max\left\{\frac{Q_0}{n},\frac{Q_0-Q_1}{n}\left(\frac{v}{v-p_0}\right)^{\frac{1}{n-1}},\frac{(Q_0-Q_1)[(n-1)v-(n-2)p_0]}{n(n-1)(v-p_0)}\right\}\tag{5.11}$$

下面给出条件 (5.11) 的推导过程。

当第一类买者提交非线性均衡报价时，要使得均衡价格达到最大值 p_0，则须满足

$$p_0 \leqslant v\left[1-\left(\frac{Q_0-Q_1}{n\bar{q}}\right)^{n-1}\right]$$

解得

$$\bar{q} \geqslant \frac{Q_0-Q_1}{n}\left(\frac{v}{v-p_0}\right)^{\frac{1}{n-1}}$$

当第一类买者提交线性均衡报价时，要使得均衡价格达到最大值 p_0，则须满足

$$p_0 \leqslant \frac{n(n-1)\bar{q}-(n-1)(Q_0-Q_1)}{n(n-1)\bar{q}-(n-2)(Q_0-Q_1)}v$$

解得

$$\bar{q} \geqslant \frac{(Q_0-Q_1)[(n-1)v-(n-2)p_0]}{n(n-1)(v-p_0)}$$

再由上文知 $\bar{q} \geqslant \dfrac{Q_0}{n}$，得 $\bar{q}$ 满足条件 (5.11)。

因此，当主方 (卖者) 实施了将拍卖引导到理想均衡点的对策后，从方 (第一类买者) 在此对策下的目标是通过选取最优的报价 $d_i(p)$，使自身的收益最大化。为了使其实现这个目标，我们的建议是: 第一类买者选取式 (5.1) 所示的非线性均衡报价函数进行报价。换言之，对第一类买者而言，非线性均衡报价占优于线性均衡报价。

5.4　报价策略的占优比较实例

下面给出一个算例来进一步说明非线性均衡报价占优于线性均衡报价的结论。

假设政府要拍卖 $Q_0=210000$ 吨的 COD 排放权给企业，有 3 个第一类买者和 2 个第二类买者被允许参加拍卖。假设所有第一类买者是对称的。

第二类买者能获得的最大 COD 排放权总量设为 $Q_1=140000$ 吨，且第二类买者愿意为单位物品支付的最高价格 $p_0=2100$ 元/吨。p_0 是政府和所有第二类买者的已知信息，但第一类买者不知道该信息。设第一类买者 i 独立提交连续可微的报价函数 $d_i(p)$，$i=1,2$, $d_i(p)$ 是线性投标或者是非线性投标。

由 4.2 节的讨论可知，在实际拍卖中，无论第一类买者提交的是线性投标还是非线性投标，政府为了最大化拍卖的收益，都会设计一些可行的对策来将拍卖引导到一个理想的均衡状态。例如，政府可以使得每个第一类买者的初始投标起点满足式 (4.5) 给出的条件，在本例中即有

$$\bar{q} \geqslant \max\left\{\frac{Q_0}{n}, \frac{Q_0-Q_1}{n}\left(\frac{v}{v-p_0}\right)^{\frac{1}{n-1}}, \frac{(Q_0-Q_1)[(n-1)v-(n-2)p_0]}{n(n-1)(v-p_0)}\right\}$$

$$
\begin{aligned}
&= \max\left\{\frac{210000}{3}, \frac{210000-140000}{3}\left(\frac{2200}{2200-2100}\right)^{\frac{1}{2}}, \frac{70000\times(2\times 2200-2100)}{6\times(2200-2100)}\right\} \\
&= \max\{70000, 109443.03, 268333\} = 268333
\end{aligned} \tag{5.12}
$$

另外，第一类买者在拍卖底价为 0 处的 COD 排放权真实需求量 $\bar{q}_0$ 必须满足下列条件[9]：

$$
\begin{aligned}
\bar{q}_0 &\geqslant \max\left\{\frac{Q_0}{n}\left(\frac{v}{v-p_0}\right)^{\frac{1}{n-1}}, \frac{Q_0[(n-1)v-(n-2)p_0]}{n(n-1)(v-p_0)}\right\} \\
&= \max\left\{\frac{210000}{3}\left(\frac{2200}{2200-2100}\right)^{\frac{1}{2}}, \frac{210000\times(2\times 2200-2100)}{6\times(2200-2100)}\right\} \\
&= \max\{328329, 805000\} = 805000
\end{aligned}
$$

因此，此处假设第一类买者在拍卖底价为 0 处的真实 COD 排放权需求量 $\bar{q}_0 = 805000$ 吨。

由式 (5.12) 可知，每个第一类买者初始投标中的 $\bar{q}$ 值必须满足基本条件 $\bar{q} \geqslant 268333$ 吨。此处不失一般性，设 $\bar{q} = 270000$ 吨。下面通过比较收益来讨论非线性均衡投标和线性均衡投标的占优关系。

(i) 当第一类买者提交非线性投标时，由命题 4.2 知，某一第一类买者的非线性均衡投标为

$$
d(p) = \bar{q}\left(1-\frac{p}{v}\right)^{\frac{1}{n-1}} = 270000\left(1-\frac{p}{2200}\right)^{\frac{1}{2}}
$$

由于

$$
v\left[1-\left(\frac{Q_0-Q_1}{n\bar{q}}\right)^{n-1}\right] = 2200\left[1-\left(\frac{210000-140000}{3\times 270000}\right)^{2}\right] = 2183.57 > 2100
$$

这意味着条件 $p_0 < v\left[1-\left(\frac{Q_0-Q_1}{n\bar{q}}\right)^{n-1}\right]$ 成立，则由命题 4.2 可得均衡价格是 $p^{(1)} = p_0 = 2100$ 元/吨，最优供给系数为

$$
k^* = \frac{n\bar{q}}{Q_0}\left(1-\frac{p_0}{v}\right)^{\frac{1}{n-1}} = \frac{3\times 270000}{210000}\left(1-\frac{2100}{2200}\right)^{\frac{1}{2}} = 0.82
$$

因此，每个第一类买者分得的 COD 排放权数量是

$$
q^{(1)} = \frac{k^* Q_0}{n} = \frac{0.82\times 210000}{3} = 57400\ (\text{吨})
$$

每个第一类买者分得的收益是

$$
u^{(1)} = (v-p^{(1)})q^{(1)} = (2200-2100)\times 57400 = 5740000\ (\text{元})
$$

(ii) 当第一类买者提交线性投标时，由命题 5.1 知，某一第一类买者的线性均衡投标为

$$\begin{aligned} d(p) &= \bar{q} - \frac{n(n-1)\bar{q} - (n-2)kQ_0}{n(n-1)v} \\ &= 270000 - \frac{6 \times 270000 - 210000k}{6 \times 2200} p \end{aligned}$$

因为

$$\begin{aligned} &\frac{n(n-1)\bar{q} - (n-1)(Q_0 - Q_1)}{n(n-1)\bar{q} - (n-2)(Q_0 - Q_1)} v \\ =& \frac{6 \times 270000 - 2(210000 - 140000)}{6 \times 270000 - (210000 - 140000)} \times 2200 \\ =& 2100.65 > 2100 \end{aligned}$$

这说明条件 $p_0 < \dfrac{n(n-1)\bar{q} - (n-1)(Q_0 - Q_1)}{n(n-1)\bar{q} - (n-2)(Q_0 - Q_1)} v$ 是满足的，由命题 5.1 知，均衡价格为 $p^{(2)} = p_0 = 2100$ 元/吨，因此最优供给系数为

$$k^* = \frac{n(n-1)\bar{q}(v - p_0)}{(n-1)vQ_0 - (n-2)Q_0 p_0} = 0.34$$

每个第一类买者分得的 COD 排放权数量为 $q^{(2)} = \dfrac{k^* Q_0}{n} = 23800$ 吨，每个第一类买者分得的收益是

$$u^{(2)} = (v - p^{(2)})q^{(2)} = (2200 - 2100) \times 23800 = 2380000\ (元)$$

由上述的计算结果 (i) 和 (ii)，很容易得到结论: 对于每个第一类买者，基于非线性均衡投标的收益 $u^{(1)}$ 比基于线性均衡投标的收益 $u^{(2)}$ 要大得多，但是在这两种投标下卖者的收益却是一样的，即

$$U = Q_0 \times p_0 = 210000 \times 2100 = 441000000\ (元)$$

因此在实践中，对于每个第一类买者来说，非线性均衡投标占优于线性均衡投标。这个结论与 5.2 节给出的结论是一致的。

另外，还可以进一步验证: 当每个第一类买者上报的是自己真实的投标信息 (即第一类买者在拍卖底价为 0 处的 COD 排放权需求量是 $\bar{q} = \bar{q}_0 = 805000$ 吨) 时，卖者 (政府) 和买者均可以达到收益最大化。对于卖者，不管第一类买者提交的是线性还是非线性的均衡投标，当 $\bar{q} = \bar{q}_0 = 805000$ 吨时，均衡价格均为 $p^* = p_0 = 2100$ 元/吨，此时的均衡价格是卖者可以得到的最高卖价。此时对应的收益 $U = Q_0 \times p_0 = 210000 \times 2100 = 441000000$ 元对于卖者来说也是最大的。对于每个第一类买者而言，分如下几种情况讨论。

(1) 若 $\bar{q} = \bar{q}_0 = 805000$ 吨，很容易得到: 不管是在线性均衡投标还是非线性均衡投标下，最优供给系数 $k^* = 1$，此时对应分给每个第一类买者的 COD 排放权数量在两种投标下均为

$$q^{(1)} = q^{(2)} = \frac{k^* Q_0}{n} = \frac{1 \times 210000}{3} = 70000(\text{吨})$$

相应地，每个买者在非线性均衡投标下的收益为

$$u^{(1)} = (v - p^{(1)})q^{(1)} = (2200 - 2100) \times 70000 = 7000000(\text{元})$$

同理可计算得到每个买者在线性均衡投标下的收益 $u^{(2)}$ 和 $u^{(1)}$ 是相等的。

(2) 若 $\bar{q} > \bar{q}_0 = 805000$ 吨，则可以得到与情形 (1) 完全相同的结论。

(3) 若 $\bar{q} < \bar{q}_0 = 805000$ 吨，不失一般性，设 $\bar{q} = 300000$ 吨，则可以得到如下结论:

(a) 当第一类买者提交非线性投标时，最优分配系数为

$$k^* = \frac{n\bar{q}}{Q_0}\left(1 - \frac{p_0}{v}\right)^{\frac{1}{n-1}} = \frac{3 \times 300000}{210000}\left(1 - \frac{2100}{2200}\right)^{\frac{1}{2}} \approx 0.91$$

此时对应分给每个第一类买者的 COD 排放权数量为

$$q^{(1)} = \frac{k^* Q_0}{n} = \frac{0.91 \times 210000}{3} = 63700(\text{吨})$$

每个第一类买者的收益为

$$u^{(1)} = (v - p^{(1)})q^{(1)} = (2200 - 2100) \times 63700 = 6370000(\text{元})$$

(b) 当第一类买者提交非线性投标时，最优分配系数为

$$k^* = \frac{n(n-1)\bar{q}(v - p_0)}{(n-1)vQ_0 - (n-2)Q_0 p_0} = 0.37$$

且对应分给每个第一类买者的 COD 排放权数量为

$$q^{(2)} = \frac{k^* Q_0}{n} = 25900(\text{吨})$$

每个第一类买者的收益为

$$u^{(2)} = (v - p^{(2)})q^{(2)} = (2200 - 2100) \times 25900 = 2590000(\text{元})$$

这个结果比第一类买者提交线性投标时的收益 $u^{(1)} = 6370000$ 元要小。

由上述情况 (1)—(3) 的计算结果可得出: 当每个第一类买者提交他们的真实投标信息 ($\bar{q} = \bar{q}_0 = 805000$ 吨) 时，他们的收益可以达到最大化。这个结果也同时证明了 4.1 节提出的基于供给量优化的可分离物品统一价格拍卖机制满足激励相容性条件。

5.5 本章小结

本章讨论和分析了基于供给量优化的统一价格拍卖中非线性和线性均衡报价之间的占优关系，得出非线性均衡报价占优于线性均衡报价的重要结论，为买者进行最优决策提供了报价依据。事实上，当拍卖达到一个理想的均衡状态时，市场出清价格为 $p^* = p_0$，此时，第一类买者在非线性均衡报价下的收益比线性均衡报价下的收益大，且得到的分配量前者也比后者大，这意味着第一类买者若使用非线性均衡报价则最终他们获得的分配总量比使用线性均衡报价多。

第 6 章 两种防止均衡点漂移的可分离物品拍卖机制

第 4 章指出：统一价格下同质可分离物品拍卖中的均衡点可能不唯一 (即存在多重均衡点，称为均衡点的漂移)，均衡点的漂移肯定会影响拍卖的收益，且不利于对分配效率的估计，因此机制设计不应该忽视考虑均衡点变动规律的问题。本章提出了两种可防止均衡点漂移的可分离物品拍卖机制，具体地，6.1 节以投标人序贯理性、投标人报价连续且报价人非对称 (即报价函数和分布互不相同) 为前提，设计了一个基于可变供给量的可分离物品统一价格拍卖机制 [10]。该机制中重点考虑了所设计的拍卖机制是否存在均衡点的漂移问题，从理论上深入探讨了投标人的渐近策略行为和预期均衡点的形成过程。研究结果表明：投标人的投标先后次序和投标人的初始投标的起点不同均不会导致多个局部均衡点的产生，且在均衡存在的前提下，该统一价格拍卖机制下的均衡点是唯一的。但是在实际拍卖实践中，该机制中可能有导致均衡点不存在的情况发生，为改进此不足，6.2 节设计了一个可分离物品多阶段序贯统一价格拍卖机制 [12]。该机制中，拍卖分多阶段进行，投标人是序贯理性的，投标人报价连续且报价人是非对称 (即报价函数和分布互不相同) 的。此多阶段拍卖机制包含单阶段统一价格拍卖机制，在实践中更实用、更有效，可提高拍卖效率，并可有效避免拍卖失败情况的发生。

6.1 基于投标人序贯理性的可分离物品拍卖机制

6.1.1 基本模型

先给出基于投标人序贯理性的可分离物品拍卖机制的基本假设[10]。

设一拍卖人拥有数量为 Q_0 的同质可分离物品待拍卖，有 n $(n>1)$ 个投标人参与投标。投标人集合记为 $N=\{1,2,\cdots,n\}$。假设拍卖人和所有的投标人都是风险中性的。单位数量的物品对投标者 i 的价值为 v_i，v_i 为独立私有信息。

拍卖中，每个投标人以公开投标的形式独立提交一非增的连续可微的需求函数 $q_i(p)$，$i=1,2,\cdots,n$，不妨设为

$$q_i(p)=a_i-b_ip$$

表示该投标人在单位物品价格不大于 p 时的累积需求，满足

$$0\leqslant q_i(p)\leqslant Q_0,\quad a_i\geqslant 0,\ b_i>0$$

投标人 i 的真实需求函数设为

$$q_i^{(0)}(p) = a_i^{(0)} - b_i^{(0)}p$$

其中 $a_i^{(0)} \geqslant 0$，$b_i^{(0)} > 0$，$q_i^{(0)}(p)$ 为独立私有信息。

拍卖按照统一价格拍卖的方式进行。具体方法为：拍卖人在每个投标人 i 报出其需求函数 $q_i(p)$ 的信息后，按照统一价格 (市场出清价格) p^* 将物品分配给 i 个投标人，第 i 个投标人得到的分配量记为 q_i，其中 $q_i = q_i(p^*)$。第 i 个投标人的最大需求量记为 G_i。在拍卖中，对投标人 i 而言，需支付 p^*q_i 以获得分配量 q_i，其中满足 $q_i \leqslant G_i$。

为了改善拍卖人的决策环境，提高分配的有效性，此处将传统多物品拍卖模型[39−42] 中固定供给总量 $\sum\limits_{i=1}^{n} q_i = Q_0$ 的约束变成可变供给量 $\sum\limits_{i=1}^{n} q_i = Q \leqslant Q_0$，即在拍卖前投标人面临的总供给量 Q 是不确定的，Q 的取值区间为 $[0, Q_0]$。这个信息为公开信息。

拍卖人的目标是依据投标人提供的投标信息，通过对供给量 $Q \leqslant Q_0$ 和统一价格 $p^* > 0$ 的选取，使得分配或拍卖所得收益 $p^*Q = \sum\limits_{i=1}^{n} p^*q_i$ 最大化，即

$$(\mathrm{H}_1)\quad \begin{aligned} &\mathrm{Max}\quad U = p^*Q = p^*\sum_{i=1}^{n} q_i \\ &\mathrm{s.t.} \begin{cases} \sum\limits_{i=1}^{n} q_i = Q \\ q_i = q_i(p^*) = a_i - b_i p^*, & i = 1, 2, \cdots, n \\ 0 \leqslant q_i \leqslant G_i, & i = 1, 2, \cdots, n \\ Q \leqslant Q_0 \end{cases} \end{aligned}$$

投标人 i 的目标是选取最优的投标策略 $q_i(p)$，使自身的收益最大化，即

$$\begin{aligned} &\mathop{\mathrm{Max}}_{q_i(p)} \quad u_i = (v_i - p)q_i(p) \\ &\mathrm{s.t.} \quad\ \ q_i(p) \leqslant G_i \end{aligned}$$

(H_1) 所描述的是一个统一价格下基于可变供给量的可分离物品拍卖模型。针对 (H_1)，文献 [15] 已经证明其基本性质：①该拍卖机制是可行机制，即满足激励相容性条件和个体理性条件；②在 (H_1) 的均衡中，拍卖人的最佳分配策略是选择 $Q^* = Q_0$。

在 (H_1) 所给拍卖的具体投标过程中，投标人进行多轮投标。在每一轮投标中，拍卖人可让投标人按照某一特定的先后顺序 (如报名先后顺序) 依次进行投标[99]。

当所有投标人首轮投标提交后，拍卖人适时公布分配结果 $(p^{(1)}, q_1^{(1)}, q_2^{(1)}, \cdots, q_n^{(1)})$，其中 $p^{(1)}$ 表示首轮投标结束后的统一价格，$q_1^{(1)}, q_2^{(1)}, \cdots, q_n^{(1)}$ 表示首轮投标结束后 n 个投标人的分配量。由此结果出发，投标人开始按照给定的顺序依次进行第二轮或者多轮投标。当每个投标人提交新投标后，拍卖人将适时公布当前的分配结果。

假设所有投标人都是序贯理性的，这里特指两个方面：一是投标人 i 在每轮投标中提供或报出的需求函数 $q_i(p)$ 都小于或者等于其真实需求函数 $q_i^{(0)}(p)$；二是在第二轮开始的每轮投标中，每个投标人依据前一个投标人提交新投标后公布的分配结果，以最大化自身当前轮次的效用为目标选取最优投标策略进行本轮新投标。

特别地，为了减少投标的随意性、提高投标效率，规定每个投标人提交的新投标不允许向下修改，即当投标人 j 第 t 轮 (t 为正整数) 的投标为

$$q_j^{(t)}(p) = a_j^{(t)} - b_j^{(t)} p$$

第 $t+1$ 轮的新投标为

$$q_j^{(t+1)}(p) = a_j^{(t+1)} - b_j^{(t+1)} p$$

则必须满足 $a_j^{(t+1)} \geqslant a_j^{(t)}$，$b_j^{(t+1)} \leqslant b_j^{(t)}$。此投标规则称为“不允许向下修改规则”。

对于上面所描述的可分离物品统一价格拍卖机制，给出如下均衡点的定义。

定义 6.1 当分配量 Q_0 全部被分配完，即 $Q^* = Q_0$，且每个投标人的效用不会再增加时，投标过程结束，拍卖达到均衡状态。此时对应的均衡价格 p^* 和均衡分配量 q_i^* $(i = 1, 2, \cdots, n)$ 构成的点 $(p^*, q_1^*, q_2^*, \cdots, q_n^*)$ 称为均衡点。

关于均衡，目前还没有文献讨论 (H_1) 关于均衡点的形成过程和均衡点的构成情况。下文将从探讨统一价格拍卖机制下投标人的渐近策略行为出发，得出最终均衡点的构成情况。

6.1.2 最优投标策略分析

由 6.1.1 节的分析可知，分配量 Q_0 全部被分配完，即 $Q^* = Q_0$ 是拍卖达到均衡的一个必要条件。因此下文也是基于这个条件来讨论投标人的最佳投标策略和均衡价格的构成。

设投标人 i 在当前轮次中 (记为第 t 轮) 提交的需求函数为

$$q_i^{(t)}(p) = a_i^{(t)} - b_i^{(t)} p$$

其中 $a_i^{(t)} \geqslant 0$，$b_i^{(t)} > 0$，$i = 1, 2, \cdots, n$，且投标人 i 调整投标后第 $t+1$ 轮提交的需求函数记为

$$q_i^{(t+1)}(p) = a_i^{(t+1)} - b_i^{(t+1)} p$$

其中 $a_i^{(t+1)} \geqslant 0$，$b_i^{(t+1)} > 0$，$i = 1, 2, \cdots, n$，且规定所有投标人均按照“不允许向下

修改规则” $a_i^{(t+1)} \geqslant a_i^{(t)}$，$b_i^{(t+1)} \leqslant b_i^{(t)}$ 进行下一轮的投标。

命题 6.1　设投标人 i 在第 t 轮提交的需求函数为 $q_i^{(t)}(p) = a_i^{(t)} - b_i^{(t)}p$，其中 $a_i^{(t)} \geqslant 0$，$b_i^{(t)} > 0$，$i = 1, 2, \cdots, n$，则有

(i) 当满足条件$\sum\limits_{i=1}^{n} a_i^{(t)} < 2Q_0$ 时，拍卖人拥有的物品总量 Q_0 没有被全部分配完，当前第 t 轮的统一价格和第 i 个投标人得到的分配量分别为

$$p^{(t)} = \frac{\sum\limits_{i=1}^{n} a_i^{(t)}}{2\sum\limits_{i=1}^{n} b_i^{(t)}}$$

和

$$q_i^{(t)} = a_i^{(t)} - \frac{b_i^{(t)}\sum\limits_{i=1}^{n} a_i^{(t)}}{2\sum\limits_{i=1}^{n} b_i^{(t)}}, \quad i = 1, 2, \cdots, n$$

(ii) 当满足条件$\sum\limits_{i=1}^{n} a_i^{(t)} = 2Q_0$ 时，拍卖人拥有的物品总量 Q_0 被全部分配完，此时统一价格和第 i 个投标人得到的分配量分别为

$$p^{(t)} = \frac{\sum\limits_{i=1}^{n} a_i^{(t)} - Q_0}{\sum\limits_{i=1}^{n} b_i^{(t)}}$$

和

$$q_i^{(t)} = a_i^{(t)} - \frac{b_i^{(t)}\left(\sum\limits_{i=1}^{n} a_i^{(t)} - Q_0\right)}{\sum\limits_{i=1}^{n} b_i^{(t)}}, \quad i = 1, 2, \cdots, n$$

(iii) 当满足条件 $\sum\limits_{i=1}^{n} a_i^{(t)} > 2Q_0$ 时，若 $\exists k \in N$，使得

$$a_k^{(t)} - b_k^{(t)} \cdot \frac{\sum\limits_{i=1}^{n} a_i^{(t)} - Q_0}{\sum\limits_{i=1}^{n} b_i^{(t)}} > G_k$$

则当前第 t 轮的统一价格为 $p^{(t)}=\dfrac{a_k^{(t)}-G_k}{b_k^{(t)}}$，投标人 k 得到的分配量为 $q_k^{(t)}=G_k$，投标人 j 得到的分配量为

$$q_j^{(t)}=a_j^{(t)}-b_j^{(t)}\cdot\frac{a_k^{(t)}-G_k}{b_k^{(t)}},\quad j=1,2,\cdots,n,\ j\neq k$$

且拍卖人拥有的物品总量 Q_0 没有被全部分配完，即 n 个人的总分配量 $Q^{(t)}<Q_0$。

(iv) 当满足条件 $\sum\limits_{i=1}^{n}a_i^{(t)}>2Q_0$，且 $\forall i\in N$，使得 $a_i^{(t)}-b_i^{(t)}\cdot\dfrac{\sum\limits_{i=1}^{n}a_i^{(t)}-Q_0}{\sum\limits_{i=1}^{n}b_i^{(t)}}\leqslant G_i$ 时，总量 Q_0 被全部分配完，且当前第 t 轮的统一价格和第 i 个投标人得到的分配量分别为

$$p^{(t)}=\frac{\sum\limits_{i=1}^{n}a_i^{(t)}-Q_0}{\sum\limits_{i=1}^{n}b_i^{(t)}}$$

和

$$q_i^{(t)}=a_i^{(t)}-\frac{b_i^{(t)}\left(\sum\limits_{i=1}^{n}a_i^{(t)}-Q_0\right)}{\sum\limits_{i=1}^{n}b_i^{(t)}},\quad i=1,2,\cdots,n$$

证明 由 H_1 知，在第 t 轮投标中，当投标人 i 提交投标 $q_i^{(t)}(p)=a_i^{(t)}-b_i^{(t)}p$，$i=1,2,\cdots,n$ 后，投标人 i 获得的分配量为

$$q_i^{(t)}=a_i^{(t)}-b_i^{(t)}p^{(t)},\quad i=1,2,\cdots,n$$

将其代入拍卖人的收益函数 U 中，得第 t 轮拍卖人的收益为

$$\begin{aligned}U^{(t)}=p^{(t)}Q^{(t)}&=p^{(t)}\left(\sum_{i=1}^{n}a_i^{(t)}-p^{(t)}\sum_{i=1}^{n}b_i^{(t)}\right)\\&=p^{(t)}\sum_{i=1}^{n}a_i^{(t)}-(p^{(t)})^2\sum_{i=1}^{n}b_i^{(t)}\end{aligned}$$

要使得拍卖人第 t 轮的收益最大化，故须满足

$$\frac{\partial U^{(t)}}{\partial p^{(t)}}=\frac{\partial}{\partial p^{(t)}}\left[p^{(t)}\sum_{i=1}^{n}a_i^{(t)}-(p^{(t)})^2\sum_{i=1}^{n}b_i^{(t)}\right]=0$$

即有

$$\sum_{i=1}^{n} a_i^{(t)} - 2p^{(t)} \sum_{i=1}^{n} b_i^{(t)} = 0$$

解得满足第 t 轮拍卖人收益最大化的统一价格为

$$p^{(t)} = \frac{\sum\limits_{i=1}^{n} a_i^{(t)}}{2\sum\limits_{i=1}^{n} b_i^{(t)}} \tag{6.1}$$

将其代回 $q_i^{(t)} = a_i^{(t)} - b_i^{(t)} p^{(t)}$ 中，得投标人 i 获得的分配量为

$$q_i^{(t)} = a_i^{(t)} - \frac{b_i^{(t)} \sum\limits_{i=1}^{n} a_i^{(t)}}{2\sum\limits_{i=1}^{n} b_i^{(t)}}, \quad i = 1, 2, \cdots, n \tag{6.2}$$

因此，第 t 轮中所有投标人的总分配量为

$$\begin{aligned} Q^{(t)} = \sum_{i=1}^{n} q_i^{(t)} &= \sum_{i=1}^{n} \left(a_i^{(t)} - \frac{b_i^{(t)} \sum\limits_{i=1}^{n} a_i^{(t)}}{2\sum\limits_{i=1}^{n} b_i^{(t)}} \right) \\ &= \sum_{i=1}^{n} a_i^{(t)} - \frac{\sum\limits_{i=1}^{n} a_i^{(t)}}{2\sum\limits_{i=1}^{n} b_i^{(t)}} \cdot \sum_{i=1}^{n} b_i^{(t)} = \frac{\sum\limits_{i=1}^{n} a_i^{(t)}}{2} \end{aligned}$$

基于此结果，分下列三种情况讨论。

(1) 当 $\sum\limits_{i=1}^{n} a_i^{(t)} < 2Q_0$ 时，有 $Q^{(t)} = \dfrac{\sum\limits_{i=1}^{n} a_i^{(t)}}{2} < Q_0$，表明拍卖物品总量 Q_0 没有被分配完，此时的统一价格和第 i 个投标人得到的分配量分别为式 (6.1) 和式 (6.2) 所示的结果。

(2) 当 $\sum\limits_{i=1}^{n} a_i^{(t)} = 2Q_0$ 时，有 $Q^{(t)} = \dfrac{\sum\limits_{i=1}^{n} a_i^{(t)}}{2} = Q_0$，即拍卖人拥有的物品总量 Q_0 被全部分配完。由此知 $\sum\limits_{i=1}^{n} a_i^{(t)} = 2Q_0$ 是拍卖物品是否被完全分配完的临界点。

在总量 Q_0 被全部分配完的情形下，有

$$\sum_{i=1}^{n} q_i^{(t)} = \sum_{i=1}^{n} a_i^{(t)} - p^{(t)} \sum_{i=1}^{n} b_i^{(t)} = Q_0$$

从而得

$$p^{(t)} = \frac{\sum_{i=1}^{n} a_i^{(t)} - Q_0}{\sum_{i=1}^{n} b_i^{(t)}}$$

将其代回 $q_i^{(t)} = a_i^{(t)} - b_i^{(t)} p^{(t)}$，$i = 1, 2, \cdots, n$，得投标人 i 的对应分配量为

$$q_i^{(t)} = a_i^{(t)} - \frac{b_i^{(t)} \left(\sum_{i=1}^{n} a_i^{(t)} - Q_0 \right)}{\sum_{i=1}^{n} b_i^{(t)}}, \quad i = 1, 2, \cdots, n$$

(3) 当 $\sum_{i=1}^{n} a_i^{(t)} > 2Q_0$ 时，若 $\exists k \in N$，使得 $a_k^{(t)} - b_k^{(t)} \cdot \dfrac{\sum_{i=1}^{n} a_i^{(t)} - Q_0}{\sum_{i=1}^{n} b_i^{(t)}} > G_k$，说明投标人 k 获得最大分配量 $q_k^{(t)} = G_k$，此时有 $q_k^{(t)} = a_k^{(t)} - b_k^{(t)} p^{(t)} = G_k$，解得当前第 t 轮的统一价格为 $p^{(t)} = \dfrac{a_k^{(t)} - G_k}{b_k^{(t)}}$，进而得到投标人 j 得到的分配量为

$$q_j^{(t)} = a_j^{(t)} - b_j^{(t)} \cdot \frac{a_k^{(t)} - G_k}{b_k^{(t)}}, \quad j = 1, 2, \cdots, n, j \neq k$$

由 (ii) 知，当统一价格为 $p^{(t)} = \dfrac{\sum_{i=1}^{n} a_i^{(t)} - Q_0}{\sum_{i=1}^{n} b_i^{(t)}}$ 时，分配总量

$$Q^{(t)} = \sum_{i=1}^{n} \left(a_i^{(t)} - b_i^{(t)} \cdot \frac{\sum_{i=1}^{n} a_i^{(t)} - Q_0}{\sum_{i=1}^{n} b_i^{(t)}} \right) = Q_0$$

故当 $p^{(t)\prime}=\dfrac{a_k^{(t)}-G_k}{b_k^{(t)}}>\dfrac{\sum\limits_{i=1}^{n}a_i^{(t)}-Q_0}{\sum\limits_{i=1}^{n}b_i^{(t)}}$ 时，对应的分配总量

$$Q^{(t)\prime}=\sum_{i=1}^{n}\left(a_i^{(t)}-b_i^{(t)}\cdot\frac{a_k^{(t)}-G_k}{b_k^{(t)}}\right)<Q_0$$

(4) 当满足条件 $\sum\limits_{i=1}^{n}a_i^{(t)}>2Q_0$，且 $\forall i\in N$，使得 $a_i^{(t)}-b_i^{(t)}\cdot\dfrac{\sum\limits_{i=1}^{n}a_i^{(t)}-Q_0}{\sum\limits_{i=1}^{n}b_i^{(t)}}\leqslant G_i$ 时，由 (iii) 知，第 t 轮的统一价格必满足

$$p^{(t)}\leqslant\frac{\sum\limits_{i=1}^{n}a_i^{(t)}-Q_0}{\sum\limits_{i=1}^{n}b_i^{(t)}}$$

故分配总量为

$$Q^{(t)}=\sum_{i=1}^{n}(a_i^{(t)}-b_i^{(t)}\cdot p^{(t)})\geqslant\sum_{i=1}^{n}\left(a_i^{(t)}-b_i^{(t)}\cdot\frac{\sum\limits_{i=1}^{n}a_i^{(t)}-Q_0}{\sum\limits_{i=1}^{n}b_i^{(t)}}\right)=Q_0$$

又拍卖人提供的最大分配量为 Q_0，故 $Q^{(t)}=Q_0$，即总量被全部分配完，故此时的统一价格和第 i 个投标人得到的分配量与 (ii) 中结论相同。　　**[证毕]**

由命题 6.1 知，当满足条件 $\sum\limits_{i=1}^{n}a_i^{(t)}\geqslant 2Q_0$，且 $\forall i\in N$，使得

$$a_i^{(t)}-b_i^{(t)}\cdot\frac{\sum\limits_{i=1}^{n}a_i^{(t)}-Q_0}{\sum\limits_{i=1}^{n}b_i^{(t)}}\leqslant G_i$$

时，拍卖总量 Q_0 被分配完，即给出了拍卖总量 Q_0 被分配完的一个充分条件，我们将这个充分条件记为 C。由于总量 Q_0 全部被分配完，即 $Q^*=Q_0$ 是拍卖达到

均衡的一个必要条件，故下文中基于条件 C 来讨论投标人的最优投标策略和最终均衡点的构成。

另外，命题 6.1 还给出了当总分配量达到 $Q^{(t)}=Q_0$ 时统一价格 $p^{(t)}$ 和对应分配量 $q_i^{(t)}\ (i=1,2,\cdots,n)$ 的一般表达式，由此结果可得如下推论 6.1。

推论 6.1 对于 6.1.1 节中所描述的拍卖机制，若投标人第 t 轮及之后的投标均满足条件 C，则在第 t 轮之后的相邻两轮的统一价格满足关系 $p^{(s+1)}\geqslant p^{(s)}$，且相邻两轮的拍卖人的收益满足关系 $U^{(s+1)}\geqslant U^{(s)}$，其中 $s\geqslant t$ (s 和 t 均为正整数)。

证明 由命题 6.1 知，若第 t 轮及之后的投标均满足条件 C，则第 t 轮及以后的每一轮的分配总量均为 $Q^{(s)}=Q_0$，$s\geqslant t$。又由命题 6.1，得第 $s\ (s\geqslant t)$ 轮的统一价格为

$$p^{(s)}=\frac{\sum\limits_{i=1}^{n}a_i^{(s)}-Q_0}{\sum\limits_{i=1}^{n}b_i^{(s)}}$$

显然，$p^{(s)}$ 的值随着 $a_i^{(s)}$ 的增大而增大，随着 $b_i^{(s)}$ 的减小而增大。因此，当任意一个投标人 $i\ (i\in N)$ 按照调整投标规则 $a_i^{(s+1)}\geqslant a_i^{(s)}$，$b_i^{(s+1)}\leqslant b_i^{(s)}$ 进行第 $s+1$ 轮投标后，第 $s+1$ 轮的统一价格 $p^{(s+1)}$ 必满足 $p^{(s+1)}\geqslant p^{(s)}$。

对于拍卖人，其相邻两轮的收益分别为

$$U^{(s+1)}=p^{(s+1)}Q^{(s+1)}$$

$$U^{(s)}=p^{(s)}Q^{(s)}$$

由于

$$Q^{(s+1)}=Q^{(s)}=Q_0$$

$$p^{(s+1)}\geqslant p^{(s)}$$

故有 $U^{(s+1)}\geqslant U^{(s)}$。 [证毕]

由命题 6.1 和推论 6.1 的结论可以看出：在调整投标规则 $a_i^{(t+1)}\geqslant a_i^{(t)}$，$b_i^{(t+1)}\leqslant b_i^{(t)}$ 下，随着多轮投标过程的不断进行，各投标人提交的需求函数逐渐向真实的需求函数逼近，统一价格逐渐增大，拍卖物品总量 Q_0 将被分配完，并且拍卖人的收益也在逐渐增大。这说明本章所提出的拍卖机制具有很好的激励性，并可有效防止低价均衡的产生；且达到均衡时，可实现拍卖人效用最大化的目标。

基于投标人都是序贯理性的前提，以及命题 6.1 和推论 6.1 给出的结论，下面来讨论投标人的最优投标策略问题。

命题 6.2　设经历 t 轮投标后，后面每轮的投标均满足条件 C，则对于投标人 j $(j=1,2,\cdots,n)$，有如下结论：

(1) 若 $a_j^{(0)}-b_j^{(0)}\cdot\dfrac{\left(a_j^{(0)}+\sum\limits_{\substack{i=1\\i\neq j}}^{n}a_i^{(t)}\right)-Q_0}{b_j^{(0)}+\sum\limits_{\substack{i=1\\i\neq j}}^{n}b_i^{(t)}}<G_j$，则投标人 j 的最优投标策略是在第 $t+1$ 轮提交新投标 $q_j^{(t+1)}(p)=a_j^{(0)}-b_j^{(0)}p$，即提交其真实的需求函数。

(2) 若 $a_j^{(0)}-b_j^{(0)}\cdot\dfrac{\left(a_j^{(0)}+\sum\limits_{\substack{i=1\\i\neq j}}^{n}a_i^{(t)}\right)-Q_0}{b_j^{(0)}+\sum\limits_{\substack{i=1\\i\neq j}}^{n}b_i^{(t)}}\geqslant G_j$，投标人 j 的最优投标策略是依据投标人给出的调标规则 $a_j^{(t+1)}\geqslant a_j^{(t)}$，$b_j^{(t+1)}\leqslant b_j^{(t)}$，在第 $t+1$ 轮提交新的投标 $q_j^{(t+1)}(p)=a_j^{(t+1)}-b_j^{(t+1)}p$，其中 $a_j^{(t+1)},b_j^{(t+1)}$ 满足条件

$$a_j^{(t+1)}-b_j^{(t+1)}\cdot\frac{\left(a_j^{(t+1)}+\sum\limits_{\substack{i=1\\i\neq j}}^{n}a_i^{(t)}\right)-Q_0}{b_j^{(t+1)}+\sum\limits_{\substack{i=1\\i\neq j}}^{n}b_i^{(t)}}=G_j$$

证明　经历 t 轮投标后，后面每轮的投标均满足条件 C，故由命题 6.1 知，第 t 轮的总分配量达到 $Q^{(t)}=Q_0$。当投标人 j 按照调整投标规则 $a_j^{(t+1)}\geqslant a_j^{(t)}$，$b_j^{(t+1)}\leqslant b_j^{(t)}$ 在第 $t+1$ 轮提交新的投标 $q_j^{(t+1)}(p)=a_j^{(t+1)}-b_j^{(t+1)}p$ 后，又由命题 6.1 知，第 $t+1$ 轮当前的总分配量也达到 $Q^{(t+1)}=Q_0$，于是第 $t+1$ 轮当前的统一价格为

$$p^{(t+1)}=\frac{\left(a_j^{(t+1)}+\sum\limits_{\substack{i=1\\i\neq j}}^{n}a_i^{(t)}\right)-Q_0}{b_j^{(t+1)}+\sum\limits_{\substack{i=1\\i\neq j}}^{n}b_i^{(t)}}$$

投标人 $j\ (j \in N)$ 的第 $t+1$ 轮的效用可表示为

$$u_j^{(t+1)} = (v_j - p^{(t+1)})q_j^{(t+1)}$$

又有

$$q_j^{(t+1)} = a_j^{(t+1)} - b_j^{(t+1)} p^{(t+1)}$$

故 $u_j^{(t+1)}$ 可改写为

$$\begin{aligned} u_j^{(t+1)} &= \left(v_j - \frac{a_j^{(t+1)} - q_j^{(t+1)}}{b_j^{(t+1)}} \right) q_j^{(t+1)} \\ &= v_j q_j^{(t+1)} - \frac{a_j^{(t+1)} q_j^{(t+1)}}{b_j^{(t+1)}} + \frac{(q_j^{(t+1)})^2}{b_j^{(t+1)}} \end{aligned}$$

得

$$\frac{\partial u_j^{(t+1)}}{\partial q_j^{(t+1)}} = v_j - \frac{a_j^{(t+1)}}{b_j^{(t+1)}} + \frac{2q_j^{(t+1)}}{b_j^{(t+1)}}$$

又因为投标人 $j\ (j \in N)$ 的真实需求函数为 $q_j^{(0)}(p) = a_j^{(0)} - b_j^{(0)} p$，故在此条件下统一价格可能达到的最大值为 $p_{\max} = \dfrac{a_j^{(0)}}{b_j^{(0)}}$。由于投标人 j 的目标是通过选取最优的投标策略 $q_j(p)$，使自身的收益最大化，即

$$\underset{q_j(p)}{\operatorname{Max}}\, u_j = (v_j - p) q_j(p)$$

故投标人 $j\ (j \in N)$ 对单位数量物品的估价 v_j 须满足 $v_j - p_{\max} \geqslant 0$，即有$v_j \geqslant \dfrac{a_j^{(0)}}{b_j^{(0)}}$，又因为“不允许向下修改规则”要求 $a_i^{(t+1)} \geqslant a_i^{(t)}$，$b_i^{(t+1)} \leqslant b_i^{(t)}$，且申报的需求函数 $q_i(p)$ 小于或者等于实际的需求函数 $q_i^{(0)}(p)$，则有

$$\frac{a_j^{(0)}}{b_j^{(0)}} \geqslant \frac{a_j^{(t+1)}}{b_j^{(t+1)}}$$

进而有

$$v_j \geqslant \frac{a_j^{(0)}}{b_j^{(0)}} \geqslant \frac{a_j^{(t+1)}}{b_j^{(t+1)}}$$

由此可得

$$\frac{\partial u_j^{(t+1)}}{\partial q_j^{(t+1)}} > 0$$

即说明投标人 j ($j \in N$) 的效用随着分配量 $q_j^{(t+1)}$ 的增大而增大。

另外，由 $p^{(t+1)} = \dfrac{\left(a_j^{(t+1)} + \sum\limits_{\substack{i=1 \\ i \neq j}}^{n} a_i^{(t)}\right) - Q_0}{b_j^{(t+1)} + \sum\limits_{\substack{i=1 \\ i \neq j}}^{n} b_i^{(t)}}$，故 $p^{(t+1)}$ 随着 $a_j^{(t+1)}$ 的增大而增大，随着 $b_j^{(t+1)}$ 的减小而增大。而除 j 外的其他人的投标策略不变，故其他人的分配量随着 $a_j^{(t+1)}$ 的增大而减小，随着 $b_j^{(t+1)}$ 的减小而减小。因而投标人 j 第 $t+1$ 轮的分配量 $q_j^{(t+1)}$ 随着 $a_j^{(t+1)}$ 的增大而增大，随着 $b_j^{(t+1)}$ 的减小而增大。

基于以上分析，若 $0 < a_j^{(0)} - b_j^{(0)} \cdot \dfrac{\left(a_j^{(0)} + \sum\limits_{\substack{i=1 \\ i \neq j}}^{n} a_i^{(t)}\right) - Q_0}{b_j^{(0)} + \sum\limits_{\substack{i=1 \\ i \neq j}}^{n} b_i^{(t)}} < G_j$ 成立，则当且仅当投标人 j ($j \in N$) 在第 $t+1$ 轮提交新投标 $q_j^{(t+1)}(p) = a_j^{(0)} - b_j^{(0)} p$ 时，投标人 j 获得最大分配量 $a_j^{(0)} - b_j^{(0)} \cdot \dfrac{\left(a_j^{(0)} + \sum\limits_{\substack{i=1 \\ i \neq j}}^{n} a_i^{(t)}\right) - Q_0}{b_j^{(0)} + \sum\limits_{\substack{i=1 \\ i \neq j}}^{n} b_i^{(t)}}$，从而可使得当前效用最大化。

若 $a_j^{(0)} - b_j^{(0)} \cdot \dfrac{a_j^{(0)} + \sum\limits_{\substack{j=1 \\ i \neq j}}^{n} a_i^{(t)}}{2\left(b_j^{(0)} + \sum\limits_{\substack{i=1 \\ i \neq j}}^{n} b_i^{(t)}\right)} \geqslant G_j$，则当且仅当投标人 j 在第 $t+1$ 轮提交满足条件 $a_j^{(t+1)} - b_j^{(t+1)} \cdot \dfrac{\left(a_j^{(t+1)} + \sum\limits_{\substack{i=1 \\ i \neq j}}^{n} a_i^{(t)}\right) - Q_0}{b_j^{(t+1)} + \sum\limits_{\substack{i=1 \\ i \neq j}}^{n} b_i^{(t)}} = G_j$ 的新投标 $q_j^{(t+1)}(p) = a_j^{(t+1)} - b_j^{(t+1)} p$ 时，投标人 j 在第 $t+1$ 轮获得最大分配量 G_j，同时投标人 j 的

第 $t+1$ 轮的效用达到最大。若不然，若 $a_j^{(t+1)}$ 继续增大，或者 $b_j^{(t+1)}$ 继续减小，则统一价格 $p^{(t+1)}$ 继续增大，而其分配量依然保持为 $q_j^{(t+1)} = G_j$，从而其效用 $u_j^{(t+1)} = (v_j - p^{(t+1)})G_j$ 减小。 **[证毕]**

6.1.3 均衡点形成过程及构成分析

在实际投标中，当首轮投标结束后，拍卖人将投标信息代入模型 (H_1) 中进行计算，并适时公布首轮分配结果。从第二轮开始，所有投标人按照拍卖人规定的先后次序进行每一轮的投标。基于当前公布的分配结果 (某轮中某一投标人调整投标后重新利用模型 (H_1) 进行计算的分配结果)，每个投标人根据命题 6.2 给出的最优投标策略进行下一轮的投标。当分配量 Q_0 全部被分配完，且每个投标人的效用不再增加时，达到均衡状态，拍卖过程结束。

基于命题 6.1 和命题 6.2 的结论，下面分情况来讨论均衡点 $(p^*, q_1^*, q_2^*, \cdots, q_n^*)$ 的形成过程和最终均衡点的构成情况。

情形 1 在首轮投标过后，若所有投标人的投标均达到极限状态，即报出真实的需求函数 $q_j^{(1)}(p) = a_j^{(0)} - b_j^{(0)}p$，$j = 1, 2, \cdots, n$，且分配量达到 $Q^* = Q_0$，则此时拍卖已经达到均衡状态。由命题 6.1 知，均衡点构成情况为

$$p^* = \frac{\sum_{i=1}^{n} a_i^{(0)} - Q_0}{\sum_{i=1}^{n} b_i^{(0)}}$$

$$q_j^* = a_j^{(0)} - \frac{b_j^{(0)}\left(\sum_{i=1}^{n} a_i^{(0)} - Q_0\right)}{\sum_{i=1}^{n} b_i^{(0)}}, \quad j = 1, 2, \cdots, n$$

情形 2 当首轮投标结束时，若存在投标人 (不妨设为 $k_1, k_2, \cdots, k_h$，$h \leqslant n$) 的投标未达到极限状态的情况，则此 h 人将进入第二轮或者更多轮次的投标。

设从 t 轮投标开始，后面每轮的投标均满足条件 C。故从 t 轮开始的每轮投标中，总量 Q_0 均被分配完，且从第一个投标人开始，每个投标人均运用命题 6.2 给出的投标策略进行投标。假设经过 r ($r \geqslant 2$) 轮投标后，所有人的投标达到极限状态 (报出真实的需求函数)，即 $q_j^{(r)}(p) = a_j^{(0)} - b_j^{(0)}p$，或者其投标使得投标

人得到的分配量最大化，即提交满足条件 $a_j^{(r)} - b_j^{(r)} \cdot \dfrac{\sum\limits_{i=1}^{n} a_i^{(r)} - Q_0}{\sum\limits_{i=1}^{n} b_i^{(r)}} = G_j$ 的投标 $q_j^{(r)}(p) = a_j^{(r)} - b_j^{(r)} p$，此时达到均衡状态，均衡点的构成为

$$p^* = \frac{\sum\limits_{i=1}^{n} a_i^{(r)} - Q_0}{\sum\limits_{i=1}^{n} b_i^{(r)}}$$

$$q_j^* = \begin{cases} G_j, & a_j^{(0)} - \dfrac{b_j^{(0)}\left(\sum\limits_{i=1}^{n} a_i^{(r)} - Q_0\right)}{\sum\limits_{i=1}^{n} b_i^{(r)}} \geqslant G_j, \\ a_j^{(0)} - \dfrac{b_j^{(0)}\left(\sum\limits_{i=1}^{n} a_i^{(r)} - Q_0\right)}{\sum\limits_{i=1}^{n} b_i^{(r)}}, & a_j^{(0)} - \dfrac{b_j^{(0)}\left(\sum\limits_{i=1}^{n} a_i^{(r)} - Q_0\right)}{\sum\limits_{i=1}^{n} b_i^{(r)}} < G_j, \end{cases} \quad j = 1, 2, \cdots, n$$

基于上述各种投标信息下均衡点的构成情况，有如下结论：

命题 6.3　在模型 (H_1) 所描述的可分离物品统一价格拍卖机制中，最终的均衡点与投标人的投标先后次序和投标人的初始投标的起点无关，且当均衡点存在时，均衡点是唯一的。

证明　由上文均衡点的讨论知，若首轮投标过后就已经达到了均衡，则由均衡点 $p^* = \dfrac{\sum\limits_{i=1}^{n} a_i^{(0)} - Q_0}{\sum\limits_{i=1}^{n} b_i^{(0)}}$ 和 $q_j^* = a_j^{(0)} - \dfrac{b_j^{(0)}\left(\sum\limits_{i=1}^{n} a_i^{(0)} - Q_0\right)}{\sum\limits_{i=1}^{n} b_i^{(0)}}$ 的构成情况易知均衡点是唯一的。

当经历 $r\ (r \geqslant 2)$ 轮投标后，所有投标人不再提交新的投标，且物品总量 Q_0 被分配完，最终达到均衡时的价格为

$$p^* = \frac{\sum\limits_{i=1}^{n} a_i^{(r)} - Q_0}{\sum\limits_{i=1}^{n} b_i^{(r)}}$$

投标人分配量为

$$q_j^* = a_j^{(0)} - \frac{b_j^{(0)}\left(\sum\limits_{i=1}^{n} a_i^{(r)} - Q_0\right)}{\sum\limits_{i=1}^{n} b_i^{(r)}}$$

或者为 $q_j^* = G_j$，$j = 1, 2, \cdots, n$。基于此结论，如果能证明达到均衡时的统一价格 p^* 是唯一的，则每个投标人得到的分配量 $q_1^*, q_2^*, \cdots, q_n^*$ 也是唯一的，从而得到的均衡点 $(p^*, q_1^*, q_2^*, \cdots, q_n^*)$ 是唯一的。下面来证明统一价格 p^* 是唯一的。

达到均衡时，所有投标人最终的投标只有两种情况：要么报出自己的真实需求函数，即 $q_j^{(r)}(p) = a_j^{(0)} - b_j^{(0)}p$；要么使得自身得到的分配量最大，即提交满足条件 $a_j^{(r)} - b_j^{(r)} \cdot \frac{\sum\limits_{i=1}^{n} a_i^{(r)} - Q_0}{\sum\limits_{i=1}^{n} b_i^{(r)}} = G_j$ 的投标 $q_j^{(r)}(p) = a_j^{(r)} - b_j^{(r)}p$。于是在均衡价格 $p^* = \frac{\sum\limits_{i=1}^{n} a_i^{(r)} - Q_0}{\sum\limits_{i=1}^{n} b_i^{(r)}}$ 中，有一部分 $a_i^{(r)}$ 和 $b_i^{(r)}$ 的 (不妨设为 $i = i_1, i_2, \cdots, i_v$) 取值分别是 $a_i^{(0)}$ 和 $b_i^{(0)}$，因而 $\sum\limits_{i=i_1}^{i_v} a_i^{(r)}$ 和 $\sum\limits_{i=i_1}^{i_v} b_i^{(r)}$ 均为定值；另一部分 $a_i^{(r)}$ 和 $b_i^{(r)}$ (不妨设为 $i = i_{v+1}, i_{v+2}, \cdots, i_n$) 的取值满足条件

$$a_i^{(r)} - b_i^{(r)} \cdot \frac{\sum\limits_{i=1}^{n} a_i^{(r)} - Q_0}{\sum\limits_{i=1}^{n} b_i^{(r)}} = G_i$$

因此，要证明均衡价格 $p^* = \frac{\sum\limits_{i=1}^{n} a_i^{(r)} - Q_0}{\sum\limits_{i=1}^{n} b_i^{(r)}}$ 为定值，只要证明投标者 i_k $(k = v + 1, v + 2, \cdots, n)$任意提交两个不同的需求函数 $q_{i_k}^{(r)}(p) = a_{i_k}^{(r)} - b_{i_k}^{(r)}p$ 和 $q_{i_k}^{(r)\prime}(p) =$

$a_{i_k}^{(r)\prime} - b_{i_k}^{(r)\prime} p$，且满足

$$a_{i_k}^{(r)} - b_{i_k}^{(r)} \cdot \frac{\sum_{i=1}^{n} a_i^{(r)} - Q_0}{\sum_{i=1}^{n} b_i^{(r)}} = G_{i_k}$$

$$a_{i_k}^{(r)\prime} - b_{i_k}^{(r)\prime} \cdot \frac{\sum_{i=1}^{n} a_i^{(r)} - Q_0}{\sum_{i=1}^{n} b_i^{(r)}} = G_{i_k}$$

时，所得到的均衡价格是相同的，即等式

$$\frac{a_{i_k}^{(r)} + \sum_{\substack{i=1 \\ i \neq i_k}}^{n} a_i^{(r)} - Q_0}{b_{i_k}^{(r)} + \sum_{\substack{i=1 \\ i \neq i_k}}^{n} b_i^{(r)}} = \frac{a_{i_k}^{(r)\prime} + \sum_{\substack{i=1 \\ i \neq i_k}}^{n} a_i^{(r)} - Q_0}{b_{i_k}^{(r)\prime} + \sum_{\substack{i=1 \\ i \neq i_k}}^{n} b_i^{(r)}}$$

成立，亦即满足

$$\begin{aligned} & a_{i_k}^{(r)\prime} b_{i_k}^{(r)} + a_{i_k}^{(r)\prime} \sum_{\substack{i=1 \\ i \neq i_k}}^{n} b_i^{(r)} + b_{i_k}^{(r)} \left(\sum_{\substack{i=1 \\ i \neq i_k}}^{n} a_i^{(r)} - Q_0 \right) \\ = & a_{i_k}^{(r)} b_{i_k}^{(r)\prime} + a_{i_k}^{(r)} \sum_{\substack{i=1 \\ i \neq i_k}}^{n} b_i^{(r)} + b_{i_k}^{(r)\prime} \left(\sum_{\substack{i=1 \\ i \neq i_k}}^{n} a_i^{(r)} - Q_0 \right) \end{aligned}$$

事实上，由于

$$a_{i_k}^{(r)} - b_{i_k}^{(r)} \cdot \frac{\sum_{i=1}^{n} a_i^{(r)} - Q_0}{\sum_{i=1}^{n} b_i^{(r)}} = a_{i_k}^{(r)\prime} - b_{i_k}^{(r)\prime} \cdot \frac{\sum_{i=1}^{n} a_i^{(r)} - Q_0}{\sum_{i=1}^{n} b_i^{(r)}} = G_{i_k}$$

故可化简得

$$a_{i_k}^{(r)\prime} b_{i_k}^{(r)} + a_{i_k}^{(r)\prime} \sum_{\substack{i=1 \\ i \neq i_k}}^{n} b_i^{(r)} - b_{i_k}^{(r)\prime} \left(\sum_{\substack{i=1 \\ i \neq i_k}}^{n} a_i^{(r)} - Q_0 \right)$$

$$= a_{i_k}^{(r)} b_{i_k}^{(r)\prime} + a_{i_k}^{(r)} \sum_{\substack{i=1 \\ i \neq i_k}}^{n} b_i^{(r)} - b_{i_k}^{(r)} \left(\sum_{\substack{i=1 \\ i \neq i_k}}^{n} a_i^{(r)} - Q_0 \right)$$

即有

$$a_{i_k}^{(r)\prime} b_{i_k}^{(r)} + a_{i_k}^{(r)\prime} \sum_{\substack{i=1 \\ i \neq i_k}}^{n} b_i^{(r)} + b_{i_k}^{(r)} \left(\sum_{\substack{i=1 \\ i \neq i_k}}^{n} a_i^{(r)} - Q_0 \right)$$

$$= a_{i_k}^{(r)} b_{i_k}^{(r)\prime} + a_{i_k}^{(r)} \sum_{\substack{i=1 \\ i \neq i_k}}^{n} b_i^{(r)} + b_{i_k}^{(r)\prime} \left(\sum_{\substack{i=1 \\ i \neq i_k}}^{n} a_i^{(r)} - Q_0 \right)$$

成立。

从以上证明过程可以看出:投标人的投标先后次序或投标人的初始投标的起点不同并不会导致多个局部均衡点的出现，且当均衡点存在时，均衡点是唯一的。[**证毕**]

实质上，由于本章所设计的统一价格拍卖机制中投标人的投标不是同时的 (按照某一特定的先后顺序依次投标)，且每个投标人在每轮投之前都知道前面的所有投标，故由这两个假设可将拍卖过程看成是一个完全信息的动态博弈。由博弈论里的标准结论可得：一般来说，完全信息的有限博弈有唯一均衡，它可以利用向后归纳法得到[1]。由此可见，命题 6.3 中均衡点是唯一的结论与此博弈论里的标准结论是一致的，从而进一步说明了命题 6.3 中结论的合理性。

6.1.4 均衡点形成举例

本节给出一个具体的拍卖实例来描述 6.1.3 节给出的均衡点的形成过程[10]。

从模型 (H_1) 出发，给出一个拍卖实例。假设拍卖人拥有 Q_0 =150 个单位的可分离物品待拍卖，现有 3 个投标人参与投标，投标人集合记为 $N = \{1, 2, 3\}$。假设拍卖人和所有的投标人都是风险中性的。3 个投标人的最大需求量 G_i 分别设为

$$G_1 = 110, \quad G_2 = 70, \quad G_3 = 100$$

3 个投标人的真实需求函数分别设为

$$q_1^{(0)}(p) = 150 - 7p$$
$$q_2^{(0)}(p) = 220 - 8p$$
$$q_3^{(0)}(p) = 120 - 8p$$

现设投标人 3 在初始投标中已提交真实的需求函数，即 $q_3^{(1)}(p) = 120 - 8p$，即投标人 3 在后面各轮不提交新的投标。其他 2 个投标人提交上来的初始需求函数

(下文中称为初始投标) 如下：

$$q_1^{(1)}(p) = 120 - 9p$$
$$q_2^{(1)}(p) = 160 - 10p$$

现利用模型 (H_1) 所描述的可分离物品统一价格拍卖模型来进行物品分配。将上述相关数据代入模型 (H_1) 中，求解得出首轮投标结束后的统一价格和最优分配量分别为

$$p^* = 9.26, \quad q_1^* = 36.67, \quad q_2^* = 67.40, \quad q_3^* = 45.93$$

拍卖人的实际总分配量和收益为

$$Q^* = 150, \quad U = 1388.89$$

虽然物品总量被分配完，但是拍卖人 1 和 2 的投标均没有达到极限状态，也没有使得自身得到的分配量最大化，故拍卖还没有达到均衡状态。拍卖人可以及时公开此初始投标下分配结果的相关信息，让投标人进行多轮投标，以达到最终的均衡状态。投标人 1 和 2 会根据投标规则进行第二轮投标。

(1) 假设在第二轮投标中，投标人 1 优先投标，投标人 2 后投标。

由于投标人 1 的投标满足

$$a_1^{(0)} - b_1^{(0)} \cdot \frac{a_1^{(0)} + a_2^{(1)} + a_3^{(1)} - Q_0}{b_1^{(0)} + b_2^{(1)} + b_3^{(1)}} = 71.6 < G_1 = 110$$

故由命题 6.2 可知，投标人 1 会在第二轮选择能使自己的当前效用达到最大的投标策略，即提交其真实的需求函数 $q_1^{(2)}(p) = 150 - 7p$，此时投标人 1 的当前效用达到最大，对应的分配情况为

$$p^* = 11.2, \quad q_1^* = 71.6, \quad q_2^* = 48, \quad q_3^* = 30.4$$

拍卖人的实际总分配量和收益为

$$Q^* = 150, \quad U = 1680$$

投标人 2 依据当前的分配结果进行投标，由于投标人 2 的投标满足

$$a_2^{(0)} - b_2^{(0)} \cdot \frac{a_2^{(0)} + a_3^{(1)} + a_1^{(2)} - Q_0}{b_2^{(0)} + b_3^{(1)} + b_1^{(2)}} = 101.74 > G_2 = 70$$

故由命题 6.2 知，投标人 2 会在第二轮选择能使得自己的当前效用达到最大的投标策略，即 $q_2^{(2)}(p) = a_2^{(2)} - b_2^{(2)}p$，其中 $a_2^{(2)}$ 和 $b_2^{(2)}$ 满足条件

$$a_2^{(2)} - b_2^{(2)} \cdot \frac{a_2^{(2)} + a_3^{(1)} + a_1^{(2)} - Q_0}{b_2^{(2)} + b_3^{(1)} + b_1^{(2)}} = 70 \quad \text{且} \quad 8 \leqslant b_2^{(2)} \leqslant 10$$

当固定一个 $b_2^{(2)}$ 的值，便可求得相应的 $a_2^{(2)}$ 值。比如，$a_2^{(2)} = 184$ 和 $b_2^{(2)} = 9$，$a_2^{(2)} = 171.33$ 和 $b_2^{(2)} = 8$，$a_2^{(2)} = 190.33$ 和 $b_2^{(2)} = 9.5$ 等均是符合上述两个条件的投标。但在这些组投标中，投标人 2 无论提交哪个投标，最终的结果均相同，即：实际分配总量 $Q^* = 150$ 全部分配完毕，且所有投标人的效用不能再增大，拍卖达到均衡状态。此时对应的均衡点构成如下：

$$p^* = 12.67, \quad q_1^* = 61.33, \quad q_2^* = 70, \quad q_3^* = 18.67$$

拍卖人的实际拍卖收益为 $U = 1900$。

(2) 假设在第二轮投标中，投标人 2 优先投标，投标人 1 后投标。

当投标人 2 先投标时，由于

$$a_2^{(0)} - b_2^{(0)} \cdot \frac{a_2^{(0)} + a_3^{(1)} + a_1^{(1)} - Q_0}{b_2^{(0)} + b_3^{(1)} + b_1^{(1)}} = 120.8 > G_2 = 70$$

故由命题 6.2 知，投标人 2 会在第二轮选择能使得自己的当前效用达到最大的投标策略，即

$$q_2^{(2)}(p) = a_2^{(2)} - b_2^{(2)} p$$

其中 $a_2^{(2)}$ 和 $b_2^{(2)}$ 满足条件

$$a_2^{(2)} - b_2^{(2)} \cdot \frac{a_2^{(2)} + a_3^{(1)} + a_1^{(1)} - Q_0}{b_2^{(2)} + b_3^{(1)} + b_1^{(1)}} = 70 \quad 且 \quad 8 \leqslant b_2^{(2)} \leqslant 10$$

如 $a_2^{(2)} = 159.41$ 和 $b_2^{(2)} = 9.5$，$a_2^{(2)} = 154.71$ 和 $b_2^{(2)} = 9$ 等。但在这些组投标中，投标人 2 无论提交哪个投标，最终的计算结果均相同，即

$$p^* = 9.41, \quad q_1^* = 35.29, \quad q_2^* = 70, \quad q_3^* = 44.71$$

拍卖人的实际总分配量和收益为

$$Q^* = 150, \quad U = 1411.76$$

然后轮到投标人 1 进行投标，运用与 (1) 相类似的方法可确定投标人 1 的最优投标策略为提交其真实的需求函数 $q_2^{(2)}(p) = 150 - 7p$，此时对应的分配情况为

$$p^* = 11.40, \quad q_1^* = 70.17, \quad q_2^* = 51.07, \quad q_3^* = 28.76$$

第二轮投标结束后，显然投标人 1 的投标已经达到极限状态，但投标人 2 的投标既没有达到极限状态 (报出真实的需求函数) 又不能使得分配量最大化，故投标人 2 还要进行第三轮投标。

同样依据命题 6.1(iii) 给出的最优投标策略，投标人 2 第三轮投标的最优策略同情况 (1) 中投标人 2 在第二轮中的最优策略。此时实际分配总量 $Q^* = 150$，全部分配完毕，且所有投标人的效用不能再增大，故拍卖达到均衡状态，此时对应的均衡点构成如下：

$$p^* = 12.67, \quad q_1^* = 61.33, \quad q_2^* = 70, \quad q_3^* = 18.67$$

拍卖人的实际拍卖收益为 $U = 1900$。

由 (1) 和 (2) 的均衡点形成过程可以看出，尽管投标人的投标先后次序不同，但最终形成的均衡点是相同的，且是唯一的，也就是说最终均衡点的构成与投标人的投标先后次序是无关的。

实际上，由上例还可以验证结论：最终的均衡点与投标人的初始投标的起点也是无关的。比如，将 3 个投标人提交上来的初始需求函数 (下文中称为初始投标) $q_i^{(1)}(p) = a_i^{(1)} - b_i^{(1)}p$，$i = 1, 2, 3$ 由原来的

$$q_1^{(1)}(p) = 120 - 9p$$
$$q_2^{(1)}(p) = 160 - 10p$$
$$q_3^{(1)}(p) = 120 - 8p$$

修改成

$$q_1^{(1)}(p) = 130 - 9p$$
$$q_2^{(1)}(p) = 185 - 10p$$
$$q_3^{(1)}(p) = 120 - 8p$$

运用命题 6.2 给出的最优投标策略进行投标，容易得出此种起点下形成的均衡点与 (1) 或 (2) 中的均衡点是相同的。

显然，上述实例中均衡点的构成情况与命题 6.3 中给出的结论是一致的。

与现有的拍卖机制相比，上文设计的可分离物品统一价格拍卖机制的特点为：该机制下投标人是序贯理性的，投标人报价是连续的，投标人对物品的估价是独立私有信息，投标人是非对称的，且拍卖人的总分配量是可变的。通过从理论上探讨该拍卖机制下投标人的渐近策略行为和均衡点的形成过程，得出结论：在拍卖过程中，投标人的投标先后次序或投标人的初始投标的起点不同将不会导致该统一价格拍卖机制下出现多个局部均衡点，且在均衡点存在的情况下，均衡点是唯一的。因此，该拍卖机制可以有效提高分配效率，具有很好的可行性和实用性。

6.2 可分离物品多阶段序贯统一价格拍卖机制

在实际拍卖实践中，由于各投标人对有关信息 (如拍卖人设置的保留价格、入场费、类似物品的价格、拍卖品的质量、拍卖品的未来价值以及二级市场的炒作程度等) 的了解是有差异的，因而应该将投标人看成是非对称的，即局中人的偏好或报价是不相同或有差别的。另外，离散的报价形式也不利于提高拍卖的效率。基于此，6.1 节在投标人报价连续、独立私有估价和投标人是非对称的前提下设计了一个基于可变供给量的可分离物品统一价格拍卖机制，并重点研究了该拍卖机制的均衡点构成问题。具体地，先定义了均衡点，即当分配量 Q_0 全部被分配完，且每个投标人的效用不会再增加时，投标过程结束，拍卖达到均衡状态。此时对应的均衡价格 p^* 和均衡分配量 q_i^* $(i=1,2,\cdots,n)$ 构成的点 $(p^*,q_1^*,q_2^*,\cdots,q_n^*)$ 称为均衡点。基于此定义，从理论上探讨了该拍卖机制下投标人的渐近策略行为和均衡点的形成过程。研究结果表明：投标人的投标先后次序和投标人的初始投标的起点不同均不会导致多个局部均衡点的产生，且在均衡存在的前提下，该统一价格拍卖机制下的均衡点是唯一的[10]。但是在下面两种情形可能导致均衡点不存在。

(1) 某轮投标后，可能会出现某个或某些投标人的分配量为 0。若这些投标人不再参与后面的投标，将会导致均衡点不存在。究其本质，是因为这些投标人的真实需求量较小。

如图 6.1 所示，设 3 个投标人在第 t 轮投标中分别提交需求函数 $q_k^{(t)}(p)=a_k^{(t)}-b_k^{(t)}p$，$k=1,2,3$ 后，由模型 (H_1) 计算得到的统一价格为 $p^{(t)}=p_1$，假设此时投标人 1 得到的分配量为 0。若投标人 1 不再参与后面的投标，但投标人 2 和投标人 3 按照 “不允许向下修改规则” 继续在第 $t+1$ 轮提交新投标，设第 $t+1$ 轮的统一价格为 $p^{(t+1)}=p_2$，则当 $p_2>p_1$ 时，显然统一价格直线 $p=p_2$ 与投标人 1 的需求函数 $q_1^{(t)}(p)$ 无交点，此时会导致均衡点不存在。

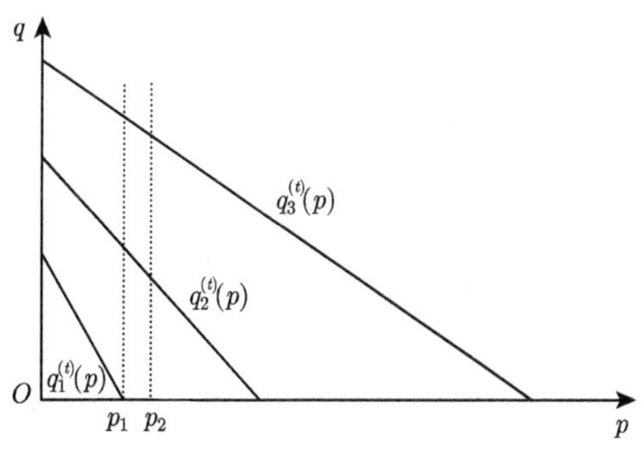

图 6.1 均衡点不存在的情形之一

(2) 在经历 r ($r \geqslant 1$) 轮投标后，所有投标人的当前效用达到最大化，都不再进行下一轮的投标。但此时对应的总分配量小于 Q_0，即拍卖人提供的待分配物品 Q_0 没有被完全分配完，此种情形下无法达到均衡状态，即均衡点不存在。造成此类结果的主要原因有两点：一是供过于求，即拍卖人给出的拍卖物品足够多，远远大于投标人的最大需求量之和；二是投标人的数量不够多，以致竞争性不够充分。

上述两种情形均会导致拍卖效率不高或者使得拍卖失败。为克服此不足，下文设计了一个可分离物品多阶段序贯统一价格拍卖机制。在该机制中，拍卖分多阶段进行，投标人是序贯理性的，投标人报价连续且报价人非对称 (即报价函数和分布互不相同) 的。

6.2.1 基本假设和符号说明

首先给出可分离物品多阶段序贯统一价格拍卖的基本假设[12]。

(A_1) 设一拍卖人拥有数量为 Q_0 的同质可分离物品待拍卖，有 n ($n > 1$) 个投标人参与投标。投标人集合记为 $N = \{1, 2, \cdots, n\}$。

(A_2) 假设拍卖人和所有的投标人都是风险中性的，他们的目标都是最大化自身的效用。

(A_3) 投标者 i ($i = 1, 2, \cdots, n$) 对单位物品的估价为 v_i，v_i 为投标者 i 独立私有信息。只有他自己知道 v_i 的大小，拍卖人及其他投标人都不知道 v_i。但是他们会把 v_i 当作分布在 $[\underline{v}, \overline{v}]$ 区间上的一个随机变量，并知道其概率分布函数 $F_i(v_i)$ 和密度函数 $f_i(v_i)$，其中 $0 \leqslant \underline{v} < \overline{v}$。随机变量 v_1，v_2，$\cdots$，v_n 是独立的。

(A_4) 整个拍卖过程分 m ($m \geqslant 1$) 个阶段进行，每个阶段中投标人可进行多轮投标。在第 k ($k = 1, 2, \cdots, m$) 个阶段的第 t (t 为正整数，$t \geqslant 1$) 轮投标中，投标人 i 以公开投标的形式独立提交一递减的连续可微的需求函数 $q_{ki}^{(t)}(p)$，$i = 1, 2, \cdots, n$，$k = 1, 2, \cdots, m$，$t \geqslant 1$。不妨设 $q_{ki}^{(t)}(p)$ 为一线性函数，即 $q_{ki}^{(t)}(p) = a_{ki}^{(t)} - b_{ki}^{(t)} p$，表示该投标人在单位物品价格不大于 p 时的累积需求，满足

$$0 \leqslant q_{ki}^{(t)}(p) \leqslant Q_0, \quad a_{ki}^{(t)} \geqslant 0, \quad b_{ki}^{(t)} > 0$$

(A_5) 投标人 i 的真实需求函数设为 $q_i^{(0)}(p) = a_i^{(0)} - b_i^{(0)} p$，其中 $a_i^{(0)} \geqslant 0$，$b_i^{(0)} > 0$。$q_i^{(0)}(p)$ 为独立私有信息。

(A_6) 设第 k 阶段拍卖经历了 l_k (l_k 为一正整数) 轮投标后结束，投标人 i 得到的分配量记为 q_{ki}，$i = 1, 2, \cdots, n$，$k = 1, 2, \cdots, m$，则第 k 个阶段的实际分配总量为 $Q_k = \sum\limits_{i=1}^{n} q_{ki}$，整个拍卖结束时的实际分配总量为 $Q = \sum\limits_{k=1}^{m} Q_k$。另设投标人 i 在第 k 阶段拍卖中的最大需求量为 G_{ki}，$k = 1, 2, \cdots, m$，则投标人 i 第 $k+1$ 阶段的

最大需求量为第 k 阶段的最大需求量减去上第 k 阶段他所得到的分配量，即

$$G_{(k+1)i}=G_{ki}-q_{ki},\quad k=1,2,\cdots,m$$

满足

$$G_{1i}\geqslant G_{2i}\geqslant\cdots\geqslant G_{mi}$$

其中 G_{1i} 为投标人 i 在拍卖开始时上报的公开信息，为一常数。

(A_7) 假设所有投标人都是全过程序贯理性的，这里特指两个方面：一是投标人 i 在每阶段每轮投标中提供或报出的需求函数 $q_{ki}^{(t)}(p)$ 都小于或者等于其真实需求函数 $q_i^{(0)}(p)$；二是在每阶段每轮投标中，每个投标人依据前一个投标人提交新投标后公布的分配结果，以最大化当前轮次的效用为目标选取最优投标策略进行本轮新投标。

(A_8) 所有投标人独立决定自己的竞价策略，不存在任何具有约束力的合作性协议。

(A_9) 当在某阶段某轮投标中，当轮到某个人投标后，当前的分配量中出现了零分配量的情形，而零分配量对应的投标人在后面轮次中不再提交新的投标，此时视此类零分配量对应的投标人为无效投标人，将其从投标人集合中删除。

假设 (A_1)—(A_3) 描述了所有参与人面临的信息结构，假设 (A_4)—(A_9) 是针对各投标人的行为给出的。它们共同刻画了一个投标人报价连续、非对称的独立私有价值模型。

6.2.2 拍卖机制的基本规则

6.2.2.1 投标规则

在每一阶段每轮的投标中，拍卖人让投标人按照某一特定的先后顺序 (如报名先后顺序) 依次进行投标[15]。具体地，在第 k ($k=1,2,\cdots,m$) 个阶段，当所有投标人首轮投标 $q_{ki}^{(1)}(p)=a_{ki}^{(1)}-b_{ki}^{(1)}p$，$i=1,2,\cdots,n$ 提交后，拍卖人将适时公布分配结果 $(p_k^{(1)},q_{k1}^{(1)},q_{k2}^{(1)},\cdots,q_{kn}^{(1)})$，其中 $p_k^{(1)}$ 表示第 k 阶段首轮投标结束后的统一价格，$q_{k1}^{(1)},q_{k2}^{(1)},\cdots,q_{kn}^{(1)}$ 表示首轮投标结束后 n 个投标人的分配量。由此结果出发，投标人开始按照给定的顺序依次进行第二轮或者多轮投标。当每个投标人每次提交新投标后，投标人将适时公布当前的分配结果。

在第 k 阶段拍卖中，若投标人 i 欲在第 t 轮投标基础上进行第 $t+1$ 轮新投标时，规定每个投标人提交的新投标不允许向下修改，即当投标人 i 第 t 轮 (t 为正整数) 的投标为 $q_{ki}^{(t)}(p)=a_{ki}^{(t)}-b_{ki}^{(t)}p$，第 $t+1$ 轮的新投标为

$$q_{ki}^{(t+1)}(p)=a_{ki}^{(t+1)}-b_{ki}^{(t+1)}p$$

则必须满足

$$a_{ki}^{(t+1)} \geqslant a_{ki}^{(t)}$$

$$b_{ki}^{(t+1)} \leqslant b_{ki}^{(t)}$$

对于相邻的两个拍卖阶段，规定每个投标人在下一阶段的投标也不允许向下修改，也就是说，设投标人第 k 阶段的任一投标为

$$q_{ki}^{(t)}(p) = a_{ki}^{(t)} - b_{ki}^{(t)} p \quad (t\text{ 为正整数})$$

第 $k+1$ 阶段的任一投标为

$$q_{(k+1)i}^{(s)}(p) = a_{(k+1)i}^{(s)} - b_{(k+1)i}^{(s)} p \quad (s\text{ 为正整数})$$

则必须满足

$$a_{(k+1)i}^{(s)} \geqslant a_{ki}^{(t)}$$

$$b_{(k+1)i}^{(s)} \leqslant b_{ki}^{(t)}$$

上述同一阶段中和相邻两阶段中给出的调整投标规则，统一称为“不允许向下修改规则”。设置“不允许向下修改规则”的主要目的，一是减少投标的随意性、提高投标效率，二是更好地实现拍卖人效用最大化的目标。这个结论在后文有具体的说明。

6.2.2.2　分配规则

由 6.2.1 节的假设知，整个拍卖过程分 m $(m \geqslant 1)$ 个阶段进行，每个阶段中投标人可进行多轮投标。具体地，在第 k $(k = 1, 2, \cdots, m)$ 阶段，当所有投标人提交首轮投标 $q_{ki}^{(1)}(p) = a_{ki}^{(1)} - b_{ki}^{(1)} p$，$i = 1, 2, \cdots, n$ 后，拍卖人依据投标人提供的投标信息，以最大化拍卖当前所得收益 $u_k^{(1)} = p_k^{(1)} Q_k = p_k^{(1)} \sum\limits_{i=1}^{n} q_{ki}^{(1)}$ 为出发点，来选取最优的供给量 Q_k $(Q_k \in [0, Q_0 - Q_{k-1}])$ 和统一价格 $p_k^{(1)}$ $(p_k^{(1)} > 0)$，其中首轮投标结束后 n 个投标人的分配量 $q_{k1}^{(1)}, q_{k2}^{(1)}, \cdots, q_{kn}^{(1)}$ 和统一价格 $p_k^{(1)}$ 分别为下面优化问题的解：

$$(\mathrm{H}_2) \qquad \begin{aligned} &\mathrm{Max} \quad U_k^{(1)} = p_k^{(1)} Q_k \\ &\mathrm{s.t.} \begin{cases} \sum\limits_{i=1}^{n} q_{ki}^{(1)} = Q_k \\ q_{ki}^{(1)} = a_{ki}^{(1)} - b_{ki}^{(1)} p_k^{(1)}, & i = 1, 2, \cdots, n \\ 0 \leqslant q_{ki}^{(1)} \leqslant G_{ki}, & i = 1, 2, \cdots, n \\ Q_k \leqslant Q_0 - Q_{k-1} \end{cases} \end{aligned}$$

对于 (H_2) 中的 G_{ki}，由假设知，当 $k=1$ 时，G_{1i} 为一常数。当 $k\geqslant 2$ 时，

$$G_{ki}=G_{(k-1)i}-q_{(k-1)i}$$

其中 $q_{(k-1)i}$ 为经历多轮投标后第 $k-1$ 阶段拍卖结束时投标人 i 获得的分配量。

当第 k 阶段首轮投标结束后，拍卖人运用模型 (H_2) 进行计算并适时公布分配结果 $q_{k1}^{(1)},q_{k2}^{(1)},\cdots,q_{kn}^{(1)}$ 和统一价格 $p_k^{(1)}$。由此结果出发，投标人开始按照给定的先后顺序依次进行第二轮或者多轮投标。

不失一般性，假设在第 k 阶段的第 t 轮中轮到投标人 j $(j\in\{1,2,\cdots,n\})$ 进行投标，记他的出场顺序为 r。在此轮投标中，投标人 j 选取最优的投标策略 $q_{kj}^{(t)}(p)=a_{kj}^{(t)}-b_{kj}^{(t)}p$ 的原则是使得自身的收益最大化，即

$$\underset{q_{kj}^{(t)}(p)}{\mathrm{Max}}\ u_{kj}^{(t)}=(v_i-p)q_{kj}^{(t)}(p) \tag{6.3}$$

当投标人 j 提交投标 $q_{kj}^{(t)}(p)=a_{kj}^{(t)}-b_{kj}^{(t)}p$ 后，拍卖人通过求解如下优化问题来确定当前的最优分配量和统一价格，即

$$(\mathrm{H}_3)\qquad \begin{aligned}&\mathrm{Max}\quad U_k^{(t_r)}=p_k^{(t_r)}Q_k^{(t_r)}\\&\mathrm{s.t.}\begin{cases}\displaystyle\sum_{i=1}^{n}q_{ki}^{(t_r)}=Q_k^{(t_r)}\\ q_{ki}^{(t_r)}=a_{ki}^{(t)}-b_{ki}^{(t)}p_k^{(t_r)}, & i=1,2,\cdots,r\\ q_{ki}^{(t_r)}=a_{ki}^{(t-1)}-b_{ki}^{(t-1)}p_k^{(h_r)}, & i=r+1,r+2,\cdots,n\\ 0\leqslant q_{ki}^{(t_r)}\leqslant G_{ki}, & i=1,2,\cdots,n\\ \displaystyle Q_k^{(t_r)}\leqslant Q_0-\sum_{j=1}^{k-1}Q_j\end{cases}\end{aligned}$$

其中 $U_k^{(t_r)}$，$Q_k^{(t_r)}$ 和 $p_k^{(t_r)}$ 分别表示在第 k 阶段第 t 轮中出场顺序为 r 的投标人 j 提交投标 $q_{ki}^{(t)}(p)=a_{ki}^{(t)}-b_{ki}^{(t)}p$ 后当前拍卖人的总效用、当前实际分配总量和当前的统一价格。类似地，$q_{ki}^{(t_r)}$ 表示第 k 阶段第 t 轮中出场顺序为 r 的投标人 j 提交投标后第 i $(i=1,2,\cdots,n)$ 个投标人当前获得的分配量。约束条件中第二行和第三行对应的等式的含义为：包括投标人 j 在内，第 t 轮中有 r 个人提交了新投标 $q_{ki}^{(t)}(p)=a_{ki}^{(t)}-b_{ki}^{(t)}p$，$i=1,2,\cdots,r$，其他 $n-r$ 人还依旧保持第 $t-1$ 轮的投标 $q_{ki}^{(t-1)}(p)=a_{ki}^{(t-1)}-b_{ki}^{(t-1)}p$，$i=r+1,r+2,\cdots,n$。故当前的统一价格为 $p_k^{(t_r)}$ 时，在第 t 轮中提交了新投标的 r 个人的分配量为

$$q_{ki}^{(t_r)}=q_{ki}^{(t)}(p_k^{(t_r)})=a_{ki}^{(t)}-b_{ki}^{(t)}p_k^{(t_r)},\quad i=1,2,\cdots,r$$

其他 $n-r$ 人的分配量为

$$q_{ki}^{(t_r)}=q_{ki}^{(t-1)}(p_k^{(t_r)})=a_{ki}^{(t-1)}-b_{ki}^{(t-1)}p_k^{(t_r)},\quad i=r+1,r+2,\cdots,n$$

当出场顺序为 r 的投标人 j 提交新投标 $q_{kj}^{(t)}(p)=a_{kj}^{(t)}-b_{kj}^{(t)}p$ 时，拍卖人运用模型 (H_3) 进行计算并适时公布分配结果 $q_{k1}^{(t_r)},q_{k2}^{(t_r)},\cdots,q_{kn}^{(t_r)}$ 和统一价格 $p_k^{(t_r)}$。然后，出场顺序为 $r+1$ 的投标人依据当前的分配结果以效用最大化为目标选取最优投标策略进行第 t 轮的投标。他提交完投标后的分配结果和统一价格的计算过程同上。

当经历了 l_k 轮投标后第 k 阶段拍卖结束，投标人 i 得到分配量 q_{ki}，$i=1,2,\cdots,n$，$k=1,2,\cdots,m$. 当经历了 m 个阶段后，整个拍卖过程结束。拍卖人在整个拍卖中分配给投标人 i 的物品总量为 $q_i=\sum\limits_{k=1}^{m}q_{ki}$。

6.2.2.3　拍卖结束规则

由于整个拍卖过程分 m ($m\geqslant 1$) 个阶段进行，因此涉及各阶段拍卖结束规则和整个拍卖过程结束规则的设置。

第 k 阶段拍卖结束规则　在第 k 阶段中经历了 l_k 轮投标后，若所有的投标者在后面轮次中都不再提交新的投标，则表明第 k 阶段拍卖结束。该条件表示所有投标者已经到了投标个体理性的边界，拍卖者的效用不能进一步改善。

整个拍卖过程结束规则　在拍卖经历了 m (m 为正整数，$m\geqslant 1$) 个阶段后，若这 m 个阶段的实际分配总量之和等于待拍卖的总数量 Q_0，即

$$Q_1+Q_2+\cdots+Q_m=Q_0$$

则表明整个拍卖过程结束。该结束条件表示此时的分配方式已经不能再改进系统的优化目标。

6.2.2.4　支付规则

由投标规则、分配规则、拍卖结束规则可知，当经历了 l_k 轮投标后第 k 阶段拍卖结束，投标人 i 得到的分配量记为 q_{ki}，此时对应的统一价格记为 p_k，$i=1,2,\cdots,n$，$k=1,2,\cdots,m$。又整个拍卖过程分 m ($m\geqslant 1$) 个阶段进行，则当整个拍卖结束时，投标人 i 支付给拍卖人的总费用为各个阶段支付的费用之和，即为

$$B_i=\sum_{k=1}^{m}\sum_{i=1}^{n}p_kq_{ki}.$$

6.2.3 投标人策略及均衡分析

基于以上的假设和拍卖规则，首先来推导关于统一价格和各投标人分配量的一般表达式，由此再来分析投标人在每轮中的最优投标策略，并讨论每阶段均衡点最终形成过程和构成情况。

命题 6.4 设第 $k-1$ 阶段拍卖结束后，拍卖人在第 k 阶段的最大可供给量为 $Q_k^{\max}=Q_0-\sum\limits_{j=1}^{k-1}Q_j$。若在第 k 阶段的第 t 轮投标中，所有投标人在满足"不允许向下修改规则"提交了最优投标 $q_{ki}^{(t)}(p)=a_{ki}^{(t)}-b_{ki}^{(t)}p$，$i=1,2,\cdots,n$ 后，则有如下结论。

(i) 当满足条件 $\sum\limits_{i=1}^{n}a_{ki}^{(t)}<2Q_k^{\max}$ 时，拍卖人在第 k 阶段拥有的物品总量 $Q_k^{\max}$ 没有被全部分配完，当前第 k 阶段第 t 轮的统一价格和第 i 个投标人得到的分配量分别为

$$p_k^{(t)}=\frac{\sum\limits_{i=1}^{n}a_{ki}^{(t)}}{2\sum\limits_{i=1}^{n}b_{ki}^{(t)}}$$

$$q_{ki}^{(t)}=a_{ki}^{(t)}-\frac{b_{ki}^{(t)}\sum\limits_{i=1}^{n}a_{ki}^{(t)}}{2\sum\limits_{i=1}^{n}b_{ki}^{(t)}},\quad i=1,2,\cdots,n$$

(ii) 当满足条件 $\sum\limits_{i=1}^{n}a_{ki}^{(t)}=2Q_k^{\max}$ 时，拍卖人在第 k 阶段拥有的物品总量 $Q_k^{\max}$ 被全部分配完，此时统一价格和第 i 个投标人得到的分配量分别为

$$p_k^{(t)}=\frac{\sum\limits_{i=1}^{n}a_{ki}^{(t)}-Q_k^{\max}}{\sum\limits_{i=1}^{n}b_{ki}^{(t)}}$$

$$q_{ki}^{(t)}=a_{ki}^{(t)}-\frac{b_{ki}^{(t)}\left(\sum\limits_{i=1}^{n}a_{ki}^{(t)}-Q_k^{\max}\right)}{\sum\limits_{i=1}^{n}b_{ki}^{(t)}},\quad i=1,2,\cdots,n$$

(iii) 当满足条件 $\sum_{i=1}^{n} a_{ki}^{(t)} > 2Q_k^{\max}$，且存在投标人 $h \in N$，使得 $a_{kh}^{(t)} - b_{kh}^{(t)} \cdot \frac{\sum_{i=1}^{n} a_{ki}^{(t)} - Q_k^{\max}}{\sum_{i=1}^{n} b_{ki}^{(t)}} > G_{kh}$ 时，其中 $G_{kh} = G_{(k-1)h} - q_{(k-1)h}$ 为常数，则当前第 k 阶段第 t 轮的统一价格为

$$p_k^{(t)} = \frac{a_{kh}^{(t)} - G_{kh}}{b_{kh}^{(t)}}$$

投标人 h 得到的分配量为 $q_{kh}^{(t)} = G_{kh}$，投标人 j 得到的分配量为

$$q_{kj}^{(t)} = a_{kj}^{(t)} - b_{kj}^{(t)} \cdot \frac{a_{kh}^{(t)} - G_{kh}}{b_{kh}^{(t)}}, \quad j = 1, 2, \cdots, n,\ j \neq h$$

且拍卖人在第 k 阶段拥有的物品总量 $Q_k^{\max}$ 没有被全部分配完，即 n 个人的总分配量 $Q_k^{(t)} < Q_k^{\max}$。

(iv) 当满足条件 $\sum_{i=1}^{n} a_{ki}^{(t)} > 2Q_k^{\max}$，且对于任意投标人 $i \in N$，使得 $a_{ki}^{(t)} - b_{ki}^{(t)} \cdot \frac{\sum_{i=1}^{n} a_{ki}^{(t)} - Q_k^{\max}}{\sum_{i=1}^{n} b_{ki}^{(t)}} \leqslant G_{ki}$ 时，总量 $Q_k^{\max}$ 被全部分配完，且当前第 k 阶段第 t 轮的统一价格和第 i 个投标人得到的分配量分别为

$$p_k^{(t)} = \frac{\sum_{i=1}^{n} a_{ki}^{(t)} - Q_k^{\max}}{\sum_{i=1}^{n} b_{ki}^{(t)}}$$

$$q_{ki}^{(t)} = a_{ki}^{(t)} - \frac{b_{ki}^{(t)} \left(\sum_{i=1}^{n} a_{ki}^{(t)} - Q_k^{\max} \right)}{\sum_{i=1}^{n} b_{ki}^{(t)}}, \quad i = 1, 2, \cdots, n$$

证明　由 (H_3) 知，在第 k 阶段第 t 轮投标中，当投标人 i 提交投标 $q_{ki}^{(t)}(p) = a_{ki}^{(t)} - b_{ki}^{(t)} p$，$i = 1, 2, \cdots, n$ 后，投标人 i 获得的分配量为 $q_{ki}^{(t)} = a_{ki}^{(t)} - b_{ki}^{(t)} p_k^{(t)}$，$i = 1, 2, \cdots, n$，将其代入拍卖人的收益函数 $U_k^{(t)}$ 中，得第 k 阶段第 t 轮拍卖人的收

益为

$$\begin{aligned}U_k^{(t)} &= p_k^{(t)} Q_k^{(t)} \\ &= p_k^{(t)}\left(\sum_{i=1}^n a_{ki}^{(t)} - p_k^{(t)}\sum_{i=1}^n b_{ki}^{(t)}\right) \\ &= p_k^{(t)}\sum_{i=1}^n a_{ki}^{(t)} - (p_k^{(t)})^2\sum_{i=1}^n b_{ki}^{(t)}\end{aligned}$$

要使得拍卖人第 k 阶段第 t 轮的收益最大化，故满足

$$\frac{\partial U_k^{(t)}}{\partial p_k^{(t)}} = \frac{\partial}{\partial p_k^{(t)}}\left[p_k^{(t)}\sum_{i=1}^n a_{ki}^{(t)} - (p_k^{(t)})^2\sum_{i=1}^n b_{ki}^{(t)}\right] = 0$$

即有

$$\sum_{i=1}^n a_{ki}^{(t)} - 2p_k^{(t)}\sum_{i=1}^n b_{ki}^{(t)} = 0$$

解得满足第 k 阶段第 t 轮拍卖人收益最大化的统一价格为

$$p_k^{(t)} = \frac{\sum_{i=1}^n a_{ki}^{(t)}}{2\sum_{i=1}^n b_{ki}^{(t)}} \tag{6.4}$$

将其代回 $q_i^{(t)} = a_i^{(t)} - b_i^{(t)} p^{(t)}$ 中，得投标人 i 获得的分配量为

$$q_{ki}^{(t)} = a_{ki}^{(t)} - \frac{b_{ki}^{(t)}\sum_{i=1}^n a_{ki}^{(t)}}{2\sum_{i=1}^n b_{ki}^{(t)}}, \quad i = 1, 2, \cdots, n \tag{6.5}$$

因此，第 k 阶段第 t 轮中所有投标人的总分配量为

$$\begin{aligned}Q_k^{(t)} = \sum_{i=1}^n q_{ki}^{(t)} &= \sum_{i=1}^n \left(a_{ki}^{(t)} - \frac{b_{ki}^{(t)}\sum_{i=1}^n a_{ki}^{(t)}}{2\sum_{i=1}^n b_{ki}^{(t)}}\right) \\ &= \sum_{i=1}^n a_{ki}^{(t)} - \frac{\sum_{i=1}^n a_{ki}^{(t)}}{2\sum_{i=1}^n b_{ki}^{(t)}} \cdot \sum_{i=1}^n b_{ki}^{(t)}\end{aligned}$$

$$= \frac{\sum_{i=1}^{n} a_{ki}^{(t)}}{2}$$

基于此结果，分下列三种情况讨论：

(1) 当 $\sum_{i=1}^{n} a_{ki}^{(t)} < 2Q_k^{\max}$ 时，有 $Q_k^{(t)} = \dfrac{\sum_{i=1}^{n} a_{ki}^{(t)}}{2} < Q_k^{\max}$，表明拍卖人在第 k 阶段拥有的物品总量 $Q_k^{\max}$ 没有被分配完，此时的统一价格和第 i 个投标人得到的分配量分别为式 (6.4) 和式 (6.5) 所示的结果。

(2) 当 $\sum_{i=1}^{n} a_{ki}^{(t)} = 2Q_k^{\max}$ 时，有 $Q_k^{(t)} = \dfrac{\sum_{i=1}^{n} a_{ki}^{(t)}}{2} = Q_k^{\max}$，即拍卖人在第 k 阶段拥有的物品总量 $Q_k^{\max}$ 被全部分配完。由此知 $\sum_{i=1}^{n} a_{ki}^{(t)} = 2Q_k^{\max}$ 是拍卖物品是否被完全分配完的临界点。在总量 Q_0 被全部分配完的情形下，有

$$\sum_{i=1}^{n} q_{ki}^{(t)} = \sum_{i=1}^{n} a_{ki}^{(t)} - p_{ki}^{(t)} \sum_{i=1}^{n} b_{ki}^{(t)} = Q_k^{\max}$$

从而得

$$p_k^{(t)} = \frac{\sum_{i=1}^{n} a_{ki}^{(t)} - Q_k^{\max}}{\sum_{i=1}^{n} b_{ki}^{(t)}}$$

将其代回 $q_{ki}^{(t)} = a_{ki}^{(t)} - b_{ki}^{(t)} p_k^{(t)}$，$i = 1, 2, \cdots, n$，得投标人 i 的对应分配量为

$$q_{ki}^{(t)} = a_{ki}^{(t)} - \frac{b_{ki}^{(t)} \left(\sum_{i=1}^{n} a_{ki}^{(t)} - Q_k^{\max} \right)}{\sum_{i=1}^{n} b_{ki}^{(t)}}, \quad i = 1, 2, \cdots, n$$

(3) 当 $\sum_{i=1}^{n} a_{ki}^{(t)} > 2Q_k^{\max}$ 时，若存在投标人 $h \in N$，使得

$$a_{kh}^{(t)} - b_{kh}^{(t)} \cdot \frac{\sum_{i=1}^{n} a_{ki}^{(t)} - Q_k^{\max}}{\sum_{i=1}^{n} b_{ki}^{(t)}} > G_{kh}$$

时，其中 $G_{kh}=G_{(k-1)h}-q_{(k-1)h}$，说明投标人 h 获得最大分配量 $q_{kh}^{(t)}=G_{kh}$，此时有 $q_{kh}^{(t)}=a_{kh}^{(t)}-b_{kh}^{(t)}p_k^{(t)}=G_{kh}$，解得当前第 k 阶段第 t 轮的统一价格为 $p_k^{(t)}=\dfrac{a_{kh}^{(t)}-G_{kh}}{b_{kh}^{(t)}}$，进而得到投标人 j 得到的分配量为

$$q_{kj}^{(t)}=a_{kj}^{(t)}-b_{kj}^{(t)}\cdot\frac{a_{kh}^{(t)}-G_{kh}}{b_{kh}^{(t)}},\quad j=1,2,\cdots,n,\ j\neq h$$

由 (ii) 知，当统一价格为 $p_k^{(t)}=\dfrac{\sum\limits_{i=1}^{n}a_{ki}^{(t)}-Q_k^{\max}}{\sum\limits_{i=1}^{n}b_{ki}^{(t)}}$ 时，分配总量

$$Q_k^{(t)}=\sum_{i=1}^{n}\left(a_{ki}^{(t)}-b_{ki}^{(t)}\cdot\frac{\sum\limits_{i=1}^{n}a_{ki}^{(t)}-Q_k^{\max}}{\sum\limits_{i=1}^{n}b_{ki}^{(t)}}\right)=Q_k^{\max}$$

故当 $p_k^{(t)\prime}=\dfrac{a_{kh}^{(t)}-G_{kh}}{b_{kh}^{(t)}}>\dfrac{\sum\limits_{i=1}^{n}a_{ki}^{(t)}-Q_k^{\max}}{\sum\limits_{i=1}^{n}b_{ki}^{(t)}}$ 时，对应的分配总量

$$Q_k^{(t)\prime}=\sum_{i=1}^{n}\left(a_{ki}^{(t)}-b_{ki}^{(t)}\cdot\frac{a_{kh}^{(t)}-G_{kh}}{b_{kh}^{(t)}}\right)<Q_k^{\max}$$

(4) 当满足条件 $\sum\limits_{i=1}^{n}a_{ki}^{(t)}>2Q_k^{\max}$，且 $\forall i\in N$，使得 $a_{ki}^{(t)}-b_{ki}^{(t)}\cdot\dfrac{\sum\limits_{i=1}^{n}a_{ki}^{(t)}-Q_k^{\max}}{\sum\limits_{i=1}^{n}b_{ki}^{(t)}}\leqslant G_{ki}$ 时，由 (iii) 知，第 k 阶段第 t 轮的统一价格必满足

$$p_k^{(t)}\leqslant\frac{\sum\limits_{i=1}^{n}a_{ki}^{(t)}-Q_k^{\max}}{\sum\limits_{i=1}^{n}b_{ki}^{(t)}}$$

故分配总量为

$$Q_k^{(t)}=\sum_{i=1}^{n}(a_{ki}^{(t)}-b_{ki}^{(t)}\cdot p_k^{(t)})\geqslant\sum_{i=1}^{n}\left(a_{ki}^{(t)}-b_{ki}^{(t)}\cdot\frac{\sum\limits_{i=1}^{n}a_{ki}^{(t)}-Q_k^{\max}}{\sum\limits_{i=1}^{n}b_{ki}^{(t)}}\right)=Q_k^{\max}$$

又拍卖人在第 k 阶段能提供的最大分配量仅为 $Q_k^{\max}$，故 $Q_k^{(t)}=Q_k^{\max}$，即总量 $Q_k^{\max}$ 被全部分配完，故此时的统一价格和第 i 个投标人得到的分配量与 (ii) 结论相同。 **[证毕]**

命题 6.4 给出了整个投标过程中不同投标消息下当前统一价格和分配量的表达式。基于此结论，有如下推论。

推论 6.2 在第 k 阶段拍卖中，经历 t 轮投标后，若所有的投标者在后面轮次中都不再提交新的投标，则有如下结论：

(1) 当满足条件 C_1：$\sum\limits_{i=1}^{n}a_{ki}^{(t)}\geqslant 2Q_k^{\max}$，且 $\forall i\in N$，使得

$$a_{ki}^{(t)}-b_{ki}^{(t)}\cdot\frac{\sum\limits_{i=1}^{n}a_{ki}^{(t)}-Q_k^{\max}}{\sum\limits_{i=1}^{n}b_{ki}^{(t)}}\leqslant G_{ki}$$

时，整个拍卖过程结束。

(2) 当满足条件 C_2：$\sum\limits_{i=1}^{n}a_{ki}^{(t)}<2Q_k^{\max}$ 或者条件 C3：$\sum\limits_{i=1}^{n}a_{ki}^{(t)}>2Q_k^{\max}$，且存在投标人 $h\in N$，使得

$$a_{kh}^{(t)}-b_{kh}^{(t)}\cdot\frac{\sum\limits_{i=1}^{n}a_{ki}^{(t)}-Q_k^{\max}}{\sum\limits_{i=1}^{n}b_{ki}^{(t)}}>G_{kh}$$

时，前 k 个阶段的实际分配总量小于 Q_0，拍卖进入新的第 $k+1$ 阶段。

证明 由于所有的投标者在后面轮次中都不再提交新的投标，故由拍卖结束规则知，第 k 阶段拍卖结束。

(1) 由命题 6.4 知，当满足条件 C_1 时，第 k 阶段能提供的最大分配总量 $Q_k^{\max}$ 被分配完，即

$$Q_k=Q_k^{(t)}=Q_k^{\max}$$

又因为 $Q_k^{\max} = Q_0 - \sum\limits_{j=1}^{k-1} Q_j$，故前 k 个阶段的实际分配总量达到

$$Q = \sum_{j=1}^{k-1} Q_j + Q_k = \sum_{j=1}^{k-1} Q_j + Q_k^{\max}$$
$$= \sum_{j=1}^{k-1} Q_j + Q_0 - \sum_{j=1}^{k-1} Q_j = Q_0$$

即第 k 阶段拍卖结束后所有阶段的实际分配量之和为 Q_0，故由拍卖结束规则知整个拍卖过程结束。

(2) 由命题 6.4 知，当满足条件 C_2 或者 C_3 时，第 k 阶段能提供的最大分配总量 $Q_k^{\max}$ 没有被分配完，即前 k 个阶段的实际分配总量小于 Q_0，故整个拍卖过程没有结束，拍卖进入新的第 $k+1$ 阶段。 **[证毕]**

推论 6.3 对于 6.2.1 节中所描述的拍卖机制，在第 k 阶段拍卖的投标人多轮投标博弈中，统一价格是逐渐增大的。

证明 由命题 6.4 知，当 $\sum\limits_{i=1}^{n} a_{ki}^{(t)} < 2Q_k^{\max}$ 时，拍卖人在第 k 阶段拥有的物品总量 $Q_k^{\max}$ 没有被分配完，此时的统一价格为

$$p_k^{(t)} = \frac{\sum\limits_{i=1}^{n} a_{ki}^{(t)}}{2\sum\limits_{i=1}^{n} b_{ki}^{(t)}}$$

显然在调标规则 $a_{ki}^{(t+1)} \geqslant a_{ki}^{(t)}$，$b_{ki}^{(t+1)} \leqslant b_{ki}^{(t)}$，$i = 1, 2, \cdots, n$ 下，当投标人不断提交新的投标后，统一价格 $p_k^{(t)}$ 在逐渐增大。

随着投标人多轮投标的进行，当在某轮投标中 (不妨设为第 s 轮)，投标人的投标满足条件 C_1：$\sum\limits_{i=1}^{n} a_{ki}^{(s)} \geqslant 2Q_k^{\max}$，且 $\forall i \in N$，使得

$$a_{ki}^{(s)} - b_{ki}^{(s)} \cdot \frac{\sum\limits_{i=1}^{n} a_{ki}^{(s)} - Q_k^{\max}}{\sum\limits_{i=1}^{n} b_{ki}^{(s)}} \leqslant G_{ki}$$

时，此时对应的物品总量 $Q_k^{\max}$ 被全部分配完，统一价格由 $p_k^{(s-1)}=\dfrac{\sum\limits_{i=1}^{n}a_{ki}^{(s-1)}}{2\sum\limits_{i=1}^{n}b_{ki}^{(s-1)}}$ 增大至 $p_k^{(s)}=\dfrac{\sum\limits_{i=1}^{n}a_{ki}^{(s)}-Q_k^{\max}}{\sum\limits_{i=1}^{n}b_{ki}^{(s)}}$，由此表达式易知，当投标人不断提交新的投标后，统一价格 $p_k^{(s)}$ 在逐渐增大。随后的投标信息分两种情况讨论：

(1) 若第 s 轮后的投标都满足条件 C_1，则统一价格

$$p_k^{(l)}=\frac{\sum\limits_{i=1}^{n}a_{ki}^{(l)}-Q_k^{\max}}{\sum\limits_{i=1}^{n}b_{ki}^{(l)}},\quad l>s$$

随着 $a_{ki}^{(l)}$ 的增大而增大，随着 $b_{ki}^{(l)}$ 的减小而增大。

(2) 若在第 s 轮后的某轮中 (不妨设为第 w 轮)，存在某投标人 $h\in N$，使得 $a_{kh}^{(w)}-b_{kh}^{(w)}\cdot\dfrac{\sum\limits_{i=1}^{n}a_{ki}^{(w)}-Q_k^{\max}}{\sum\limits_{i=1}^{n}b_{ki}^{(w)}}>G_{kh}$，其中 $G_{kh}=G_{(k-1)h}-q_{(k-1)h}$，则统一价格表达式变为

$$p_k^{(w)}=\frac{a_{kh}^{(w)}-G_{kh}}{b_{kh}^{(w)}}$$

显然

$$p_k^{(w)}=\frac{a_{kh}^{(w)}-G_{kh}}{b_{kh}^{(w)}}\geqslant\frac{\sum\limits_{i=1}^{n}a_{ki}^{(w)}-Q_k^{\max}}{\sum\limits_{i=1}^{n}b_{ki}^{(w)}}\geqslant\frac{\sum\limits_{i=1}^{n}a_{ki}^{(w-1)}-Q_k^{\max}}{\sum\limits_{i=1}^{n}b_{ki}^{(w-1)}}$$

即统一价格依然是增加的。

综上所证，在第 k 阶段拍卖中，随着投标人多轮投标博弈的不断进行，统一价格是逐渐增大的。　　**[证毕]**

由命题 6.4、推论 6.1 和推论 6.3 的结论可以看出：在调整投标规则 $a_i^{(t+1)}\geqslant$

$a_i^{(t)}$，$b_i^{(t+1)} \leqslant b_i^{(t)}$ 下，随着多轮投标过程的不断进行，统一价格逐渐增大，各投标人提交的需求函数逐渐向真实的需求函数逼近。这说明了 6.2.1 节所提出的拍卖机制具有很好的激励性，并可有效防止低价均衡的产生。

基于投标人都是序贯理性的前提，以及命题 6.4、推论 6.1 和推论 6.3 给出的结论，下面来讨论投标人的最优投标策略问题。

命题 6.5 在第 k 阶段第 $t+1$ 轮投标中，在投标人 j 提交新的投标 $d_{kj}^{(t+1)}(p) = a_{kj}^{(t+1)} - b_{kj}^{(t+1)}p$ 在满足条件 C_1 的前提下，有如下结论：

(1) 若 $0 < a_j^{(0)} - b_j^{(0)} \cdot \dfrac{\left(a_j^{(0)} + \sum\limits_{\substack{i=1\\i\neq j}}^{n} a_{ki}^{(t+1)}\right) - Q_k^{\max}}{b_j^{(0)} + \sum\limits_{\substack{i=1\\i\neq j}}^{n} b_{ki}^{(t+1)}} < G_{kj}$，则投标人 j 在第 k 阶段第 $t+1$ 轮的最优投标策略是提交新投标 $q_{kj}^{(t+1)}(p) = a_j^{(0)} - b_j^{(0)}p$，即提交其真实的需求函数。

(2) 若 $a_j^{(0)} - b_j^{(0)} \cdot \dfrac{\left(a_j^{(0)} + \sum\limits_{\substack{i=1\\i\neq j}}^{n} a_{ki}^{(t+1)}\right) - Q_k^{\max}}{b_j^{(0)} + \sum\limits_{\substack{i=1\\i\neq j}}^{n} b_{ki}^{(t+1)}} \geqslant G_{kj}$，则投标人 j 的最优投标策略是依据投标人给出的调标规则 $a_{kj}^{(t+1)} \geqslant a_{kj}^{(t)}$，$b_{kj}^{(t+1)} \leqslant b_{kj}^{(t)}$，在第 k 阶段第 $t+1$ 轮提交新的投标 $q_{kj}^{(t+1)}(p) = a_{kj}^{(t+1)} - b_{kj}^{(t+1)}p$，其中 $a_{kj}^{(t+1)}, b_{kj}^{(t+1)}$ 满足条件

$$a_{kj}^{(t+1)} - b_{kj}^{(t+1)} \cdot \frac{\left(a_{kj}^{(t+1)} + \sum\limits_{\substack{i=1\\i\neq j}}^{n} a_{ki}^{(t+1)}\right) - Q_k^{\max}}{b_{kj}^{(t+1)} + \sum\limits_{\substack{i=1\\i\neq j}}^{n} b_{ki}^{(t+1)}} = G_{kj}$$

证明 当投标人 j 按照调标规则 $a_{kj}^{(t+1)} \geqslant a_{kj}^{(t)}$，$b_{kj}^{(t+1)} \leqslant b_{kj}^{(t)}$ 提交满足条件 C_1 的新投标 $d_{kj}^{(t+1)}(p) = a_{kj}^{(t+1)} - b_{kj}^{(t+1)}p$ 后，由命题 6.4 知，第 k 阶段能提供的最大分配总量 $Q_k^{\max}$ 被分配完，即 $Q_k^{(t+1)} = Q_k^{\max}$。于是第 $t+1$ 轮当前的统一价格为

$$p_k^{(t+1)} = \frac{\left(a_{kj}^{(t+1)} + \sum_{\substack{i=1 \\ i \neq j}}^{n} a_{ki}^{(t+1)}\right) - Q_k^{\max}}{b_{kj}^{(t+1)} + \sum_{\substack{i=1 \\ i \neq j}}^{n} b_{ki}^{(t+1)}}$$

投标人 j $(j \in N)$ 的第 $t+1$ 轮的效用可表示为

$$u_{kj}^{(t+1)} = (v_j - p_k^{(t+1)}) q_{kj}^{(t+1)}$$

又有 $q_{kj}^{(t+1)} = a_{kj}^{(t+1)} - b_{kj}^{(t+1)} p_k^{(t+1)}$，故 $u_{kj}^{(t+1)}$ 可改写为

$$\begin{aligned} u_{kj}^{(t+1)} &= \left(v_j - \frac{a_{kj}^{(t+1)} - q_{kj}^{(t+1)}}{b_{kj}^{(t+1)}}\right) q_{kj}^{(t+1)} \\ &= v_j q_{kj}^{(t+1)} - \frac{a_{kj}^{(t+1)} q_{kj}^{(t+1)}}{b_{kj}^{(t+1)}} + \frac{(q_{kj}^{(t+1)})^2}{b_{kj}^{(t+1)}} \end{aligned}$$

得

$$\frac{\partial u_{kj}^{(t+1)}}{\partial q_{kj}^{(t+1)}} = v_j - \frac{a_{kj}^{(t+1)}}{b_{kj}^{(t+1)}} + \frac{2q_{kj}^{(t+1)}}{b_{kj}^{(t+1)}}$$

又因为投标人 j $(j \in N)$ 的真实需求函数为 $q_j^{(0)}(p) = a_j^{(0)} - b_j^{(0)} p$，故投标人 j $(j \in N)$ 对单位数量物品的估价 $v_j \geqslant \dfrac{a_j^{(0)}}{b_j^{(0)}}$，进而有$v_j \geqslant \dfrac{a_j^{(0)}}{b_j^{(0)}} \geqslant \dfrac{a_{kj}^{(t+1)}}{b_{kj}^{(t+1)}}$。由此可得 $\dfrac{\partial u_{kj}^{(t+1)}}{\partial q_{kj}^{(t+1)}} > 0$，即说明投标人 j $(j \in N)$ 的效用随着分配量 $q_{kj}^{(t+1)}$ 的增大而增大。

另外，由 $p_k^{(t+1)} = \dfrac{\left(a_{kj}^{(t+1)} + \sum_{\substack{i=1 \\ i \neq j}}^{n} a_{ki}^{(t+1)}\right) - Q_k^{\max}}{b_{kj}^{(t+1)} + \sum_{\substack{i=1 \\ i \neq j}}^{n} b_{ki}^{(t+1)}}$，故 $p_k^{(t+1)}$ 随着 $a_{kj}^{(t+1)}$ 的增大而增大，随着 $b_{kj}^{(t+1)}$ 的减小而增大。而除 j 外的其他人的投标策略不变，故其他人的分配量随着 $a_{kj}^{(t+1)}$ 的增大而减小，随着 $b_{kj}^{(t+1)}$ 的减小而减小。因而投标人 j 第 $t+1$ 轮的分配量 $q_{kj}^{(t+1)}$ 随着 $a_{kj}^{(t+1)}$ 的增大而增大，随着 $b_{kj}^{(t+1)}$ 的减小而增大。

基于以上分析，若 $0 < a_j^{(0)} - b_j^{(0)} \cdot \dfrac{\left(a_j^{(0)} + \sum\limits_{\substack{i=1\\i\neq j}}^{n} a_{ki}^{(t+1)}\right) - Q_k^{\max}}{b_j^{(0)} + \sum\limits_{\substack{i=1\\i\neq j}}^{n} b_{ki}^{(t+1)}} < G_{kj}$ 成立，则当且仅当投标人 j $(j \in N)$ 在第 $t+1$ 轮提交新投标 $q_{kj}^{(t+1)}(p) = a_j^{(0)} - b_j^{(0)}p$ 时，投标人 j 获得最大分配量 $a_j^{(0)} - b_j^{(0)} \cdot \dfrac{\left(a_j^{(0)} + \sum\limits_{\substack{i=1\\i\neq j}}^{n} a_{ki}^{(t+1)}\right) - Q_k^{\max}}{b_j^{(0)} + \sum\limits_{\substack{i=1\\i\neq j}}^{n} b_{ki}^{(t+1)}}$，从而可使得当前效用最大化。

若 $a_j^{(0)} - b_j^{(0)} \cdot \dfrac{\left(a_j^{(0)} + \sum\limits_{\substack{i=1\\i\neq j}}^{n} a_{ki}^{(t+1)}\right) - Q_k^{\max}}{b_j^{(0)} + \sum\limits_{\substack{i=1\\i\neq j}}^{n} b_{ki}^{(t+1)}} \geqslant G_{kj}$，则当且仅当投标人 j 在第 $t+1$ 轮提交满足条件 $a_{kj}^{(t+1)} - b_{kj}^{(t+1)} \cdot \dfrac{\left(a_{kj}^{(t+1)} + \sum\limits_{\substack{i=1\\i\neq j}}^{n} a_{ki}^{(t+1)}\right) - Q_k^{\max}}{b_{kj}^{(t+1)} + \sum\limits_{\substack{i=1\\i\neq j}}^{n} b_{ki}^{(t+1)}} = G_{kj}$ 的新投标 $q_{kj}^{(t+1)}(p) = a_{kj}^{(t+1)} - b_{kj}^{(t+1)}p$ 时，投标人 j 在第 $t+1$ 轮获得最大分配量 G_{kj}，同时投标人 j 的第 $t+1$ 轮的效用达到最大。若不然，若 $a_{kj}^{(t+1)}$ 继续增大，或者 $b_{kj}^{(t+1)}$ 继续减小，则统一价格 $p_k^{(t+1)}$ 继续增大，而其分配量依然保持为 $q_{kj}^{(t+1)} = G_{kj}$，从而其效用 $u_{kj}^{(t+1)} = (v_j - p_k^{(t+1)})G_{kj}$ 减小。 **[证毕]**

由命题 6.5，同理可得到如下的命题 6.6 和命题 6.7。

命题 6.6 在第 k 阶段第 $t+1$ 轮投标中，当投标人 j $(j \in N)$ 提交的新投标 $d_{kj}^{(t+1)}(p) = a_{kj}^{(t+1)} - b_{kj}^{(t+1)}p$ 在满足条件 C_2 的前提下，有如下结论：

(i) 若 $0 < a_j^{(0)} - b_j^{(0)} \cdot \dfrac{a_j^{(0)} + \sum\limits_{\substack{i=1\\i\neq j}}^{n} a_{ki}^{(t+1)}}{2\left(b_j^{(0)} + \sum\limits_{\substack{j=1\\j\neq l}}^{n} b_{ki}^{(t+1)}\right)} < G_{kj}$，则投标人 j 的最优投标策略

是将在第 $t+1$ 轮提交新投标 $q_{kj}^{(t+1)}(p)=a_j^{(0)}-b_j^{(0)}p$，即提交其真实的需求函数。

(ii) 若 $a_j^{(0)}-b_j^{(0)}\cdot\dfrac{a_j^{(0)}+\sum\limits_{\substack{i=1\\i\neq j}}^{n}a_{ki}^{(t+1)}}{2\left(b_j^{(0)}+\sum\limits_{\substack{i=1\\i\neq j}}^{n}b_{ki}^{(t+1)}\right)}\geqslant G_{kj}$，则投标人 j 的最优投标策略是将依据拍卖人给出的调标规则 $a_{kj}^{(t+1)}\geqslant a_{kj}^{(t)}$，$b_{kj}^{(t+1)}\leqslant b_{kj}^{(t)}$，在第 k 阶段第 $t+1$ 轮提交新的投标 $q_{kj}^{(t+1)}(p)=a_{kj}^{(t+1)}-b_{kj}^{(t+1)}p$，其中 $a_{kj}^{(t+1)},b_{kj}^{(t+1)}$ 满足条件

$$a_{kj}^{(t+1)}-b_{kj}^{(t+1)}\cdot\frac{a_{kj}^{(t+1)}+\sum\limits_{\substack{i=1\\i\neq j}}^{n}a_{ki}^{(t+1)}}{2\left(b_{kj}^{(t+1)}+\sum\limits_{\substack{i=1\\i\neq j}}^{n}b_{ki}^{(t+1)}\right)}=G_{kj}$$

命题 6.7　在第 k 阶段第 $t+1$ 轮投标中，当投标人 j 提交新的投标 $d_{kj}^{(t+1)}(p)=a_{kj}^{(t+1)}-b_{kj}^{(t+1)}p$ 在满足条件 C3 的前提下，有如下结论：

(i) 若 $0<a_j^{(0)}-b_j^{(0)}\cdot\dfrac{a_{kh}^{(t+1)}-G_{kh}}{b_{kh}^{(t+1)}}<G_{kj}$，则投标人 j $(j\in N,j\neq h)$ 的最优投标策略是在第 $t+1$ 轮提交新投标 $d_{kj}^{(t+1)}(p)=a_j^{(0)}-b_j^{(0)}p$。

(ii) 若 $a_j^{(0)}-b_j^{(0)}\cdot\dfrac{a_{kh}^{(t+1)}-G_{kh}}{b_{kh}^{(t+1)}}\geqslant G_{kj}$，则投标人 j $(j\in N,j\neq h)$ 的最优投标策略是：将依据投标人给出的调标规则 $a_{kj}^{(t+1)}\geqslant a_{kj}^{(t)}$，$b_{kj}^{(t+1)}\leqslant b_{kj}^{(t)}$，在第 k 阶段第 $t+1$ 轮提交新的投标 $q_{kj}^{(t+1)}(p)=a_{kj}^{(t+1)}-b_{kj}^{(t+1)}p$，其中 $a_{kj}^{(t+1)},b_{kj}^{(t+1)}$ 满足条件

$$a_{kj}^{(t+1)}-b_{kj}^{(t+1)}\cdot\frac{a_{kh}^{(t+1)}-G_{kh}}{b_{kh}^{(t+1)}}=G_{kj}$$

定理 6.6 和定理 6.7 的证明方法同定理 6.5。

综上所述，投标人最优策略是尽量在前面阶段获得更多的物品，否则在后面阶段价格越来越大，效用越小。

6.2.4 拍卖过程描述

结合 6.2.1 节—6.2.3 节给出的拍卖机制和投标人策略，下面来完整描述多阶段序贯统一价格拍卖的全过程。

整个拍卖过程分 m $(m \geqslant 1)$ 个阶段进行，在每个阶段中，所有投标人在满足"不允许向下修改规则"的前提下按照给定的顺序依次进行多轮投标，每轮的最优投标策略的选取依据是命题 6.5—命题 6.7。具体投标过程如下。

1) 第一阶段拍卖

当所有投标人提交首轮投标 $q_{1i}^{(1)}(p) = a_{1i}^{(1)} - b_{1i}^{(1)}p$ 和最大需求量 G_{1i}，$i = 1,2,\cdots,n$ 后，拍卖人依据此投标信息，运用模型 H_2 进行计算并适时公布分配结果 $q_{11}^{(1)},q_{12}^{(1)},\cdots,q_{1n}^{(1)}$ 和统一价格 $p_1^{(1)}$。由此结果出发，投标人开始按照给定的先后顺序依次进行第二轮或者多轮投标。

设在第 t $(t \geqslant 2)$ 轮中，当出场顺序为 r 的投标人 j 提交新投标 $q_{1j}^{(t)}(p) = a_{1j}^{(t)} - b_{1j}^{(t)}p$ 时，拍卖人运用模型 (H_3) 进行计算并适时公布分配结果 $q_{11}^{(t_r)},q_{12}^{(t_r)},\cdots,q_{1n}^{(t_r)}$ 和统一价格 $p_1^{(t_r)}$。然后，出场顺序为 $r+1$ 的投标人依据当前的分配结果以效用最大化为目标选取最优投标策略进行第 t 轮的投标，他提交完投标后的分配结果和统一价格的计算过程同上，…… 如此进行下去，设经历了 l_1 轮投标后，所有投标人不再参与下一轮新的投标，即第一阶段拍卖结束。此时对应的统一价格记为 p_1，投标人 i 得到分配量 q_{1i}，$i = 1,2,\cdots,n$，第一阶段的分配总量为 $Q_1 = \sum\limits_{i=1}^{n} q_{1i}$。

(1) 当 $Q_1 = Q_0$ 时，拍卖人待拍卖的物品全部被分配完，整个拍卖过程结束。由命题 6.5—命题 6.7 的结论知，当第一阶段拍卖结束时，所有投标人不再参与下一轮新的投标，则所有人的投标达到极限状态 (报出真实的需求函数)，即 $q_{1j}^{(l_1)}(p) = a_{1j}^{(0)} - b_{1j}^{(0)}p$，或者其投标使得投标人得到的分配量最大化，即提交满足条件 $a_{1j}^{(l_1)} - b_{1j}^{(l_1)} \cdot \dfrac{\sum\limits_{i=1}^{n} a_{1i}^{(l_1)} - Q_1}{\sum\limits_{i=1}^{n} b_{1i}^{(l_1)}} = G_{1j}$ 的投标 $q_{1j}^{(l_1)}(p) = a_{1j}^{(l_1)} - b_{1j}^{(l_1)}p$，此时对应的统一价格和各投标人得到的分配量如下：

$$p_1 = \frac{\sum\limits_{i=1}^{n} a_{1i}^{(l_1)} - Q_0}{\sum\limits_{i=1}^{n} b_{1i}^{(l_1)}}$$

$$q_{1j}=\begin{cases} G_{1j}, & a_{1j}^{(0)}-\dfrac{b_{1j}^{(0)}\left(\sum\limits_{i=1}^{n}a_{1i}^{(l_1)}-Q_0\right)}{\sum\limits_{i=1}^{n}b_{1i}^{(l_1)}}\geqslant G_{1j}, \\ a_{1j}^{(0)}-\dfrac{b_{1j}^{(0)}\left(\sum\limits_{i=1}^{n}a_{1i}^{(l_1)}-Q_0\right)}{\sum\limits_{i=1}^{n}b_{1i}^{(l_1)}}, & a_{1j}^{(0)}-\dfrac{b_{1j}^{(0)}\left(\sum\limits_{i=1}^{n}a_{1i}^{(l_1)}-Q_0\right)}{\sum\limits_{i=1}^{n}b_{1i}^{(l_1)}}<G_{1j}, \end{cases}\quad j=1,2,\cdots,n$$

(2) 当 $Q_1 < Q_0$ 时，拍卖人待拍卖的物品没有被分配完，拍卖进入第二阶段。第一阶段的剩余量 $Q_2^{\max} = Q_0 - Q_1$ 作为第二阶段拍卖初始的最大分配量。此种情形下的统一价格和分配量分下面两种情况：

(a) 当 l_1 轮的投标信息满足条件 C_2：$\sum\limits_{i=1}^{n}a_{1i}^{(l_1)} < 2Q_0$ 时，由命题 6.4 知，第一阶段拍卖结束时的统一价格和各投标人得到的分配量如下：

$$p_1=\frac{\sum\limits_{i=1}^{n}a_{1i}^{(l_1)}}{2\sum\limits_{i=1}^{n}b_{1i}^{(l_1)}}$$

$$q_{1j}=\begin{cases} G_{1j}, & a_{1j}^{(0)}-\dfrac{b_{1j}^{(0)}\sum\limits_{i=1}^{n}a_{1i}^{(l_1)}}{2\sum\limits_{i=1}^{n}b_{1i}^{(l_1)}}\geqslant G_{1j}, \\ a_{1j}^{(0)}-\dfrac{b_{1j}^{(0)}\sum\limits_{i=1}^{n}a_{1i}^{(l_1)}}{2\sum\limits_{i=1}^{n}b_{1i}^{(l_1)}}, & a_{1j}^{(0)}-\dfrac{b_{1j}^{(0)}\sum\limits_{i=1}^{n}a_{1i}^{(l_1)}}{2\sum\limits_{i=1}^{n}b_{1i}^{(l_1)}}<G_{1j}, \end{cases}\quad j=1,2,\cdots,n$$

(b) 当 l_1 轮的投标信息满足条件 C_3：$\sum\limits_{i=1}^{n}a_{1i}^{(l_1)} > 2Q_0$，且存在投标人 $h\in N$，使得 $a_{1h}^{(l_1)}-b_{1h}^{(l_1)}\cdot\dfrac{\sum\limits_{i=1}^{n}a_{1i}^{(l_1)}-Q_0}{\sum\limits_{i=1}^{n}b_{1i}^{(l_1)}} > G_{1h}$ 时，由命题 6.4 知，第一阶段拍卖结束时的统一价格和各投标人得到的分配量如下：

$$p_1=\frac{a_{1h}^{(l_1)}-G_{1h}}{b_{1h}^{(l_1)}}$$

$$q_{1j}=\begin{cases}G_{1j}, & a_{1j}^{(0)}-b_{1j}^{(0)}\cdot\dfrac{a_{1h}^{(l_1)}-G_{1h}}{b_{1h}^{(l_1)}}\geqslant G_{1j},\\ a_{1j}^{(0)}-b_{1j}^{(0)}\cdot\dfrac{a_{1h}^{(l_1)}-G_{1h}}{b_{1h}^{(l_1)}}, & a_{1j}^{(0)}-b_{1j}^{(0)}\cdot\dfrac{a_{1h}^{(l_1)}-G_{1h}}{b_{1h}^{(l_1)}}<G_{1j},\end{cases}\quad j=1,2,\cdots,n$$

2) 第二阶段拍卖

在初始的最大分配量 $Q_2^{\max}=Q_0-Q_1$ 下，投标人进入第二阶段的投标。同样运用模型 (H_2) 和 (H_3) 来计算各投标人投标后的适时统一价格和各投标人得到的分配量。设经历了 l_2 轮投标后，所有投标人不再参与下一轮新的投标，即第二阶段拍卖结束。此时对应的统一价格记为 p_2，投标人 i 得到分配量 q_{2i}，$i=1,2,\cdots,n$，p_2 和 q_{2i} 的具体结果的计算方法同第一阶段拍卖。第二阶段的实际分配总量为 $Q_2=\sum\limits_{i=1}^{n}q_{2i}$。

若 $Q_2=Q_2^{\max}=Q_0-Q_1$，整个拍卖过程结束。

若 $Q_2<Q_2^{\max}=Q_0-Q_1$，拍卖进入第三阶段。

……

依此进行下去，直到第 $m\ (m\geqslant 1)$ 阶段，当经历了 l_m 轮投标后，所有投标人不再参与下一轮新的投标，且当第 m 阶段的实际分配量 $Q_m=Q_m^{\max}=Q_0-\sum\limits_{k=1}^{m-1}Q_k$ 时，整个拍卖过程结束。

6.3 本章小结

考虑到统一价格下同质可分离物品拍卖中可能存在的均衡点漂移问题，本章介绍了两种防止均衡点漂移的可分离物品拍卖机制。首先以投标人序贯理性、投标人报价连续且报价人非对称为前提，设计了一个基于可变供给量的可分离物品统一价格拍卖机制，与现有的拍卖机制相比，其特点为：该机制下投标人是序贯理性的，投标人报价是连续的，投标人对物品的估价是独立私有信息，且拍卖人的总分配量是可变的。通过从理论上探讨该拍卖机制下投标人的渐近策略行为和均衡点的形成过程，得出结论：在拍卖过程中，投标人的投标先后次序或投标人的初始投标的起点不同将不会导致该统一价格拍卖机制下出现多个局部均衡点，且在均衡点存在的情况下，均衡点是唯一的。但是在实际拍卖实践中，该机制可能导致均衡点不存在的情况发生，考虑到此不足，本章又设计了一个可分离物品多阶段序贯统一价格拍卖机制，此多阶段拍卖机制包含单阶段统一价格拍卖机制，可有效提高分配效率，避免拍卖失败情况的发生，具有更好的可行性和实用性。

第 7 章　基于拍卖的污染物允许排放量免费分配有效性评价

汉江是我国长江最大的一条支流，流经湖北省境内 14 个县 (市)，流径 870 千米，并于武汉汇入长江。这 14 个县 (市) 是十堰、丹江口、襄阳、老河口、谷城、宜城、荆门、钟祥、沙洋、天门、仙桃、潜江、汉川和武汉。汉江及其支流已成为沿岸这些县 (市) 的工业废水和生活污水的天然纳污河流，其中下游干流现有 40 多条污染带，每年有 6 亿 —7 亿万吨废水排入汉江。随着经济和社会的发展，汉江的污染程度日趋严重。为了对汉江流域的水污染进行有效控制和治理，湖北省人民政府推出了汉江水污染总量控制措施。自实施污染物允许排放总量控制以来，汉江流域水污染得到了明显改善。

对于汉江流域水环境规划中污染物允许排放量的免费分配，需要寻求一个合理的方法或工具来评价其分配结果的有效性和分析排污申报信息的可靠性或真实性，并说明我国现行环境政策实施的综合效果和激励性。本章首先围绕污染物允许排放量免费分配的有效性评价，建立了一个描述免费分配的数学模型，并分析得出免费分配具有鼓励企业夸大边际成本的倾向，在实际中难以达到资源配置的有效性。基于将免费分配的实际结果与某个具有激励性 (或有效性) 的理想分配结果相比较来评价免费分配有效性的想法，提出了一个与免费分配中申报信息相容的同质可分离物品统一价格拍卖原模型，并通过理论分析与案例验证指出原模型描述的拍卖机制可能存在隐性合谋和低价均衡等问题，不适合用于污染物允许排放量的有偿分配，以及免费分配的有效性评价。然后，结合第 3—6 章中改进的可分离物品统一价格拍卖机制与方法，建立了污染物允许排放量免费分配的有效性评价模型，给出了免费分配有效性的概念、评价指标、参数估算及评价步骤等，并用该模型对汉江流域水环境规划中 COD 允许排放量的免费分配方案进行了有效性评价和分析，给出了有关排污申报、环境政策和免费分配方法的若干结论和建议。

7.1　免费分配的分析及建模

7.1.1　免费分配模型

设政府 (下文也称为分配方) 欲将一定数量的污染物允许排放量分配给 n ($n >$

2) 个排污企业 (下文简称企业)。待分配的总量为 Q_0，企业 i ($i=1,2,\cdots,n$) 的污染物产生量为 G_i，企业 i 申报的边际削减成本 (简称边际成本) 函数为 $g_i(x)\geqslant 0$，分配方根据各企业申报的 $(g_1,g_2,\cdots,g_n)$ 和 $(G_1,G_2,\cdots,G_n)$ 分配给企业 i 的污染物允许排放量为 q_i，那么企业 i 自身应治理的污染量为 $x=G_i-q_i$，其中 $i=1,2,\cdots,n$。

再设企业 i 治理污染量 x 的成本函数为 $F_i(x)$，则有边际成本

$$\frac{\mathrm{d}F_i(x)}{\mathrm{d}x}=g_i(x)\geqslant 0 \tag{7.1}$$

并设

$$\frac{\mathrm{d}^2F_i(x)}{\mathrm{d}x^2}=g_i'(x)\geqslant 0$$

即企业 i 的边际成本随着治理量 x 的增大而增大。对排放总量 Q_0 的分配可表示为

$$\sum_{i=1}^{n}q_i=Q_0$$

其中 $0\leqslant q_i\leqslant G_i$，$i=1,2,\cdots,n$。

由于历史、地域和产业间的差异，目前我国污染物允许排放量的分配多采用免费方法，其目标是促进区域内总的污染治理成本 (即总量控制成本) 最低或社会福利最大，即在相同边际成本下实现资源的有效配置。具体地，可描述为模型 E_1[143]：

$$(\mathrm{E}_1)\qquad \begin{aligned}&\mathrm{Min}\quad \sum_{i=1}^{n}F_i(G_i-q_i)\\ &\mathrm{s.t.}\begin{cases}\displaystyle\sum_{i=1}^{n}q_i=Q_0\\ g_i(G_i-q_i)=p, & i=1,2,\cdots,n\\ 0\leqslant q_i\leqslant G_i, & i=1,2,\cdots,n\end{cases}\end{aligned}$$

模型 (E_1) 所描述的免费分配是基于企业申报的边际成本 $g_i(x)$ 和污染物产生量 G_i 的。当企业 i 申报的是真实信息时，模型 (E_1) 描述的是一个普通的资源分配问题，其分配结果是边际成本 $g_i(x)$ 低的企业分得的污染物允许排放量较少，而 $g_i(x)$ 较高的企业分得的污染物允许排放量较多，这可反映在命题 7.1 中。

命题 7.1 对于模型 (E_1)，设企业 i 和 j 的最优分配量分别为 q_i 和 q_j，其边际成本 $g_i(x)$ 和 $g_j(x)$ 为严格单调增函数，那么

(i) 若 $g_i(G_i)\geqslant g_j(G_j)$，$q_j>0$，则 $q_i>0$；

(ii) 若 $g_i(x)\geqslant g_j(x)$，$G_i>G_j$，则 $q_i\geqslant q_j$。

证明 作拉格朗日乘子

$$L=\sum_{k=1}^{n}F_k(G_k-q_k)+\lambda\left(Q_0-\sum_{k=1}^{n}q_k\right)$$

对 i 和 j 有

$$\frac{\partial L}{\partial q_i}=g_i(G_i-q_i)-\lambda=0$$

$$\frac{\partial L}{\partial q_j}=g_j(G_j-q_j)-\lambda=0$$

由此得

$$g_i(G_i-q_i)=g_j(G_j-q_j)$$

在 $g_i(x)$ 和 $g_j(x)$ 为严格单调增函数的前提下，有如下结论：

(1) 若 $q_j>0$，则由

$$g_i(G_i)\geqslant g_j(G_j)>g_j(G_j-q_j)=g_i(G_i-q_i)$$

可得 $G_i>G_i-q_i$，即 $q_i>0$。

(2) 若 $g_i(x)\geqslant g_j(x)$，$G_i>G_j$，则有

$$g_j(G_j-q_j)=g_i(G_i-q_i)\geqslant g_i(G_j-q_i)\geqslant g_j(G_j-q_i)$$

因此得 $G_j-q_j\geqslant G_j-q_i$，即 $q_i\geqslant q_j$。 [证毕]

命题 7.1 的含义是：边际成本 $g_i(x)$ 大的企业将会优先获得污染物允许排放量，并且实际排污量越大，所分配的污染物允许排放量也越多。模型 (E_1) 所描述的具体分配方法是首先将 Q_0 分配给边际成本最大的企业，然后依次分给边际成本第 2，3，$\cdots$ 大的企业，而且 G_i 越大的企业分配量越多，直到将 Q_0 分完为止。

模型 (E_1) 描述的免费分配方法在完全信息下可使得控制区域内总的污染控制成本最小，以及总量分配的社会效益最大，从而达到资源的有效配置，具有一定的合理性。然而，申报信息 $g_i(x)$ 和 G_i 本质上是企业 i 的私人或部分私人信息，其真实性和可靠性难以保证。在 (E_1) 中，$g_i(x)$ 高的企业可以得到更多的污染物允许排放量，因而免费分配具有鼓励企业 i 夸大边际成本的倾向。因此从该意义上讲，免费分配在实际中难以达到资源配置的有效性 (即难以达到资源配置的帕累托最优——在不使任何企业收益变小的情况下，不可能再使某些企业的收益增大)。在实际的免费分配中，如何衡量申报信息的可靠性或真实性？进而如何评价分配方案的有效性水平？这无法从 (E_1) 本身反映出来。因此，需要借助合理的方法或工具对免费分配的有效性进行评价或度量。

7.1.2 隐性合谋和低价均衡

对企业 i 而言，$F_i(G_i)$ 是内生确定的。因此 (E_1) 的目标 $\mathrm{Min}\sum_{i=1}^{n}F_i(G_i-q_i)$ 可等价于

$$\mathrm{Max}\sum_{i=1}^{n}[F_i(G_i)-F_i(G_i-q_i)] \tag{7.2}$$

因为在式 (7.2) 中，$F_i(G_i)-F_i(G_i-q_i)$ 表示企业 i 分别治理污染量 G_i 和 G_i-q_i 的成本差，也意味着企业 i 获得免费排放量 q_i 的收益，即

$$F_i(G_i)-F_i(G_i-q_i)=\int_{G_i-q_i}^{G_i}g_i(x)\mathrm{d}x$$

于是有

$$\frac{\mathrm{d}(F_i(G_i)-F_i(G_i-q_i))}{\mathrm{d}q_i}=g_i(G_i-q_i)\geqslant 0$$

因此，在边际成本等价，即 $g_i(G_i-q_i)=p$ 时，$\underset{q_i}{\mathrm{Max}}(F_i(G_i)-F_i(G_i-q_i))$ 等价于 $\underset{q_i}{\mathrm{Max}}\,pq_i$。于是，式 (7.2) 等价于

$$\mathrm{Max}\sum_{i=1}^{n}pq_i=\mathrm{Max}\ pQ_0$$

模型 (E_1) 等价于下列模型 (E_2)：

$$(\mathrm{E}_2)\qquad \begin{aligned}&\mathrm{Max}\quad pQ_0\\ &\mathrm{s.t.}\left\{\begin{array}{ll}\displaystyle\sum_{i=1}^{n}q_i=Q_0 & \\ g_i(G_i-q_i)=p, & i=1,2,\cdots,n\\ 0\leqslant q_i\leqslant G_i, & i=1,2,\cdots,n\end{array}\right.\end{aligned}$$

在 (E_2) 中，如果将 pq_i 视为企业 i 为获得允许排放量 q_i 需缴纳的费用，并假设：

(1) 分配方和所有企业都是风险中性的，供给总量 Q_0 为分配方公布的公共信息；

(2) 企业 i 真实的边际成本函数为 $f_i(x)$，此为私人信息，其他企业和分配方均不能观察到 $f_i(x)$ 的值，且任意两个 $f_i(x)$ 和 $f_j(x)$ $(i\neq j)$ 是独立的；

(3) 对于企业 i，其真实边际成本 $f_i(x)$ 大于或等于其申报的边际成本 $g_i(x)$。

那么，(E_2) 可看成是一个连续、同质可分离物品的统一价格拍卖模型，其中分配方是卖者 (或拍卖人)，所有企业是买者 (注意：下文出于表述的需要，在拍卖机制的讨论中将"分配方"统一称为"卖者"，"企业"统一称为"买者")。这里，卖者依据买者 i $(i=1,2,\cdots,n)$ 申报的边际成本 $g_i(x)$，以统一价格 $p=g_i(G_i-q_i)$ 来分配污染物允许排放量 Q_0，且卖者的目标是收益最大化，即 $\mathrm{Max}\, pQ_0$。(E_2) 可以看成是一种基于拍卖机制的有偿分配方法，和免费方法相比，对买者报出其真实治污边际成本和排污量可能具有一定的激励作用。

显然，模型 (E_2) 的约束条件包含模型 (E_1) 的约束条件，因而 (E_2) 描述的统一价格拍卖所依据的买方信息与 (E_1) 描述的免费分配所依据的企业申报信息本质上是相似的。另外，(E_2) 的目标与 (E_1) 的目标也是一致的，即都欲达到资源配置的有效性。因而，在一组相同的申报信息 (例如 $g_i(x)$ 和 G_i) 下，可以将免费分配的实际结果与 (E_2) 描述的拍卖预期 (或理想) 分配结果进行对比来评价免费分配方案的有效性。

然而，这种有效性的比较要求 (E_2) 描述的拍卖本身具有激励相容性。文献 [4]，[11]，[39]—[42]，[143] 的研究表明：基于 (E_2) 描述的多物品拍卖易出现隐性合谋、并导致低价均衡。下面的命题 7.2 进一步证明了这个结论。

命题 7.2 在基于 (E_2) 描述的统一价格拍卖中，假设 n 个买者的报价相同，记为 $p=g(x)$，p^* 表示均衡价格，x^* 表示达到均衡时买者 i 自身应治理的污染量，则当 $\left.\dfrac{\mathrm{d}g(x)}{\mathrm{d}x}\right|_{x=x^*}$ 足够大时，均衡价格 p^* 将会任意小。

证明 因为 n 个买者的报价相同，所以在任一价格 p 处有 $x_i=x$ 相同，于是买者 i 的分配量为 $q_i=G_i-x$。

现假设某个买者 j 在均衡处发生偏离，偏离后新的均衡价格为 $p>p^*$，其获得的分配量将为

$$q_j(x)=Q_0-\sum_{\substack{i=1\\i\neq j}}^{n}(G_i-x)$$

买者 i $(i\neq j)$ 的分配量为 G_i-x，则买者 j 的收益可表示为

$$u_j=\int_{G_j-q_j(x)}^{G_j}(f_j(y)-g(x))\mathrm{d}y \tag{7.3}$$

对式 (7.3) 两边求导，得

$$\frac{\mathrm{d}u_j}{\mathrm{d}x}=\int_{G_j-q_j(x)}^{G_j}\left(-\frac{\mathrm{d}g(x)}{\mathrm{d}x}\right)\mathrm{d}y+(f_j(G_j)-g(x))\frac{\mathrm{d}G_j}{\mathrm{d}x}$$

$$-\left(f_j(G_j-q_j(x))-g(x)\right)\frac{\mathrm{d}(-q_j(x))}{\mathrm{d}x}$$

化简后得

$$\frac{\mathrm{d}u_j}{\mathrm{d}x}=-\frac{\mathrm{d}g(x)}{\mathrm{d}x}q_j(x)+\left(f_j(G_j-q_j(x))-g(x)\right)\frac{\mathrm{d}q_j(x)}{\mathrm{d}x}$$

令 $\left.\frac{\mathrm{d}u_j}{\mathrm{d}x}\right|_{x=x^*}=0$，得

$$\left.\frac{\mathrm{d}g(x)}{\mathrm{d}x}\right|_{x=x^*}(G_j-x^*)-(n-1)(f_j(x^*)-p^*)=0$$

即有

$$\left.\frac{\mathrm{d}g(x)}{\mathrm{d}x}\right|_{x=x^*}=(n-1)\frac{f_j(x^*)-p^*}{G_j-x^*} \tag{7.4}$$

一方面，当式 (7.4) 成立时，买者 j 的最佳偏离应该是原均衡处，即保持现状不变。另一方面，若在均衡处，$\left.\frac{\mathrm{d}g(x)}{\mathrm{d}x}\right|_{x=x^*}$ 足够大，由于 G_j，$f_j(x^*)$ 及 n 均为确定量，则当 x^* 不变 (即 q_j^* 不变) 时，均衡价格 p^* 会足够小。

特别地，对所有买者，若满足条件

$$\left.\frac{\mathrm{d}g(x)}{\mathrm{d}x}\right|_{x=x^*}\geqslant \operatorname*{Max}_j(n-1)\frac{f_j-p^*}{G_j-x^*}$$

则将使得均衡价格 $p^*\geqslant 0$ 任意小。 **[证毕]**

命题 7.2 从理论上分析得出了 (E_2) 描述的统一价格拍卖易产生隐性合谋和低价均衡问题。下面，给出一个案例来说明此结论。

设一个卖者拥有数量 $Q_0=2000$ 吨的 SO_2 允许排放量分配给 3 个买者。各买者实际的 SO_2 产生量 (单位：吨) 分别为

$$G_1=1200$$
$$G_2=1400$$
$$G_3=1250$$

再设各买者的真实边际成本函数分别为

$$f_1(x)=3+100x$$
$$f_2(x)=5+150x$$

$$f_3(x) = 4 + 200x$$

实际提交报价函数时，各买者给出的边际成本 $g_i(x)$ 会小于或等于 $f_i(x)$，$i = 1,2,3$。下面探讨本案例下的均衡情况。

假设 3 个买者给出的边际成本函数分别为

$$g_1(x) = 2.2 + 90x$$
$$g_2(x) = 2.5 + 120x$$
$$g_3(x) = 3.2 + 150x$$

由上文分析知，市场出清价格 p^* 和买者 i 得到的分配量 q_i^* 是模型 (E_2) 的解。因此将 $g_i(x)$，$i = 1,2,3$ 代入 (E_2) 中可以得到

$$p^* = 1701.55(\text{元/吨})$$
$$q_1^* = 467.48(\text{吨})$$
$$q_2^* = 767.38(\text{吨})$$
$$q_3^* = 765.14(\text{吨})$$

再将此结果代入下列收益公式

$$u_i = \int_{G_i - q_i^*}^{G_i} (f_i(x) - P^*)\mathrm{d}x = \int_{G_i - q_i^*}^{G_i} f_i(x)\mathrm{d}x - P^* q_i^*, \quad i = 1,2,3$$

得 3 个买者的收益分别 (单位：元) 为

$$u_1 = 4.4377 \times 10^7$$
$$u_2 = 1.1568 \times 10^8$$
$$u_3 = 1.3144 \times 10^8$$

考虑另外一组申报信息：

$$g_1'(x) = 0.21 + 9.1x$$
$$g_2'(x) = 0.26 + 11.9x$$
$$g_3'(x) = 0.31 + 15.1x$$

将这些边际成本函数代入 (E_2) 得到

$$p^{*\prime} = 169.89(\text{元/吨})$$

$$q_1^{*\prime} = 461.15(\text{吨})$$
$$q_2^{*\prime} = 771.94(\text{吨})$$
$$q_3^{*\prime} = 776.91(\text{吨})$$

此时 3 个买者对应的收益分别 (单位：元) 为

$$u_1' = 4.4628 \times 10^8$$
$$u_2' = 1.1729 \times 10^8$$
$$u_3' = 1.3279 \times 10^8$$

显然，这 3 个买者的收益均比第一种情况下大，但是市场出清价格与前者相比，小了很多。若此时 3 个买者不再提交新的报价，则它们将在一个比较低的均衡价格上瓜分待分配的 SO_2 允许排放量。

事实上，通过调整边际成本函数 $g_i(x)$，可使市场出清价格变得更低。例如，将 $g_i(x)$ 改为

$$g_1''(x) = 0.0219 + 0.89x$$
$$g_2''(x) = 0.0252 + 1.2x$$
$$g_3''(x) = 0.0321 + 1.522x$$

此时对应的市场出清价格会降到 $p^{*\prime\prime} = 16.92$(元/吨)，对应的 3 个买者的收益分别 (单位：元) 为

$$u_1'' = 4.4786 \times 10^7$$
$$u_2'' = 1.1734 \times 10^8$$
$$u_3'' = 1.3286 \times 10^8$$

均比前两种情形的大。由此可以看出，均衡价格 p^* 将变得任意小。这个案例验证了前面理论分析的结论。

综合以上分析，对于卖者来讲，采用 (E_2) 描述的方法进行污染物允许排放量分配不是一个好方法，难以达到激励性，也就不适合用来分析和评价免费分配的效率 (即有效性) 问题。基于此，需要对原模型 (E_2) 描述的拍卖机制进行改进，以消除 “隐性合谋” 或 “低价均衡” 等不合理因素，使改进后的拍卖机制可用于污染物允许排放量的有偿分配，并使基于该机制的分配模型能用于分析和评价免费分配方案的有效性。

7.1.3　分配有效性与激励问题

由 3.2 节和 3.3 节的研究结果可知：(E_2) 描述的拍卖中产生“隐性合谋”或“低价均衡”的原因是固定供给总量$\left(\sum_{i=1}^{n} q_i = Q_0\right)$限制了卖者的策略选择，并导致目标 $\mathrm{Max}\ pQ_0$ 完全由买者决定，因此从买者的利益出发该目标当然越小越好。基于这个原因，(E_2) 的改进可通过改变条件 $\sum_{i=1}^{n} q_i = Q_0$ 来扩大卖者的策略空间，增加卖者决策的主动性，并遏制买者的逆向选择。具体 3.2 节和 3.3 节分别对固定供给量 $\sum_{i=1}^{n} q_i = Q_0$ 的约束分别改为 $\sum_{i=1}^{n} q_i \leqslant Q_0$ 和 $\sum_{i=1}^{n} q_i = Q(p)$。

这两种改进都旨在将固定供给量机制变成不确定供给量机制，体现了卖者的一种“威胁”策略，这将会改善卖者的决策空间，提高拍卖机制的激励性。

将上述改进后的拍卖模型记为 (E_2')，基于 (E_2') 分配的预期总量记为 Q^*。按照上述思路，如果 (E_2') 描述的拍卖机制具有激励性，那么可将免费分配中企业的一些申报信息视作报价信息，根据 (E_2') 的预期分配结果 Q^* 和免费分配的实际总量 Q_0 的差值来分析和评价免费分配的有效性水平。不过，要使 (E_2') 能作为免费分配有效性的评价模型，需具备如下三个性质。

(1) (E_2') 所描述的拍卖是一个可行的机制，即该机制能激励买者申报真实的边际成本，同时在该机制下参与报价的买者收益是非负的。

(2) (E_2') 所描述的拍卖能反映报价信息的真实性，即当买者报价信息不完全真实时，分配总量 Q^* 会小于计划总量 Q_0；否则，分配总量 Q^* 可达到或接近计划总量 Q_0。

(3) 报价信息越接近真实值，分配总量 Q^* 将越大，$Q_0 - Q^*$ 将越小。

性质 (1) 是拍卖机制本身必须具备的一个前提条件，称为信息激励性。性质 (2) 和性质 (3) 称为“报价一致性”，是 (E_2') 作为污染物允许排放量免费分配的有效性评价方法的一个理性要求。

7.2　有效性概念及评价模型

下面，针对两种不同情形下的免费分配，即只有商业性企业参与的分配，以及商业性和政策性企业同时参与的分配 (后者称为具有政策倾向的免费分配)，分别建立评价模型。

(1) 当免费分配中只有商业性企业参与时，政府部门将依据排污企业提交的申报信息分配允许排污量，这可以采用模型 (H_1) 进行描述。

3.2 节和 3.3 节分别对供给量 $Q \leqslant Q_0$ 的和供给量 $Q = Q(p)$ 的可分离物品统一价格拍卖机制及模型进行研究的结果表明：这两类模型描述的拓展机制均具有信息激励性和报价一致性等特性，能够有效抑制隐性合谋和低价均衡的发生。由此可以得出，基于供给量 $Q \leqslant Q_0$ 和供给量 $Q = Q(p)$ 的两类统一价格拍卖模型均适合用于污染物允许排放量的有偿分配，也可用来定量分析和评价免费分配方案的有效性。

这里，选用供给量 $Q \leqslant Q_0$ 的统一价格拍卖模型来评价只有商业性企业参与免费分配的有效性，模型如下：

$$
(\mathrm{E}_3) \qquad \begin{aligned} &\mathrm{Max} \quad pQ \\ &\text{s.t.} \begin{cases} \sum_{i=1}^{n} q_i = Q \leqslant Q_0 \\ g_i(G_i - q_i) = p, & i = 1, 2, \cdots, n \\ 0 \leqslant q_i \leqslant Q_0, & i = 1, 2, \cdots, n \end{cases} \end{aligned}
$$

具体应用中，可利用免费分配的实际结果 Q_0 和模型 (E_3) 的预期分配结果 Q^* 的差值 $Q_0 - Q^*$ 来评价允许排放量免费分配的有效性水平。由前面章节的分析可知，Q^* 有可能小于计划总量 Q_0，而且 (E_3) 具有在完全竞争情况下 $Q^* = Q_0$ 的性质，因此从资源配置的角度，差值 $Q_0 - Q^*$ 就反映了申报信息 (报价) 的真实性和分配的有效性。$Q_0 - Q^*$ 越小，说明企业申报的边际成本越接近真实边际成本，免费分配的有效程度也就越高。基于此，免费分配方案的有效性程度定义如下：

定义 7.1 在一组相同的申报信息 $g_i(x)$ 和 G_i 下，设免费分配的实际分配总量和基于模型 (E_3) 的预期分配总量分别为 Q_0 和 Q^*，则称基于 (E_3) 的分配总量 Q^* 为免费分配中的有效部分，称 $Q_0 - Q^*$ 为无效部分，且称 $H = \dfrac{Q^*}{Q_0} \times 100\%$ 为免费分配方案的有效性水平。

由定义 7.1 知，H 的值越大，表明免费分配方案的有效性程度越高。

(2) 在实际的污染物允许排放量分配中，由于历史和地域等原因，或者某些政策的限制和要求 (如政府对某些贫困地区或特殊行业大力扶持、对某些重点区域进行重点保护等)，难免有一些企业需要得到政府的支持和帮助，这类企业在本书中称为政策性企业，它们具有一定的优先分配权；其他企业称为商业性企业。在具有政策倾向的免费分配中，政府通常依据企业的申报信息，并结合环境政策和规划确定两类企业的免费分配量，其中政策性企业得到的污染物允许排放量是政府根据一定的历史数据和特殊的政策倾向直接优先分配的，有可能导致这类企业得到多余的污染物允许排放量，造成资源的浪费，这对于商业性企业来说是不公平的。

免费分配中商业性和政策性企业同时参与时，政策性企业具有优先分配权。由于产业和地区差异，政府部门将部分总量 Q_1 优先分配给政策性企业，剩余总量 $Q_2 = Q_0 - Q_1$ 被分配给 n 个商业性企业，因此政策性企业得到的分配量 Q_1 可能存在较大的无效部分，需要对这一部分分配量的有效性进行评价。

由第 4 章和第 5 章的研究可知，基于供给量优化的统一价格拍卖机制具有信息激励性和报价一致性等特性，并能有效抑制隐性合谋和低价均衡的发生，因此基于该机制的分配模型适合用于污染物允许排放量的有偿分配，也可用来定量分析和评价免费分配方案的有效性。这里，将商业性企业和政策性企业分别视为策略性买者和非策略性买者，将政府部门视为卖者，于是选用 4.1 节提出的基于供给量优化的统一价格拍卖模型来评价一类具有政策倾向 (商业性和政策性企业同时参与) 的免费分配方案的有效性，评价模型如下：

$$
(\mathrm{E}_4)\qquad \begin{aligned} &\mathrm{Max}\quad u_0 = p(k)Q_0 \\ &\mathrm{s.t.}\quad \begin{cases} \displaystyle\sum_{i=1}^{n} q_i = kQ_0 \\ g_i(G_i - q_i) = p, \quad i = 1, 2, \cdots, n \\ p(k) \leqslant p_0 \\ (1-k)Q_0 \leqslant Q_1 \\ 0 < Q_1 \leqslant Q_0 \end{cases} \end{aligned}
$$

有效性评价指标是免费分配中政策性企业得到的实际结果 Q_1 和基于模型 (E_4) 的预期分配结果 $Q^{*\prime} = (1-k)Q_0$ 的差值 $Q_1 - Q^{*\prime}$，免费分配方案的有效性水平定义如下：

定义 7.2 设政府部门优先免费分配给政策性企业的允许排放量实际总量为 Q_1，基于评价模型 (E_4) 的预期分配总量为 $Q^{*\prime}$，则称基于 (E_4) 的分配总量 $Q^{*\prime}$ 为免费分配中的有效部分，称 $Q_1 - Q^{*\prime}$ 为无效部分，且称 $H = \dfrac{Q^{*\prime}}{Q_1} \times 100\%$ 为免费分配方案的有效性水平。

显然，H 的值越大，表明政策性企业所分得免费分配量的有效性越高。

上述两种情形下免费分配的有效性评价过程是类似的，具体步骤如下：

步骤 1: 确定污染物允许排放量分配的计划总量 Q_0 (或 Q_1)，并获取 n 个排污企业申报的边际成本 $g_1(x), g_2(x), \cdots, g_n(x)$ 和各排污企业的实际排污量 $G_1, G_2, \cdots, G_n$；

步骤 2: 将 Q_0 (或 Q_1) 和 $g_1(x), g_2(x), \cdots, g_n(x)$ 代入模型 (E_3) (或 (E_4)) 中，得出预期分配总量 Q^* (或 $Q^{*\prime}$)；

步骤 3：依据免费分配的实际总量 Q_0 (或 Q_1) 和 (E$_3$) (或 (E$_4$)) 得出的预期分配总量 Q^* (或 $Q^{*\prime}$) 的差值来评价免费分配方案的有效性，具体公式为：

免费分配的有效程度：

$$H = \frac{Q^*}{Q_0} \times 100\% \quad \left(\text{或 } H = \frac{Q^{*\prime}}{Q_1} \times 100\%\right)$$

免费分配的无效程度：

$$\overline{H} = \frac{Q_0 - Q^*}{Q_0} \times 100\% \quad \left(\text{或 } H = \frac{Q_1 - Q^{*\prime}}{Q_1} \times 100\%\right)$$

上述评价过程可表示成图 7.1。

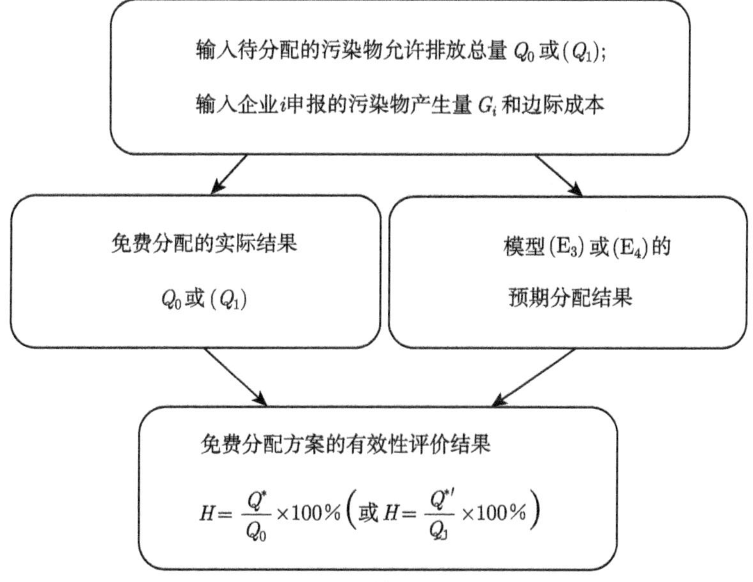

图 7.1 免费分配的有效性评价过程示意图

7.3 基于排污申报信息的参数估计

实践中，可用 7.2 节给出的两种模型来评价免费分配方案的有效性，其依据是排污申报信息估计的边际成本 $g_i(x)$ 和实际排污量 G_i。下面，以 COD 为例分别给出二者的测算方法。

测算中，取商业性企业 i (也指第 i 个县或市) 的边际成本函数为

$$g_i(x) = a_i x + b_i$$

其中，$a_i \geqslant 0$ 为可变成本系数，与污染物治理的化学药品、维修费、电费和相关的人力资源有关，需根据各地区 COD 排放和处理现状及规划期内可能的处理级别进行估算；$b_i \geqslant 0$ 为固定成本系数，与各地区或城市污水处理厂的建设费用有关，需根据各县 (市) 污水处理设施的建设费用和融资成本，并按运营期折旧进行估算。

以 COD 为削减对象，基于表 7.1 中的统计数据[144,145]，对规划期内各县 (市) 污水处理设施的建设费用进行统计分析可测算得到 b_i。固定成本系数 $b_i \geqslant 0$ 可由污水处理设施的建设费用和融资成本，并按 20 年运营期折旧进行估算。具体地，设各污水处理厂从 2005 年开始运营，使用寿命为 20 年，并采用 "年数总和法" 计算每年的折旧额，即将固定资产原值 (各污水处理厂的总投资) 减去预计净残值后的余额，再乘以一个以固定资产尚可使用寿命为分子、预计使用寿命的年数总和为分母的比率来计算每年的折旧额，公式如下：

$$\text{年折旧率} = \text{尚可使用寿命} / \text{预计使用寿命的年数总和}$$

$$\text{年折旧额} = (\text{固定资产原值} - \text{预计净残值}) \times \text{年折旧率}$$

表 7.1 "十一五" 期间汉江流域 14 个县 (市) 污水处理工程项目统计表

序号	项目名称	所属地市	COD 削减量/万吨	县 (市) 投资/万元
1	龙王嘴污水处理厂扩改	武汉市区	2.40	5410
2	黄家湖污水处理厂及收集系统	武汉市区	0.96	20700
3	汉西污水处理厂及收集系统	武汉市区	3.84	5170
4	三金潭污水处理厂及收集系统	武汉市区	2.87	21940
5	黄埔路污水处理厂二期	武汉市区	0.96	0
6	南太子湖污水处理厂及收集系统 (二期)	武汉市区	0.96	9350
7	二廊庙污水处理厂二期	武汉市区	2.30	0
8	沌口污水处理厂及收集系统	武汉市区	0.57	3000
9	落步嘴污水处理厂及收集系统	武汉市区	1.15	10800
10	沙湖污水处理厂扩改	武汉市区	1.44	0
11	汤逊湖污水处理厂配套	武汉市区	0	8050
12	东西湖地区污水收集系统工程	武汉东西湖区	0	95670
13	蔡甸区污水收集和处理工程	武汉市蔡甸区	0.48	4120
14	纸坊污水处理厂	武汉市江夏区	0.19	4240
15	前川污水处理厂	武汉市黄陂区	0.29	4530
16	纱帽污水处理厂	武汉市汉南区	0.19	2410
	武汉市小计		18.60	195390
17	神定河污水处理厂技改	十堰市区	1.58	0
18	十堰市东部污水处理厂	十堰市区	0.48	8000
19	十堰市区西部污水处理厂	十堰市区	0.48	7230
20	十堰市制革厂污水处理工程	十堰市区	0.02	300
21	十堰市金狮轮胎有限公司	十堰市区	0.05	700
	十堰市区小计		2.61	16230

续表

序号	项目名称	所属地市	COD 削减量/万吨	县 (市) 投资/万元
22	丹江口左岸污水处理厂	十堰丹江口市	0.29	2308
23	丹江口坝上污水处理厂	十堰丹江口市	0.15	2120
24	丹江口市第一造纸厂产品结构调整	十堰丹江口市	0.24	2000
	丹江口市小计		0.68	6428
25	襄阳市鱼梁州污水处理厂二级改造	襄阳市区	1.91	16050
26	襄阳市襄城污水工程	襄阳市区	0.67	4810
27	大枫纸业工艺改革及废水污染治理项目	襄阳市区	0.29	2040
28	湖北制药公司工业废水治理项目	襄阳市区	0.30	1800
	襄阳市区小计		3.17	24700
29	老河口污水处理厂一期	襄阳老河口市	0.57	4000
	襄阳老河口市小计		0.57	4000
30	谷城县污水处理厂	襄阳市谷城县	0.38	5800
	襄阳市谷城县小计		0.38	5800
31	宜城市污水处理厂	襄阳市宜城市	0.19	3430
	襄阳市宜城市小计		0.19	3430
32	荆门市南城污水处理厂	荆门市区	0.72	7990
	荆门市区小计		0.72	7990
33	钟祥市污水处理厂	荆门市钟祥市	0.48	6490
	荆门市钟祥市小计		0.48	6490
34	沙洋县污水处理工程	荆门市沙洋县	0.24	3140
	荆门市沙洋县小计		0.24	3140
35	汉川市污水处理厂	孝感市汉川市	0.48	5500
	孝感市汉川市小计		0.48	5500
36	城东污水处理厂	仙桃市区	0.57	9480
37	仙桃市污水处理厂	仙桃市区	0.10	1400
	仙桃市区小计		0.67	10880
38	潜江市污水处理厂	潜江市区	0.19	2720
	潜江市区小计		0.19	2720
39	天门市污水处理厂	天门市区	0.57	4600
	天门市区小计		0.57	4600

以武汉市为例，“十一五” 期间所有污水处理厂的总投资额 (记为固定资产的原价) 为 195390 万元，按照 20 年的运营期折旧进行估算，每年的折旧额如表 7.2 所示。

表 7.2 中 $R=\sum_{j=1}^{20} j=210$，即为预计使用寿命的年数总和。从表中结果可知，2006—2010 年，武汉市污水处理厂的总固定资产折旧额为 97695 万元。另外，2006—2010 年武汉市这些污水处理厂削减的 COD 总量为 $18.6\times5=93$ (万吨)。

表 7.2 采用年数总和法计算的各年折旧额

	尚可使用寿命/年	原价－净残值/万元	年折旧率/%	每年折旧额/万元	累计折旧/万元
2005 年	20	195390	20/R	130260/7	130260/7
2006 年	19	195390	19/R	123747/7	254007/7
2007 年	18	195390	18/R	117234/7	371241/7
2008 年	17	195390	17/R	110721/7	481962/7
2009 年	16	195390	16/R	104208/7	586170/7
2010 年	15	195390	15/R	97695/7	97695
2011 年	14	195390	14/R	13026	110721
2012 年	13	195390	13/R	84669/7	859716/7
2013 年	12	195390	12/R	78156/7	937872/7
2014 年	11	195390	11/R	71643/7	1009515/7
2015 年	10	195390	10/R	65130/7	1074645/7
2016 年	9	195390	9/R	58617/7	1133262/7
2017 年	8	195390	8/R	52104/7	169338
2018 年	7	195390	7/R	6513	175851
2019 年	6	195390	6/R	39078/7	1270035/7
2020 年	5	195390	5/R	32565/7	1302600/7
2021 年	4	195390	4/R	26052/7	1328652/7
2022 年	3	195390	3/R	19539/7	1348191/7
2023 年	2	195390	2/R	13026/7	1361217
2024 年	1	195390	1/R	6513/7	195390

因此，2010 年武汉市边际成本函数 $g_i(x)$ 中的固定成本系数为

$$\begin{aligned} b_i &= \frac{\text{2006 年至 2010 年武汉市污水处理厂的固定资产折旧总额}}{\text{2006 年至 2010 年削减的 COD 总量}} \\ &= \frac{97695}{93} \approx 1050(\text{元/吨}) \end{aligned}$$

运用上述方法，可求得其他 13 个县 (市) 的固定成本系数 b_i，如表 7.3 所示.

进一步地，对汉江流域 14 个县 (市) 的环境保护“十一五”规划的相关数据[144,145] 进行统计分析，得到：

(1) 2005 年各县 (市) COD 实际产生量为 32.375 万吨，如表 7.3 所示。

(2) 2010 年各县 (市) COD 产生量 G_i 可根据 2005 年实际产生量按年增长 4.5%来进行预测，因此 14 个县 (市) COD 的预测产生量是 40.323 万吨，具体预测量如表 7.3 所示。

(3) 14 个县 (市) COD 控制目标是 2010 年排放总量 Q_0= 29.75 万吨，即为政府免费分配给 14 个县 (市) 的 COD 实际总量。

表 7.3 汉江流域 14 个县 (市) 2010 年 COD 分配测算结果

序号	县 (市)	2005 年产生量/万吨	2010 年控制量q_i^0/万吨	2010 年预测产生量G_i/万吨	单位边际成本参数		2010 年分配量/万吨
					a_i/(元 · 吨$^{-2}$)	b_i/(元 · 吨$^{-1}$)	
1	十堰市	2.550	2.100	3.178	0.082	610	1.539
2	丹江口市	1.130	1.070	1.408	0.113	933	0.504
3	襄阳市	2.994	2.720	3.731	0.068	562	1.684
4	老河口市	0.514	0.488	0.640	0.192	731	0.003
5	谷城县	0.402	0.382	0.501	0.136	1518	0.180
6	宜城市	0.510	0.485	0.636	0.089	1511	0.138
7	荆门市	1.620	1.560	2.019	0.102	1011	1.095
8	钟祥市	1.110	1.060	1.383	0.112	1349	0.843
9	沙洋县	0.610	0.580	0.760	0.122	1112	0.069
10	天门市	1.680	1.540	2.094	0.101	809	0.960
11	仙桃市	0.970	1.400	1.209	0.125	1417	0.779
12	潜江市	0.800	0.800	0.997	0.131	1228	0.442
13	汉川市	0.617	0.595	0.769	0.128	1137	0.131
14	武汉市	16.850	14.970	20.998	0.048	1050	19.115
总计		32.357	29.750	40.323	均衡价格 $p^* = 1953.9$(元 · 吨 $^{-1}$)		27.482

对于可变成本 a_i，需要根据各县 (市) 城市污水处理现状、目前相关机构的实际开支 (年终报表)，以及未来 5 年管理机构改革趋势等因素进行估算，这些因素中很多是不确定的，政府也很难获得准确数据，因此可变成本系数 a_i 是一种纯私人信息。此处可以按照已知的统计数据对 a_i 进行近似估算，即将表 7.3 中 14 个县 (市) 相应的固定成本系数 b_i、2010 年控制量 (允许排放量) q_i^0 和 2010 年预测产生量 G_i 代入如下模型中：

$$\text{Min} \sum_{i=1}^{n} [a_i(G_i - q_i^0)^2 + \ b_i(G_i - q_i^0)]$$

$$\text{s.t.} \begin{cases} \sum\limits_{i=1}^{n} q_i^0 = Q_0 \\ a_i(G_i - q_i^0) + b_i = p, \quad i = 1, 2, \cdots, n \end{cases}$$

求解该模型可得到如表 7.3 所示的可变成本系数 a_i (该模型实际上是一个理论上

的免费分配模型)。

7.4　商业性企业参与免费分配的有效性评价

具体地，采用模型 (E_3) 对汉江流域 14 个县 (市) “十一五” 环境规划中 COD 的总量分配进行测算与评价，得出预期最优分配总量 Q^*，将 Q^* 和免费分配的实际 (计划) 总量 Q_0 作比较，对免费分配方案的有效性进行评价。

将表 7.3 中的相关数据代入模型 (E_3) 中，计算得到最优分配总量为 $Q^* = 27.482$ 万吨，各县 (市) 的具体分配量如表 7.3 所示。这里，$Q^* = 27.482$ 万吨可视为免费分配量 Q_0 中的有效部分，$Q_0 - Q^* = 2.268$ 万吨可视为无效部分，于是免费分配的有效程度和无效程度分别为

$$H = \frac{Q^*}{Q_0} \times 100\% = \frac{27.482}{29.750} \times 100\% = 92.3\%$$

$$\overline{H} = \frac{(Q_0 - Q^*)}{Q_0} \times 100\% = \frac{2.268}{29.75} \times 100\% = 7.7\%$$

实际上，表 7.3 中各县 (市) 的单位边际成本参数并不是一种直接和完全竞争下的结果，而只是编制环境规划时的一种自主申报信息。表中各县 (市) 边际成本差异较大的原因，一是地域、人员、技术及管理等方面的差异，二是实际总量分配并不是诸如拍卖一类的激励方法来进行的，而是采用多目标方法 (如地区及行业发展扶持、重点区域保护要求、经济承受能力、局部环境承受能力等) 来兼顾分配的有效性和公平性的。

7.5　具有政策倾向的免费分配有效性评价

上面免费分配考虑的参与者都是商业性企业。事实上，在 COD 免费分配的实践中，有部分县 (市) 由于历史和地域原因或者某些特殊政策的要求而具有 COD 优先分配权，这体现了免费分配方案的一种政策倾向。此例中设襄阳市和荆门市在 COD 允许排放量免费分配中具有优先分配权，二者在 2010 年免费获得的 COD 允许排放量分别为 $q_3 = 2.72$ 万吨，$q_7 = 1.56$ 万吨 (表 7.4)，则两市获得的免费分配总量为 $Q_1 = 4.28$ 万吨，剩下的 COD 允许排放总量为

$$Q_0 - q_3 - q_7 = 29.75 - 4.28 = 25.47(\text{万吨})$$

分配给其他 12 个县 (市)，其分配的依据是 12 个县 (市) 的申报信息，据此可估算出它们的边际成本函数 $g_j(x)$ 和 COD 产生量 G_j，$j = 1, 2, \cdots, 14$，$j \neq 3$，$j \neq 7$，具体数据如表 7.4 所示 (此部分用到的各县 (市) 的申报数据与 7.3 节中相同)。

下面，计算基于模型 (E_4) 的预期分配结果：将 $Q_0 = 29.75$ 和 12 个县 (市) 的排污申报信息 $g_j(x)$ 和 G_j $(j = 1, 2, \cdots, 14, j \neq 3, j \neq 7)$ 代入模型 (E_4) 中，其中 p_0 为襄阳市和荆门市设定的边际成本，这里设为 $p_0 = 2000$ 元/吨。求解模型 (E_4) 得参数 $k = 0.868$，襄阳市和荆门市的预期分配总量 $Q^{*\prime} = (1-k)Q_0 = 3.93$ 万吨，12 个县 (市) 的具体分配量如表 7.4 所示。将 $Q^{*\prime} = 3.93$ 万吨视为分配量 Q_1 中的有效部分，将 $Q_1 - Q^{*\prime} = 4.28 - 3.93 = 0.35$ 万吨视为无效部分，则将 $Q_1 = 4.28$ 万吨 COD 允许排放量免费分配给襄阳市和荆门市的有效性水平和无效性水平分别为

$$H = \frac{Q^{*\prime}}{Q_0'} \times 100\% = 91.8\%$$

$$\overline{H} = \frac{(Q_0' - Q^{*\prime})}{Q_0'} \times 100\% = 8.2\%$$

表 7.4 汉江流域 12 个县 (市) 2010 年 COD 分配测算结果

序号	县 (市)	2005 年产生量 /万吨	2010 年控制量 q_i^0 /万吨	2010 年预测产生量 G_i /万吨	单位边际成本参数 a_i /(元 · 吨$^{-2}$)	单位边际成本参数 b_i /(元 · 吨$^{-1}$)	2010 年分配量 /万吨
1	十堰市	2.550	2.100	3.178	0.082	610	1.855
2	丹江口市	1.130	1.070	1.408	0.113	933	0.500
3	襄阳市*	2.994	2.720	3.731	0.068	562	2.720
4	老河口市	0.514	0.488	0.640	0.192	731	0.000
5	谷城县	0.402	0.382	0.501	0.136	1518	0.177
6	宜城市	0.510	0.485	0.636	0.089	1511	0.131
7	荆门市*	1.620	1.560	2.019	0.102	1011	1.560
8	钟祥市	1.110	1.060	1.383	0.112	1349	0.837
9	沙洋县	0.610	0.580	0.760	0.122	1112	0.066
10	天门市	1.680	1.540	2.094	0.101	809	0.954
11	仙桃市	0.970	1.400	1.209	0.125	1417	0.775
12	潜江市	0.800	0.800	0.997	0.131	1228	0.439
13	汉川市	0.617	0.595	0.769	0.128	1137	0.126
14	武汉市	16.850	14.970	20.998	0.048	1050	19.960
总计		32.357	29.750	40.323	均衡价格 $p^* = 1959.8$(元 · 吨 $^{-1}$)		29.750

注：有 * 标识的县 (市) 表示政策性参与者。

7.6　评价结论与建议

从 7.4 节和 7.5 节得出的 COD 免费分配有效性评价结果来看，两种不同情形下免费分配方案的有效性水平分别达到了 92.3% 和 91.8%，都具有较高的有效性。这是因为现实中的 COD 免费分配是在一定的条件和环境政策下实施的，这些条件和环境政策使得免费分配具有一定的外生激励性，如政绩考核、环境达标评比、今后环保基金的优先分配、建设资金的银行贷款、政府和排污企业共摊部分投资费用、信息公开与公众监督等，因此实践中 COD 免费分配的结果也体现了这些环境政策综合激励的效果。

在实际 COD 分配中，如果采用与 (E_3) 或 (E_4) 描述的拍卖机制进行分配，那么某些县 (市) 一旦观察到最佳分配量 $Q^* < Q_0$ (或 $Q^{*\prime} < Q_0'$) 时，必然会调整自己的报价而促使政府部门将余额分配完，即 $Q^* = Q_0$ (或 $Q^{*\prime} = Q_0'$)，同时这些报价也就会进一步接近真实水平，得到的结果将会比表 7.3 或表 7.4 中的分配结果更有效。但是由于实际问题的复杂性、地区发展的不平衡，以及国家对地区、行业的各种扶持政策，完全根据 (E_3) 或 (E_4) 的计算结果来分配是不现实的，表 7.3 和表 7.4 在这里只是用作 COD 分配和今后排污收费的一种参考或规划可信性的一种评价。为了提高免费分配的有效性水平、更好地实施总量控制，给出如下建议：

(1) 免费分配的实践中，对政策性企业的照顾是不可避免的。政府可以在分配前借助模型 (E_4) 和商业性企业提交的申报信息进行分配量估算，在此基础上确定一个合理的分配量优先分配给那些政策性企业，以避免 COD 等资源的无谓浪费，提高分配的公平性和有效性。

(2) 逐步推行免费和有偿相结合的方式来分配污染物允许排放量。在不断改进和应用免费分配方法的同时，应根据不同地区和行业的特点，选择一些条件好的地区或者行业开展基于拍卖的有偿分配试点。通过试点积累污染物允许排放量有偿分配和交易的管理经验，完善有偿分配和交易的管理机制和方法。

(3) 为了确保排污总量控制目标的实现、加强对排污企业排污情况的监管，政府应建立完善的环境信息系统和环境信息传输网络体系，加强对环境的数字化监督管理及环境信息资源的开发和利用，比如对所有的监管企业都安装先进的在线连续监测设备，并且与环保局连成网络，便于对控制企业的实时监控；以计算机网络为平台，建立排放跟踪系统、审核调整系统，并适时公布企业的排污申报信息，增加透明度。通过发挥公共监督的作用，减少排污企业申报信息的随意性，提高申报信息的质量，为免费分配提供一个有效的信息基础。

(4) 加强总量控制和排污权分配方面的立法。通过发挥法律的效力，使总量控制计划纳入法制轨道。政府依据国家或者地方颁布的环保法规，对超标排放的企业予以重罚，依法坚决制止、打击排污企业恶意囤积排污权 (排污权垄断) 的行为，迫使排污企业在免费分配中不能占有多余的排污权；加强制度建设，制定健全的奖励机制。对于积极治污和勇于进行节能减排技术革新的排污企业施行大力奖励政策，如现金奖励、减税、优先分配环保基金、优先分配允许排放量等，由此激励企业提高治污的积极性，并申报尽可能真实的排污信息。

(5) 政府应积极推进排污权交易二级市场的建立与发展，鼓励排污企业进行二级市场交易。排污企业通过买入或卖出排污权，使社会以最低成本实现污染物减排，环境容量资源实现高效率配置。同时，政府可以通过二级市场的相关信息来核实一级市场中企业申报的排污信息，以提高企业边际治污成本的估计精度，从而提高免费分配的公平性和有效性。

7.7 免费分配有效性评价的 Internet 实现

虽然拍卖方法分配规则可以得到一个较好的分配结果，但在实际分配中并不容易操作。它除了需要政府和企业满足模型成立的理性条件外，还需要一个理想的交互环境以便企业及时了解政府的选择和可能的分配结果，而报出尽可能真实的边际成本，这可以利用 Internet 来实现。也就是，政府可以通过建立一个基于 Internet 的排污申报和总量分配系统，要求企业在一个规定的时间段内申报其治污的边际成本 $g_i(x)$，并随时公布可能的分配结果 q_i，同时允许企业在一定时间段内修改其报价。此外，政府还可以利用网络上企业的历史数据和技术资料对企业申报的边际成本进行合理性分析，减少企业报价的随意性，以进一步提高拍卖方法分配规则的使用效率。

由定义 7.2 可知，免费分配的有效性评价结果为

$$H = \frac{Q^*}{Q_0} \times 100\% \tag{7.5}$$

其中 Q_0 表示免费分配的实际结果，Q^* 表示拍卖模型 (E_3) 或 (E_4) 的预期分配结果。此结果越接近 1，说明越接近真实报价或边际成本。

本节基于 Visual Studio.NET 2005 和 MATLAB 两种工具，设计一个污染物允许排放总量分配的决策支持原型系统，以实现基于 Internet 的排污申报、总量分配和免费分配的有效性评价等功能。

7.7.1 系统设计及算法分析

污染物允许排放总量分配的决策支持原型系统的功能结构图如图 7.2 所示。

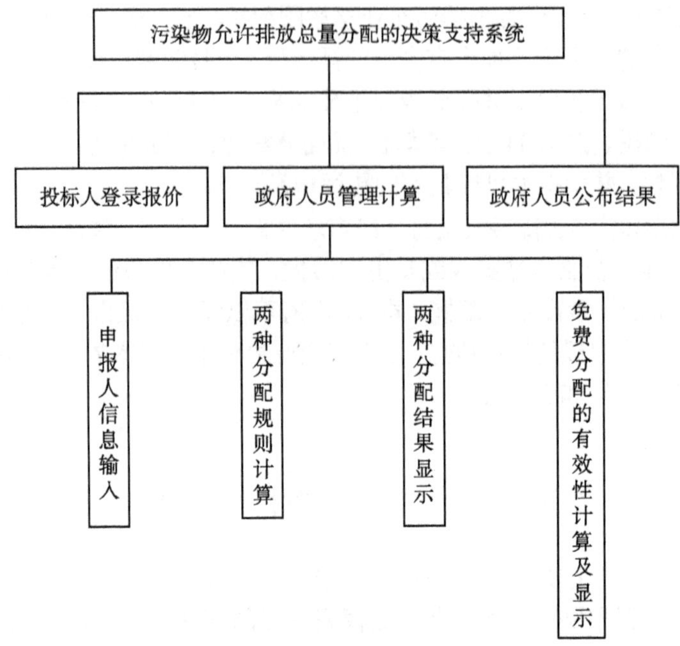

图 7.2　系统功能结构图

污染物允许排放总量分配的决策支持原型系统可以分为以下几个子系统功能：投标人登录报价、管理人员从数据库中提取数据进行计算、公布方案结果。系统设计流程图如图 7.3 所示。

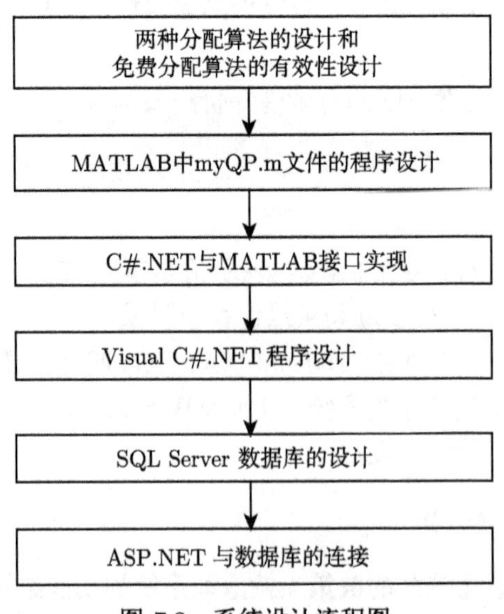

图 7.3　系统设计流程图

总的设计步骤如下：先在 MATLAB 中建立一个 .m 文件，命名为 myQP，在其中进行 myQP 函数的编写。将 myQP.m 文件生成 .Net 组件，包含 dll 文件. 然后再在 Visual Studio.NET 建立一个 ASP.NET 网站，命名为 qpfunction. 在其 default.aspx.cs 文件中完成对 myQP.dll 文件的添加。再进行 default.aspx.cs 中程序的编写。最后建立数据库，并实现连接，如图 7.3 所示。

7.7.2 免费分配算法和统一价格拍卖分配算法设计

由模型 (E_3) 和 (E_4) 的表达式可知，两个模型都属于非线性规划。由于计算的需要，将模型 (E_3) 和 (E_4) 都转化为标准的二次规划的形式。

对于模型 (E_3)，由公式 (7.1) 知

$$\frac{\mathrm{d}F_i(x)}{\mathrm{d}x} = g_i(x) \geqslant 0$$

所以设

$$F_i(x) = \frac{1}{2}a_i x^2 + b_i x$$

故因此模型 (E_3) 可转化为

$$\begin{aligned} &\text{Min}\sum_i \frac{1}{2}a_i(G_i - q_i)^2 + b_i(G_i - q_i) \\ &\text{s.t.}\begin{cases} \displaystyle\sum_i q_i = Q_0 \\ 0 \leqslant q_i \leqslant G_i, \quad i = 1, 2, \cdots, n \end{cases} \end{aligned} \tag{7.6}$$

即

$$\begin{aligned} &\text{Min}\sum_i \frac{1}{2}a_i q_i^2 - (b_i + a_i G_i)q_i \\ &\text{s.t.}\begin{cases} \displaystyle\sum_i q_i = Q_0 \\ 0 \leqslant q_i \leqslant G_i, \quad i = 1, 2, \cdots, n \end{cases} \end{aligned} \tag{7.7}$$

运用同样的方法，模型 (E_4) 可转化为

$$\begin{aligned} &\text{Max} \quad p\sum_i q_i \\ &\text{s.t.}\begin{cases} \displaystyle\sum_i q_i \leqslant Q_0 \\ p + a_i q_i = a_i G_i + b_i, \quad i = 1, 2, \cdots, n \\ 0 \leqslant q_i \leqslant G_i, \qquad\qquad i = 1, 2, \cdots, n \end{cases} \end{aligned} \tag{7.8}$$

7.7.3 MATLAB 程序与接口设计

首先利用 quadprog 函数在 MATLAB 中创建一个二次规划的计算函数，以便与 C# 程序连接起来实现参数的输入和输出。此函数包含在一个 .m 文件中，将这个 .m 文件命名为 myQP.m。然后要实现在 Visual Studio.NET 的 C# Web 编程中对这个计算二次规划的函数的引用。

7.7.3.1 my.QP 文件的设计

使用优化工具箱时，由于优化函数要求目标函数和约束条件满足一定的格式，所以需要用户在进行模型输入时注意以下几个问题：

1) 目标函数最小化

优化函数 fminbnd，fminsearch，fminunc，fmincon，fgoalattain，fminmax 和 lsqnonlin 都要求目标函数最小化，如果优化问题要求目标函数最大化，可以通过使该目标函数的负值最小化即 $-f(x)$ 最小化来实现。近似地，对于 quadprog 函数提供 $-H$ 和 $-c$。

2) 约束非正

优化工具箱要求非线性不等式约束的形式为 $C_i(x) \leqslant 0$，通过对不等式取负可以达到使大于零的约束形式变为小于零的不等式约束形式的目的，如 $C_i(x) \geqslant 0$ 形式的约束等价于 $-C_i(x) \leqslant 0$；$C_i(x) \geqslant b$ 形式的约束等价于 $-C_i(x) + b \leqslant 0$。

3) 避免使用全局变量

上述二次规划的模型 (7.8) 化为矩阵形式可写为

$$\begin{cases} \min f(X) = \dfrac{1}{2}X^{\mathrm{T}}HX + c^{\mathrm{T}}X \\ A_1X \leqslant b_1 \\ A_2X = b_2 \\ v_1 \leqslant X \leqslant v_2 \end{cases}$$

其中 H 为对称矩阵。在 MATLAB 的优化工具箱中有一个求解上述规划问题的程序。在 MATLAB 中，求解二次规划的函数为 quadprog，其完整的调用格式如下：

$$[X, \mathrm{fval}, \mathrm{exitflag}, \mathrm{output}, \mathrm{lambda}] = \mathrm{quadprog}(H, c, A_1, b_1, A_2, b_2, v_1, v_2, X_0, \mathrm{options})$$

其中，quadprog 为函数名，中括号及小括号中所含的参数都是输入或输出变量，这些参数的主要用法及说明如下：

(1) c，A_1，A_2，b_1 和 b_2 是不可缺省的输入量；X 是不可缺省的输出量，它是问题的解。

(2) 当 X 无下界时，在 v_1 处放置 [ ]；当无上界时，在 v_2 处放置 [ ]。如果 X 的某个分量 x_i 无下界，则置 $v_1(i) = -\text{inf}$，如果 x_i 无上界，则置 $v_2(i) = \text{inf}$。如果无线性不等式约束，则在 A_1 和 b_1 处都放置 [ ]。

(3) X_0 是解的初始近似值。

(4) options 是用来控制算法的选项参数向量。

(5) 输出量 fval 是目标函数在解 X 处的值。

(6) 输出量 exitflag 的值描述了程序的运行情况。如果 exitflag 的值大于 0，则程序收敛于解 X；如果 exitflag 的值等于 0，则函数的计算达到了最大次数；如果 exitflag 的值小于 0，则问题无可行解，或程序运行失败。

(7) 输出量 output 输出程序运行的某些信息。

(8) 输出量 lambda 为在解 X 处的值 Lagrange 乘子。

若优化模型中只有等式约束，则可以使用大型算法；若模型中既有等式约束又有边界约束，则必须使用中型方法。很明显，本书所用模型使用中型算法。对于中型优化算法，quadprog 函数使用活动集法，它也是一种投影法，首先通过求解线性规划问题来获得初始可行解。

7.7.3.2 C#.NET 与 MATLAB 接口设计

在上一节中实现了在 MATLAB 中对两种分配方法的计算，但是需要将其与 Visual Studio.NET 连接起来。因为系统的要求是从页面输入参数，经过计算后，再从页面输出结果。

C#.NET 与 MATLAB 接口的设计方法是，在 MATLAB 的 “Deployment Tool” 中新建一个名为 myQP.prj 的工程文件，并将 myQP.m 文件添加其中。然后进行编译，得到 myQP.dll 文件。

在 Visual Studio.NET 2005 中调用 myQP.dll 文件，则首先需要添加 C#. NET 与 MATLAB 接口有关的命名空间，其次还要进行一系列添加引用的操作步骤。最后就是 MATLAB 矩阵与 C#数组的转换问题，这需要用到特定的函数。

有了以上的基础，才可以在 Visual Studio.NET 2005 中进行 C# 编程，创建 Web 网页，实现计算功能。

7.7.4 Visual C#.NET 程序设计

有了前面 7.7.3 节的编程和操作基础，两种分配方法的计算已基本能够实现。下面需要在 Visual Studio.NET 中设计 C# 程序，实现前台数据输入和结果输出，以及一些必要的 MATLAB 矩阵与 C# 数组的过渡。

7.7.4.1 C# 数组与 MATLAB 矩阵之间的转换

MATLAB 对外部数据转换提供了一个 mwarray 接口类型。无论是外部向 MATLAB 函数输入数据或是 MATLAB 内部函数向外部程序输出数据，都需要用到该接口。在外部调用 MATLAB 函数时，输入的数据都必须是 mwarray 类型或它的子类，输出的数据类型也必须是 mwarray 类型或它的子类。

MWNumericArray 是 MWArray 和 C# 中数据的中间类，用法如下：

(1) 将 C# 数组 dbX 转换为矩阵 X 后传入 MATLAB：

MWNumericArray X=dbX

(2) 将 MATLAB 输出矩阵 X 转换为 dbX 后传入 C#：

double[]dbX=(double[])((MWNumericArray)X).ToVector(MWArrayComponent.Real)

7.7.4.2 两种分配方法的参数设置

下面将模型 (7.6) 和模型 (7.8) 转化为 quadprog 函数所要求的参数形式。

模型 (7.6) 所表示的免费分配算法中的参数形式如下：

$$H=\begin{bmatrix} a_1 & \cdots & 0 \\ \vdots & \ddots & \vdots \\ 0 & \cdots & a_n \end{bmatrix}_{n\times n}$$

$$c=[-b_1-a_1\times G_1 \ \cdots \ -b_n-a_n\times G_n]_{1\times n}$$

$$A_1=0$$

$$b_1=0$$

$$A_2=\begin{bmatrix} 1 & \cdots & 1 \end{bmatrix}_{1\times n}$$

$$b_2=Q_0$$

$$v_1=0$$

$$v_2=\begin{bmatrix} G_1 & \cdots & G_n \end{bmatrix}_{n\times 1}^{\mathrm{T}}$$

由 7.7.3.1 节关于 quadprog 函数的分析，以上八个矩阵 $H, c, A_1, b_1, A_2, b_2, v_1, v_2$ 即为函数 $[X]=\text{quadprog}(H, c, A_1, b_1, A_2, b_2, v_1, v_2)$ 对应的输入参数。计算所得结果 X 为一维矩阵，包含 n 个数值，即为经过免费分配方法计算后 n 个污染源所分配得到的污染物允许排放量。

模型 (7.8) 所表示的拍卖分配算法中的参数形式如下：

$$H=-\begin{bmatrix}0 & 1 & \cdots & 1\\ 1 & 0 & \cdots & 0\\ \vdots & \vdots & & \vdots\\ 1 & 0 & \cdots & 0\end{bmatrix}_{(n+1)\times(n+1)}$$

$$c=0$$

$$A_1=\begin{bmatrix}0 & 1 & \cdots & 1\end{bmatrix}_{1\times(n+1)}$$

$$b_1=Q_0$$

$$A_2=\begin{bmatrix}1 & a_1 & 0 & \cdots & 0\\ 1 & 0 & a_2 & \cdots & 0\\ \vdots & \vdots & \vdots & \ddots & \vdots\\ 1 & 0 & 0 & \cdots & a_n\end{bmatrix}_{n\times(n+1)}$$

$$b_2=\begin{bmatrix}b_1+a_1\times G_1 & \cdots & b_n+a_n\times G_n\end{bmatrix}^{\mathrm{T}}_{n\times 1}$$

$$v_1=0$$

$$v_2=\begin{bmatrix}\infty & G_1 & \cdots & G_n\end{bmatrix}^{\mathrm{T}}_{(n+1)\times 1}$$

由 7.7.3.1 节关于 quadprog 函数的分析，以上八个矩阵 $H, c, A_1, b_1, A_2, b_2, v_1, v_2$ 即为函数 $[X]=\text{quadprog}(H, c, A_1, b_1, A_2, b_2, v_1, v_2)$ 对应的输入参数. 计算所得结果 X 为一维矩阵，包含 n+1 个数值。其中第一个表示统一价格 p，后 n 个分别表示经过统一价格拍卖分配方法计算后 n 个污染源所分配得到的污染物允许排放量。

7.7.5 Web 窗体设计

1) Textbox 控件

在希望用户输入程序员在设计阶段不知道的文本时，应使用 Texbox 控件。Texbox 控件的主要用途是让用户输入文本，用户可以输入任何字符，也可以限制用户只输入数值。此控件具有标准 Windows 文本框控件所没有的附加功能，包括多行编辑和密码字符屏蔽。通常 Textbox 控件用于显示单行文本或将单行文本作为输入来接受。也可以使用 Mutiline 和 Scrollbars 属性，从而能够显示或输入多行文本。

本系统利用 Textbox 控件的数据输入功能，在前台输入各个参数。并在后台对其进行计算。还需要用到一个函数取 Textbox 控件中的各行数据。运用 Split 函数返回一维数组，其中包含指定数目的子字符串。下面介绍 Split 函数的用法：

Split(expression[, delimiter[, count[, start]]])

Split 函数的语法有以下参数:

expression 必选。字符串表达式，包含子字符串和分隔符。如果 expression 为零长度字符串，Split 返回空数组，即不包含元素和数据的数组。

delimiter 可选。用于标识子字符串界限的字符。如果省略，使用空格 ("") 作为分隔符。如果 delimiter 为零长度字符串，则返回包含整个 expression 字符串的单元素数组。

count 可选。被返回的子字符串数目，–1 指示返回所有子字符串。

compare 可选。指示在计算子字符串时使用的比较类型的数值。

以上分析，可用到 Split('\n') 和 Split('\n').Length 两个函数。

2) Label 控件

Label 是一个简单的控件，其用途只有一个：在窗体上显示文本。通常不需要添加任何事件处理代码。但它也像其他所有控件一样支持事件。

本系统主要用 Label 控件显示计算操作的结果，如免费分配方法计算结果、统一价格拍卖分配方法计算结果和免费分配的有效性计算结果。

3) Button 控件

Button 控件主要用于执行三类任务：用某种状态关闭对话框；给对话框输入的数据执行操作；打开另一个对话框或应用程序。Button 控件最常用的事件是 Click。只要用户单击了按钮，就会引发该事件。如果窗体上有一个 Button 控件，就总要处理这个事件。对 Button 控件的处理是非常简单的。通常是在窗体上添加控件，再双击它，给 Click 事件添加代码。

对于本系统，主要用到上述第二类任务，即给对话框输入的参数执行计算操作。具体是免费分配方法计算、统一价格拍卖分配方法计算及免费分配的有效性计算。

7.7.6　SQL Server 数据库设计

数据库是存放数据的一种数据介质，数据以一种特定的形式并通过相关的数据库管理软件进行数据的管理。通过应用程序与数据库接口进行交换，从而实现应用程序对数据的操作。在数据库存取中，数据都存储到具有唯一名称的数据库中，可以通过 SQL Server 2005 数据库管理工具实现数据库的创建以及删除操作，也可以通过 SQL 语句实现数据库的创建以及删除。SQL Server 2005 是用于大规模联机事务处理、数据仓库和电子商务应用的数据库和数据分析平台。它集成了数据库引擎、数据处理、数据分析服务、数据集成服务、报表服务、通知服务等多个技术领域。

本系统的数据库设计主要用于各个投标者远程登录系统并申报其价格参数。

然后由政府管理人员从数据库中提取数据进行计算。但是由于时间限制，这一想法未得到实施。以下简单介绍可能用到的相关知识以及想法。

1) SqlDataSource 控件

ASP.NET 中一共提供了 5 种数据源控件，分别用于连接 5 种不同的数据源类型，它们分别是 SqlDataSource，ObjectDataSource，AccessDataSource，XmlDataSource，SiteMapDataSource 数据源控件。SqlDataSource 既可以从数据源控件读取数据之后进行数据的显示，也可以通过自定义的数据读取接口，实现数据的绑定。如果使用数据源控件作为其数据的来源，通过向导的方式配置就可以简单实现。

SqlDataSource 控件可以连接到 Microsoft SQL Server，OLE DB，ODBC 或 Oracle 数据库。通过与数据库的连接，建立数据的信息集合，然后通过提供的增加、修改、删除和查询相关接口，实现对数据的操作。

SqlDataSource 控件是与 GridView 控件联合使用的。

2) GridView 控件

数据绑定控件是指可绑定到数据源控件，以实现在 Web 应用程序中轻松显示和修改数据的控件。要执行绑定，应将数据绑定控件的 DataSourceID 属性设置为某个数据源控件，数据源控件连接到数据库或中间层对象等数据源，然后检索或更新数据。数据绑定控件即可使用此数据。无须编写代码或只需很少的额外代码即可执行数据操作，因为数据绑定控件可自动利用数据源控件所提供的数据服务。

在 ASP.NET2.0 中，增加了 GridView 数据控件，GridView 控件通常与数据源控件结合使用，以表格的形式显示数据库中的数据，可以对记录中的行实现增加、修改、删除、选择功能，可以对列实现排序功能，大大地简化了编程。

某个投标者登录 (输入企业名称及密码) 系统之后，就会出现一个载有 GridView 的控件，且只显示一行，在这一行中输入自己的三个参数，实现申报。设计用 select 语句实现。

3) 数据表

数据表是组成数据库的最基本元素之一，在数据库中，数据都存储在数据表中，之后再基于数据表对数据进行增、删、改、查的操作。

在数据库中建立投标者申报数据表，包含企业编号、企业名称、登录密码、参数 a、参数 b、参数 G 等内容，并以企业编号为主键，如表 7.5 所示。当企业登录输入价格参数之后，数据就会被保存在此表中。所有企业申报数据完毕后。政府的管理人员就可以从此数据表提取数据 a，b，G，进行进一步的计算。

表 7.5 投标者申报信息表

字段名	数据类型	长度	主键否	描述
CID	int	4	主键	企业编号
Name	varchar	50	否	企业名称
code	varchar	6	否	登录密码
a	float	8	否	参数 a
b	float	8	否	参数 b
G	float	8	否	参数 G

7.7.7 系统的实现与应用

7.7.7.1 开发及运行环境

本系统的开发及运行环境如下：

系统开发平台：Microsoft Visual Studio 2005。

系统开发语言：C#。

系统计算软件：MATLAB 2008a。

数据库管理系统软件：SQL Server 2005。

运行平台：Windows XP(SP2)。

运行环境：Microsoft.NET Framework SDK v2.0。

7.7.7.2 MATLAB 程序与接口实现

由 7.7.3 节的分析，只需用到以下的调用格式：

$$[X] = \text{quadprog}(H, c, A_1, b_1, A_2, b_2, v_1, v_2)$$

其中 X 为所求得的最优解，$H, c, A_1, b_1, A_2, b_2, v_1, v_2$ 分别为 7.7.4 节中模型 (7.6) 和 (7.8) 对应的参数. myQP.m 文件的具体程序设计如下：

```
function X=myQP(H,c,A1,b1,A2,b2,v1,v2)  //定义函数名为myQP
X=quadprog(H,c,A1,b1,A2,b2,v1,v2);
//运用MATLAB优化工具箱中的quadprog函数
X=X';//将X由一维列向量变为一维横向量
```

然后，在 MATLAB 的命令窗口输入 “deploytool” 并回车，就可以启动 Deployment Tool。

首先，新建一个名为 myQP.prj 的工程文件：选择 FILE-New Project，选择方框左边的 MATLAB Builder NE，然后选择右边的 .NET Component，将文件名改为 myQP，点击 OK 按钮，如图 7.4 所示。

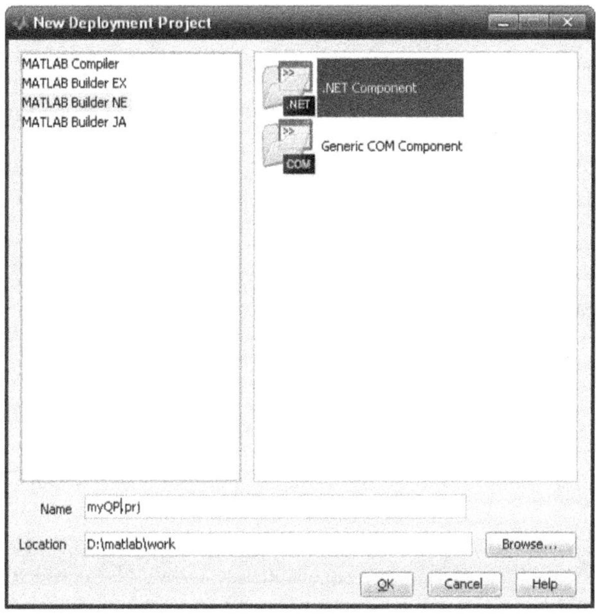

图 7.4 新建 myQP.prj 工程文件

其次，在 myQP.prj 工程文件中添加 myQP.m 文件。如图 7.5 所示，选择 Add File，选中上面刚刚生成的 myQP.m 文件，进行添加。可以看到 myQP.m 文件已经包含在 myQP.prj 工程文件中。

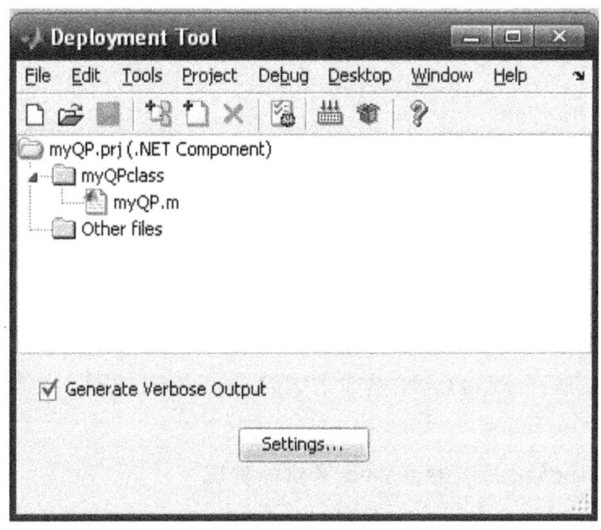

图 7.5 添加 myQP.m 文件

最后，选择 build the project 对此工程文件进行编译，编译成功后打开存储的文件夹，可以看到有两个新建的文件夹 distrib 和 src，这两个文件夹包含在调用中需要用到的文件、库、资源、接口等。当然也包含下面所需要的 myQP.dll 文件。

为了支持 MATLAB 的数据类型，.NET Builder 提供了 MWArray 继承类。首先，在命名空间中加入：

```
using MathWorks.MATLAB.NET.Arrays;
using MathWorks.MATLAB.NET.Utility;
using myQP
```

其次，在 ASP.NET 文件中添加引用，在 .NET 中查找 MathWorks，.NET MWArray API 组件并且添加，如图 7.6 所示。因为在 C# 里用到的编译后的函数中有 MWArray 结构。

图 7.6 添加 MathWorks，.NET MWArray API 组件

最后，添加之前在 MATLAB 里面生成的 myQP.dll 文件，如图 7.7 所示。

7.7.7.3 Visual Studio.NET 2005 Web 窗体的实现

网页窗体设计外形如图 7.8 所示。该窗体主要用到的控件及其主要属性设置如表 7.6 所示。

图 7.7　添加引用 myQP.dll 文件

表 7.6　窗体用到的主要控件

控件名	主要属性设置	用途
Label1	Text 属性设置为：“欢迎进入污染物允许排放总量分配决策支持系统！”	显示说明
Label2	Text 属性设置为：“请分别输入参数”	显示说明
Label3	Text 属性设置为：“计算结果”	计算后显示免费分配方法计算的结果
Label4	Text 属性设置为：“计算结果”	计算后显示拍卖分配方法计算的结果
Label5	Text 属性设置为：“计算结果”	计算后显示免费分配的有效性计算
Textbox1	TextMode 属性设为：“MultiLine”	输入数组 $a[i]$
Textbox2	TextMode 属性设为：“MultiLine”	输入数组 $b[i]$
Textbox3	TextMode 属性设为：“MultiLine”	输入数组 $G[i]$
Textbox4	TextMode 属性设为：“SingleLine”	输入数字 Q_0
Botton1	Text 属性设置为：“免费分配方法计算”	触发免费分配方法计算事件
Botton2	Text 属性设置为：“拍卖分配方法计算”	触发统一价格拍卖分配方法计算事件
Botton3	Text 属性设置为：“免费分配的有效性计算”	触发免费分配的有效性计算事件
Botton4	Text 属性设置为：“导入数据”	导入数据 $a[i]$
Botton5	Text 属性设置为：“导入数据”	导入数据 $b[i]$
Botton6	Text 属性设置为：“导入数据”	导入数据 $G[i]$
Botton7	Text 属性设置为：“导入数据”	导入数据 Q_0

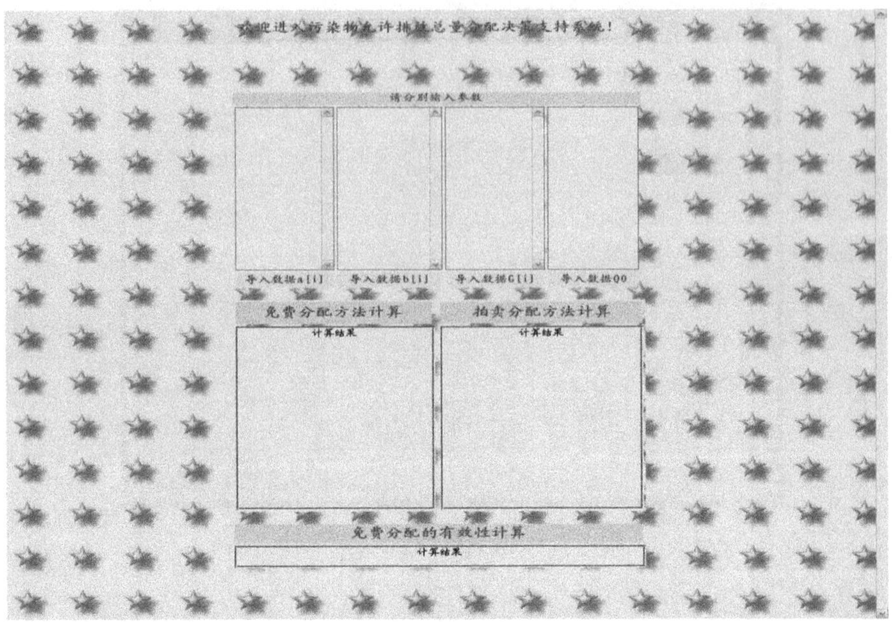

图 7.8 Web 窗体外观

7.7.7.4 系统的操作

选择启动调试按钮，启动 Web 应用程序。此时会自动启动 ASP.NET Web Development Server。双击这个图标，就会打开如图 7.9 所示的对话框. 该对话框显示了 Web 服务器的物理路径和虚拟路径，以及 Web 服务器监听的端口，该对话框还可以用于停止 Web 服务器。

ASP.NET Development Server - 端口 4279

ASP.NET Development Server

在本地运行 ASP.NET 应用程序。

物理路径: D:\My Documents\Visual Studio 2005\WebSites\qpfu

虚拟路径: /qpfunction

端口: 4279

根 URL(U): http://localhost:4279/qpfunction

停止

图 7.9 ASP.NET Web Development Server 对话框

系统初始页面如图 7.10 所示。

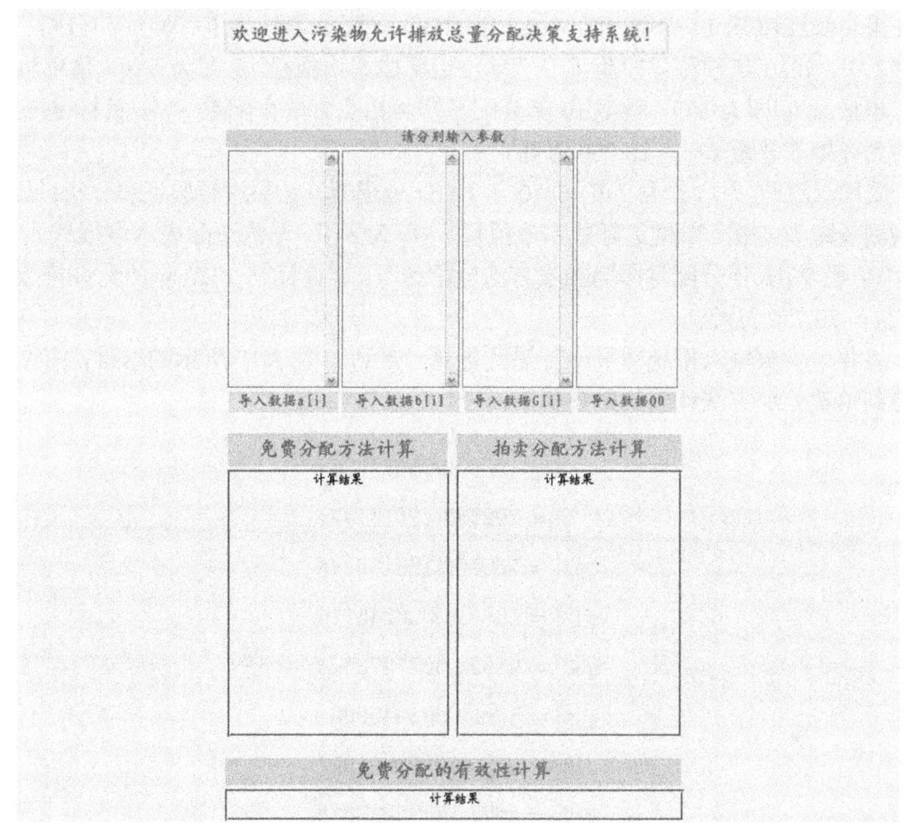

图 7.10 系统初始页面

系统操作过程如下：

(1) 导入数据：首先在四个 Textbox 中输入已知的 $a[i]$，$b[i]$，$G[i]$，Q_0 四组参数 (其中 $a[i]$，$b[i]$，$G[i]$ 是长度相同的一维浮点数组，Q_0 是一个浮点数)，然后分别点击四个方框下面的导入按钮。这时数据就已被导入。

(2) 免费分配方法计算：点击屏幕中间左边的免费分配方法计算按钮，下面的方框中就会出现各个 $q[i]$，表示第 i 个污染源经过免费分配所获得的污染物允许排放量。

(3) 拍卖分配方法计算：点击屏幕中间左边的拍卖分配方法计算按钮，下面的方框中就会显示第一行为统一价格 p，第二行为实际的总污染物排放量 Q，从第三行开始为 $q[i]$，表示第 i 个污染源经过拍卖分配所获得的污染物允许排放量。

(4) 免费分配的有效性计算：点击屏幕正下方的免费分配的有效性计算按钮，将会出现免费分配的有效性结果。

7.7.7.5 案例分析

采用汉江流域 14 个县 (市) 2010 年 COD 分配测算结果进行验证和分析。在表 7.7 中，2010 年预测量即为 $G[i]$，单位边际成本申报量 a_i 即为 $a[i]$，单位边际成本申报量 b_i 即为 $b[i]$，而 2010 年分配量即为拍卖方法分配量 $q[i]$。目标是 2010 年的允许排放总量 $Q_0 = 29.750$ 万吨。

采用汉江流域 14 个县 (市) 2010 年 COD 分配测算结果进行验证和分析。2010 年预测量即为 $G[i]$，单位边际成本申报量 a_i 即为 $a[i]$，单位边际成本申报量 b_i 即为 $b[i]$，而 2010 年分配量即为拍卖方法分配量 $q[i]$。目标是 2010 年的允许排放总量 $Q_0 = 29.750$ 万吨。

将各个参数输入系统网页中并进行计算，得到如图 7.11 所示的结果。图 7.11 中得到拍卖分配方法计算的结果如下：

$$
\begin{aligned}
p &= 1956.3999671936 \\
Q &= 292783.426161474 \\
q[1] &= 16069.4123159148 \\
q[2] &= 5988.80026245116 \\
q[3] &= 21624.6677273644 \\
q[4] &= 1.6940658945086 \\
q[5] &= 2159.66896091927 \\
q[6] &= 4677.77820913878 \\
q[7] &= 12821.3047667712 \\
q[8] &= 9216.25969585023 \\
q[9] &= 2196.6668192794 \\
q[10] &= 9780.77703045319 \\
q[11] &= 9656.42349971951 \\
q[12] &= 6217.14310745198 \\
q[13] &= 1679.63011147062 \\
q[14] &= 190694.893654689
\end{aligned}
$$

图 7.11 中算得免费分配的有效性结果是 0.984145970290668。虽然已经很接近 1，但是还有点差距，也就是说依然存在不真实报价。若各个污染源再调整一下报价参数，则结果还可以继续改进，免费分配的有效性结果就更加接近于 1。

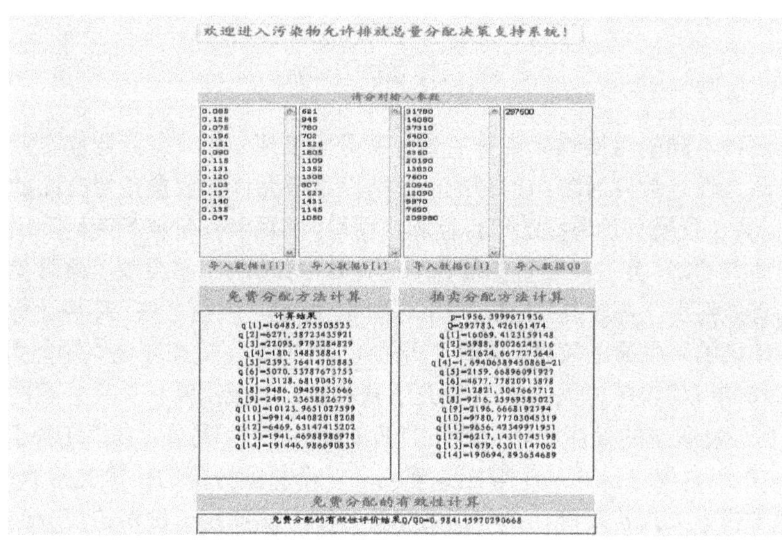

图 7.11　初始计算结果

下面假设将武汉市的参数 a 由 0.047 调整为 0.053 进行计算。结果如图 7.12 所示，免费分配的有效性结果是 0.991484524811339 > 0.984145970290668，说明报价参数中的 0.053 比 0.047 更接近真实值。因为报价参数越接近真实值，免费分配的有效性结果才越接近 1。

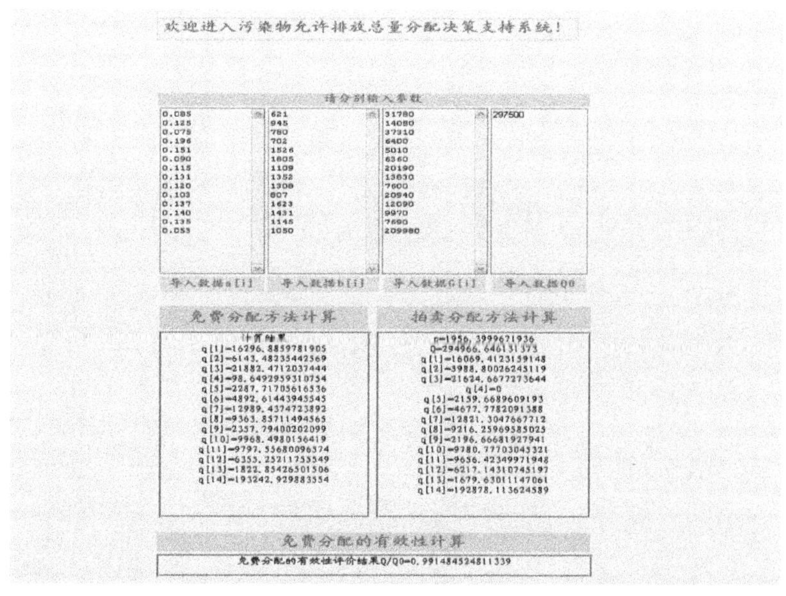

图 7.12　调整参数后的计算结果

7.8 本章小结

针对两种不同的污染物允许排放量免费分配情形，即只有商业性企业参与的分配和有政策性企业同时参与的分配，分别提出了允许排放量免费分配的有效性评价模型。为了说明评价模型的可行性和实用性，将两种评价模型应用到汉江流域水环境规划中 COD 允许排放量免费分配的有效性评价中，结果表明两种免费分配情形下的有效性水平都较高，分析了相关原因，肯定了政绩考核、环境达标评比等相关环境政策的外生激励效果。同时，从优选分配模式、提高环境监测能力、加强环境立法和制度建设等方面给出了有关环境政策、申报制度和免费分配的改进建议，为今后环境政策的设计和环境规划的编制提供参考。另外，本章还基于 Visual Studio.NET 2005 和 MATLAB 等工具建立了一个总量分配的决策支持原型系统。该系统包含投标人报价功能，并分别用免费分配方法和统一价格拍卖分配方法进行计算，然后比较两种分配方法得到的结果，以实现污染物允许排放总量的分配和免费分配方法的有效性评价。

第 8 章　可分离物品的最优多属性拍卖机制

在可分离物品多属性拍卖中，拍卖人的目标是在考虑多个属性的条件下通过设计对自己最有利的拍卖规则 (报价规则、分配规则和支付规则等) 使得收益最大化 (拍卖人剩余最大化)，投标人的目标是在拍卖人制定的拍卖规则下选择自己的最优投标策略使得收益最大化 (投标人剩余最大化)，而拍卖机制的设计者希望社会剩余 (拍卖人剩余和投标人剩余的和) 最大化，即拍卖的双方达到一种均衡状态，这种状态的出现应是买卖双方同时追求最优化的结果。基于此，机制设计者应该开始于对投标人最优投标策略的分析，继而找出拍卖人的最优期望收益。在这种状态下的最优多属性拍卖机制就是一个理想的拍卖机制，它充分考虑了买卖双方的利益，从而可以达到社会资源的最优化配置。本章研究了供给量不确定条件下可分离物品最优多属性拍卖的机制设计方法[20]。具体地，本章首先给出可分离物品多属性拍卖的几个重要假设，定义投标人和拍卖人的期望收益函数；其次，给出一组可行多属性拍卖机制的充分条件，并以这些充分条件为前提，以拍卖人的期望效用最大化为目标，设计一个可分离物品最优多属性拍卖机制，进而给出采用统一价格和歧视性价格实现最优多属性拍卖机制的方法。

8.1　基本假设和符号说明

首先给出如下的基本假设[20]，然后在此信息框架下设计一个可分离物品多属性拍卖的最优机制。

(1) 假设一个卖者需出售 Q_0 个单位的可分离物品，现有 n 个买者参与投标，买者集合记为 $N=\{1,2,\cdots,n\}$。卖者和所有买者都是风险中性的。

(2) 所拍卖物品的属性集合设为 $A=\{p,q,A_1,A_2,\cdots,A_m\}$，其中 p 为价格属性，q 为数量属性 (买者的需求数量)，$A_1,A_2,\cdots,A_m$ 为 m 个除价格和数量以外的其他属性，下文统称为质量属性。例如，在污染物允许排放量分配中，质量属性是指企业治污能力、排污量、企业所处地区环境承受能力等。买者 i 提交的投标中，属性 $A_1,A_2,\cdots,A_m$ 的属性值分别表示为 $a_{i1},a_{i2},\cdots,a_{im}$，$i=1,2,\cdots,n$。在实际应用中，需根据具体的物品来确定属性集合 A。

为了简化分析，假设除价格和数量以外的 m 个属性 $A_1,A_2,\cdots,A_m$ 是连续非负的变量，且属性值 $a_{i1},a_{i2},\cdots,a_{im}$ 越大，表明拍卖的物品越好 (这类属性称为“效益型” 属性)。在实际中可能存在相反的情形，即属性值越小，物品越好。例如，在国际物流供应链领域，一项服务的属性可用交货时间、路程长度和价格来刻画。对于交货时间、路程长度这类属性 (称为“成本型” 属性)，为了建立它们和服务质量之间的正的函数关系 (指属性值越大，服务质量越高)，可以取 $a_{ij}=1/$交货时间，$a_{ij}=1/$路程长度。

(3) 设 $r_i(s_i,Q_i,a_{i1},a_{i2},\cdots,a_{im})$ 表示买者 i 对数量为 Q_i 且质量为 $a_i=(a_{i1},a_{i2},\cdots,a_{im})$ 的物品的总估价，其中 s_i 为买者 i 关于单位物品估价的私人信息，也可以理解为买者的估价类型，简称为买者类型。买者类型集合记为 $s=(s_1,s_2,\cdots,s_n)$。

s_i 是买者 i 的私人信号，只有自己才知道真实信息，其他买者和卖者只知道 s_i 的概率分布。设 $s_i,i=1,2,\cdots,n$ 是互相独立的且是定义于 $S=[\underline{s},\bar{s}]$ 上的随机变量，且有相同的分布函数 $F(\cdot)$ 和密度函数 $f(\cdot)$。这些是共同知识。此外，假设类型分布满足风险率单调性质：$\dfrac{F(\cdot)}{f(\cdot)}$ 关于 s_i 是单调不减的。

(4) 设卖者根据投标信息和拍卖规则最终分配给买者 i 的物品数量 Q_i 满足

$$\sum_{i=1}^{n}Q_i\leqslant Q_0$$

分配量集合记为 $Q=(Q_1,Q_2,\cdots,Q_n)$。类型为 s_i 的买者 i 获得数量为 Q_i 的物品需要给予卖者的支付记为 $T_i(s)$，支付向量记为

$$T=(T_1(s),T_2(s),\cdots,T_n(s))$$

一个可分离物品多属性拍卖记为 $A(Q,T)$。

(5) 设 $c_i(Q_i,s_i,a_i)$ 表示在质量属性 $a_i=(a_{i1},a_{i2},\cdots,a_{im})$ 下单位数量的物品对于类型为 s_i 的买者的边际价值函数，于是买者 i 对数量为 Q_i 的物品的总估价可表示为

$$r_i(s_i,Q_i,a_{i1},a_{i2},\cdots,a_{im})=\int_0^{Q_i(s)}c_i(x,s_i,a_i)\mathrm{d}x$$

其中 $c_i(Q_i,s_i,a_i)$ 关于属性值 a_{ij} 是递增的，$c_i(Q_i,s_i,0)=0$，且关于参数 Q_i 是非增的，关于类型 s_i 是递增的，满足

$$\frac{\partial^2 c_i(Q_i,s_i,a_i)}{\partial s_i\partial a_{ij}}>0$$

$$\frac{\partial^2 c_i(Q_i,s_i,a_i)}{\partial s_i^2}>0$$

边际价值函数 $c_i(Q_i,s_i,a_i)$ 是买者 i 的私人信息，只有自己才知道真实信息。在提交投标时，买者 i 需将边际价值函数 $c_i(Q_i,s_i,a_i)$ 申报给卖者。

基于以上的价值函数 $r_i(s_i, Q_i, a_{i1}, a_{i2}, \cdots, a_{im})$ 和支付 $T_i(s)$，获得数量为 Q_i 的买者的期望收益为

$$\begin{aligned} u_i &= E_{s_{-i}}\{r_i(s_i, Q_i, a_{i1}, a_{i2}, \cdots, a_{im}) - T_i(s)\} \\ &= E_{s_{-i}}\left\{\int_0^{Q_i(s)} c_i(x, s_i, a_i)\mathrm{d}x - T_i(s)\right\} \end{aligned}$$

其中 $s = (s_i, s_{-i})$，$s_{-i} = (s_1, s_2, \cdots, s_{i-1}, s_{i+1}, \cdots, s_n)$；$E_{s_{-i}}(\cdot)$ 表示对 s_{-i} 求期望值。

由于买者类型是私人信息，具有不对称性，因此在实际投标中，买者为了自身利益可能上报虚假信息。设买者 i 的真实类型为 s_i 且真实上报自己类型 s_i 时的期望收益表示为

$$u_i(s_i, s_i) = E_{s_{-i}}\left\{\int_0^{Q_i(s_i, s_{-i})} c_i(x, s_i, a_i)\mathrm{d}x - T_i(s_i, s_{-i})\right\}$$

此时买者申报给卖者的边际价值函数 $c_i(x, s_i, a_i)$ 是真实的。

另设真实类型为 s_i 而上报类型为 $\hat{s}_i$ ($\hat{s}_i \neq s_i$) 的买者 i 的期望收益为 $u_i(s_i, \hat{s}_i)$，则有

$$u_i(s_i, \hat{s}_i) = E_{s_{-i}}\left\{\int_0^{Q_i(\hat{s}_i, s_{-i})} c_i(x, s_i, a_i)\mathrm{d}x - T_i(\hat{s}_i, s_{-i})\right\}$$

此时买者申报给卖者的边际价值函数 $c_i(x, s_i, a_i)$ 是不真实的。

(6) 当买者 i 赢得投标且最终被分配的物品数量为 Q_i 时，他需要向卖者支付 $T_i(s)$。此时，卖者获得的期望收益可表示为

$$u_0 = E_s\left[\sum_{i=1}^{n} T_i(s)\right]$$

其中 $s = (s_1, s_2, \cdots, s_n)$，$E_s(\cdot)$ 表示对 $s = (s_1, s_2, \cdots, s_n)$ 求期望值。

8.2 可分离物品最优多属性拍卖机制

基于 8.1 节给出的期望效用函数 u_i、边际价值函数 $c_i(Q_i, s_i, a_i)$ 和收益函数 u_0，下面来讨论可分离物品最优多属性拍卖机制设计。

在可分离物品多属性拍卖中，拍卖人的目标是寻求一种机制使得自己的期望收益最大化。为了达到这个目标，拍卖人首先要确定拍卖的可行分配集。一般来说，一个机制可能导致随机分配的结果。但是，由对于不可分离物品拍卖的分析[90,91]

可知：最优拍卖总是具有确定性的，而且最优拍卖也必须是可行拍卖。因此，可分离物品的最优多属性拍卖机制设计也是基于这个前提进行分析的。

由于投标人拥有不为拍卖人和其他投标人所知的私人信息，如果不给予他正确的激励，他不可能诚实地报告自己的私人信息。要使设计出来的多属性拍卖机制具有可行性，就应激励投标人说真话，即满足激励相容性条件。另外，参与报价的投标人还必须是自愿参加拍卖的，即满足个体理性条件。基于这两点，Myerson[28] 指出：拍卖 $A(Q,T)$ 是可行拍卖，当且仅当满足激励相容性条件和个体理性条件。同时，如果在显示机制下进行考虑，一个可行的拍卖也必须是激励相容和个体理性的。

首先，来讨论个体理性问题。假设每个投标人都是自愿参加拍卖。如果投标人不参加拍卖，那么他就不能获得物品且不用支付任何费用，因此他的收益为 0。因此，为了激励更多人积极主动地参与拍卖，必须满足如下的个体理性条件：

$$u_i(s_i,s_i)=E_{s_{-i}}\left\{\int_0^{Q_i(s_i,s_{-i})}c_i(x,s_i,a_i)\mathrm{d}x-T_i(s_i,s_{-i})\right\}\geqslant 0,\quad \forall i\in N \tag{8.1}$$

其中 $u_i(s_i,s_i)$ 表示真实类型为 s_i 而上报类型也为 s_i 的投标人 i 的期望收益。个体理性条件意味着每个投标人参与投标时的收益大于或者等于不参与投标时的收益。

其次，来讨论激励相容性条件。假设拍卖人不会阻止任何投标人虚假报价。Myerson[28] 指出显示机制能实施的前提条件是没有任何投标人能在虚假报价时增加自己的收益。也就是说，在拍卖中，当所有投标人都诚实报价时，必然会形成一个纳什均衡。设计最优机制的目标是拍卖人要诱导投标人在投标时真实显示自己的类型，这就要求所设计的机制保证所有投标人在真实报告自己类型时所获得的期望收益不小于谎报自己类型时获得的期望收益，即要满足激励相容性条件

$$u_i(s_i,s_i)\geqslant u_i(s_i,\hat{s}_i),\quad \forall i\in N,\ \forall s_i,\hat{s}_i\in S \tag{8.2}$$

其中

$$u_i(s_i,\hat{s}_i)=E_{s_{-i}}\left\{\int_0^{Q_i(\hat{s}_i,s_{-i})}c_i(x,s_i,a_i)\mathrm{d}x-T_i(\hat{s}_i,s_{-i})\right\}$$

基于以上分析，一个多属性拍卖 $A(Q,T)$ 是一个可行拍卖当且仅当个体理性条件 (8.1) 和激励相容性条件 (8.2) 同时满足。换言之，在多属性拍卖 $A(Q,T)$ 中，要使拍卖机制能顺利实施，即拍卖人按照投标人提交的投标信息 $c_i(Q_i,s_i,a_i)$ 和支付 $T=(T_1,T_2,\cdots,T_n)$ 来分配物品，当且仅当拍卖人设计的多属性拍卖机制满足个体理性条件 (8.1) 和激励相容性条件 (8.2)。因此，设计最优多属性拍卖机制的问

题等价于在满足个体理性条件 (8.1) 和激励相容性条件 (8.2) 下设计一个可行机制，以最大化拍卖人的期望收益，即

$$\text{Max} \quad u_0 = E_s\left[\sum_{i=1}^{n} T_i(s)\right]$$

下面来探讨可分离物品多属性拍卖的最优机制设计。这里，先给出一个充分条件来保证拍卖 $A(Q,T)$ 是可行的。

命题 8.1 若一个多属性拍卖 $A(Q,T)$ 满足下列条件：

$$\frac{\partial Q_i(s)}{\partial s_i} \geqslant 0, \quad \forall i \in N, \ \forall s_i \in S \tag{8.3}$$

$$u_i(\bar{s},\bar{s}) \geqslant 0, \quad \bar{s} \in S, \ \forall i \in N \tag{8.4}$$

$$\frac{\partial u_i(s_i,s_i)}{\partial s_i} = E_{s_{-i}}\left\{\int_0^{Q_i(s_i,s_{-i})} \frac{\partial c_i(x,s_i,a_i)}{\partial s_i}\mathrm{d}x\right\}, \quad \forall i \in N, \ \forall s_i \in S \tag{8.5}$$

$$\sum_{i=1}^{n} Q_i \leqslant Q_0 \tag{8.6}$$

式 (8.4) 中 $\bar{s}$ 表示投标人估价类型的最小值，则 $A(Q,T)$ 是一个可行的多属性拍卖机制。

证明 由

$$u_i(s_i,\hat{s}_i) = E_{s_{-i}}\left\{\int_0^{Q_i(\hat{s}_i,s_{-i})} c_i(x,s_i,a_i)\mathrm{d}x - T_i(\hat{s}_i,s_{-i})\right\}$$

则有

$$\frac{\partial u_i(s_i,\hat{s}_i)}{\partial s_i} = E_{s_{-i}}\left\{\int_0^{Q_i(\hat{s}_i,s_{-i})} \frac{\partial c_i(x,s_i,a_i)}{\partial s_i}\mathrm{d}x\right\}$$

于是

$$\frac{\partial u_i(s_i,s_i)}{\partial s_i} = \left.\frac{\partial u_i(s_i,\hat{s}_i)}{\partial s_i}\right|_{\hat{s}_i=s_i} = E_{s_{-i}}\left\{\int_0^{Q_i(s_i,s_{-i})} \frac{\partial c_i(x,s_i,a_i)}{\partial s_i}\mathrm{d}x\right\}$$

由包络定理[1,28]，得投标人 i 的期望效用为

$$u_i(s_i,s_i) = u_i(\hat{s}_i,\hat{s}_i) + E_{s_{-i}}\left\{\int_{\hat{s}_i}^{s_i}\left[\int_0^{Q_i(y,s_{-i})} \frac{\partial c_i(x,y,a_i)}{\partial s_i}\mathrm{d}x\right]\mathrm{d}y\right\},$$
$$\forall i \in N, \ \forall s_i,\hat{s}_i \in S \tag{8.7}$$

当 $\hat{s}_i = \bar{s}$ 时，(8.7) 式可写为

$$u_i(s_i, s_i) = u_i(\bar{s}, \bar{s}) + E_{s_{-i}}\left\{\int_{\bar{s}}^{s_i}\left[\int_0^{Q_i(y,s_{-i})}\frac{\partial c_i(x,y,a_i)}{\partial s_i}\mathrm{d}x\right]\mathrm{d}y\right\},$$
$$\forall i \in N,\quad \bar{s} \in S,\quad \forall s_i \in S$$

由 (8.4) 式，$u_i(\bar{s}, \bar{s}) \geqslant 0$, 及 $\dfrac{\partial c_i(x,y,a_i)}{\partial s_i} > 0,\quad Q_i(s) > 0$，故

$$u_i(s_i, s_i) \geqslant 0,\quad \forall i \in N$$

即个体理性条件是满足的。下面证明激励相容性。

由条件 (8.3) 和 (8.6)，(8.7) 式变为

$$\begin{aligned}
u_i(s_i, s_i) &= u_i(\hat{s}_i, \hat{s}_i) + E_{s_{-i}}\left\{\int_{\hat{s}_i}^{s_i}\left[\int_0^{Q_i(y,s_{-i})}\frac{\partial c_i(x,y,a_i)}{\partial s_i}\mathrm{d}x\right]\mathrm{d}y\right\}\\
&\geqslant E_{s_{-i}}\left\{\int_0^{Q_i(\hat{s}_i,s_{-i})}c_i(x,\hat{s}_i,a_i)\mathrm{d}x - T_i(\hat{s}_i)\right\}\\
&\quad + E_{s_{-i}}\left\{\int_{\hat{s}_i}^{s_i}\left[\int_0^{Q_i(\hat{s}_i,s_{-i})}\frac{\partial c_i(x,y,a_i)}{\partial s_i}\mathrm{d}x\right]\mathrm{d}y\right\}\\
&= E_{s_{-i}}\left\{\int_0^{Q_i(\hat{s}_i,s_{-i})}c_i(x,\hat{s}_i,a_i)\mathrm{d}x - T_i(\hat{s}_i)\right\}\\
&\quad + E_{s_{-i}}\left\{\int_0^{Q_i(\hat{s}_i,s_{-i})}\left[\int_{\hat{s}_i}^{s_i}\frac{\partial c_i(x,y,a_i)}{\partial s_i}\mathrm{d}y\right]\mathrm{d}x\right\}\\
&= E_{s_{-i}}\left\{\int_0^{Q_i(\hat{s}_i,s_{-i})}c_i(x,\hat{s}_i,a_i)\mathrm{d}x - T_i(\hat{s}_i)\right\}\\
&\quad + E_{s_{-i}}\left\{\int_0^{Q_i(\hat{s}_i,s_{-i})}[c_i(x,s_i,a_i) - c_i(x,\hat{s}_i,a_i)]\mathrm{d}x\right\}\\
&= \int_0^{Q_i(\hat{s}_i,s_{-i})}c_i(x,s_i,a_i)\mathrm{d}x - E_{s_{-i}}\{T_i(\hat{s}_i)\}\\
&= u_i(s_i,\hat{s}_i)
\end{aligned}$$

即激励相容性条件也是成立的。

综上所证，当条件 (8.3)—(8.6) 成立时，$A(Q,T)$ 是一个可行的多属性采购拍卖机制。　　**[证毕]**

结合命题 8.1 的结果，$A(Q,T)$ 是一个最优拍卖机制的充要条件是 $A(Q,T)$ 在满足式 (8.3)—(8.6) 的前提下使得拍卖人的期望收益 u_0 最大化。

下面的命题 8.2 给出了简化条件下的最优拍卖。

命题 8.2 考虑多属性拍卖 $A(Q,T)$，若 $Q_i(s)$ 是下列优化问题 (G_1) 的解

$$(\mathrm{G}_1)\qquad \begin{aligned} &\text{Max}\quad u_0=E_s\left[\sum_{i=1}^{n}T_i(s)\right]\\ &\text{s.t.}\left\{\begin{array}{l}\dfrac{\partial Q_i(s)}{\partial s_i}\geqslant 0,\quad \forall i\in N,\ \forall s_i\in S\\ \displaystyle\sum_{i=1}^{n}Q_i\leqslant Q_0\\ 0\leqslant Q_i\leqslant Q_0,\quad \forall i\in N\end{array}\right.\end{aligned}$$

且投标人 i 获得的期望转移支付满足

$$T_i(s)=E_{s_{-i}}\left\{\int_0^{Q_i(s_i,s_{-i})}c_i(x,s_i,a_i)\mathrm{d}x+\int_{\bar{s}}^{s_i}\left[\int_0^{q_i(y,s_{-i})}\frac{\partial c_i(x,y,a_i)}{\partial s_i}\mathrm{d}x\right]\mathrm{d}y\right\}\tag{8.8}$$

则 $A(Q,T)$ 是一个最优多属性拍卖。

证明 若 (8.8) 式成立，即

$$T_i(s)=E_{s_{-i}}\left\{\int_0^{Q_i(s_i,s_{-i})}c_i(x,s_i,a_i)\mathrm{d}x-\int_{\bar{s}}^{s_i}\left[\int_0^{q_i(y,s_{-i})}\frac{\partial c_i(x,y,a_i)}{\partial s_i}\mathrm{d}x\right]\mathrm{d}y\right\}$$

由 $u_i(s_i,s_i)$ 的定义，得

$$\begin{aligned} u_i(s_i,s_i)&=E_{s_{-i}}\left\{\int_0^{Q_i(s_i,s_{-i})}c_i(x,s_i,a_i)\mathrm{d}x-T_i(s)\right\}\\ &=E_{s_{-i}}\left\{\int_0^{Q_i(s_i,s_{-i})}c_i(x,s_i,a_i)\mathrm{d}x+\int_{\bar{s}}^{s_i}\left[\int_0^{Q_i(y,s_{-i})}\frac{\partial c_i(x,y,a_i)}{\partial s_i}\mathrm{d}x\right]\mathrm{d}y\right.\\ &\quad\left.-\int_0^{Q_i(s_i,s_{-i})}c_i(x,s_i,a_i)\mathrm{d}x\right\}\\ &=E_{s_{-i}}\left\{\int_{\bar{s}}^{s_i}\left[\int_0^{Q_i(y,s_{-i})}\frac{\partial c_i(x,y,a_i)}{\partial s_i}\mathrm{d}x\right]\mathrm{d}y\right\}\end{aligned}$$

则有

$$\frac{\partial u_i(s_i,s_i)}{\partial s_i}=E_{s_{-i}}\left\{\int_0^{Q_i(s_i,s_{-i})}\frac{\partial c_i(x,s_i,a_i)}{\partial s_i}\mathrm{d}x\right\}\tag{8.9}$$

由包络定理[1,28]，得

$$u_i(s_i,s_i)=u_i(\bar{s},\bar{s})+E_{s_{-i}}\left\{\int_{\bar{s}}^{s_i}\left[\int_0^{Q_i(y,s_{-i})}\frac{\partial c_i(x,y,a_i)}{\partial s_i}\mathrm{d}x\right]\mathrm{d}y\right\}$$

$$\forall i \in N, \quad \bar{s} \in S, \quad \forall s_i \in S$$

将其代入

$$u_i(s_i, s_i) = E_{s_{-i}} \left\{ \int_0^{Q_i(s_i, s_{-i})} c_i(x, s_i, a_i) \mathrm{d}x - T_i(s) \right\}$$

得

$$\begin{aligned} T_i(s) &= u_i(s_i, s_i) + \int_0^{Q_i(s_i, s_{-i})} c_i(x, s_i, a_i) \mathrm{d}x \\ &= u_i(\bar{s}, \bar{s}) + E_{s_{-i}} \left\{ \int_{s_i}^{\bar{s}} \left[\int_0^{Q_i(y, s_{-i})} \frac{\partial c_i(x, y, a_i)}{\partial s_i} \mathrm{d}x \right] \mathrm{d}y \right\} \\ &\quad + \int_0^{Q_i(s_i, s_{-i})} c_i(x, s_i, a_i) \mathrm{d}x \end{aligned} \tag{8.10}$$

$$\begin{aligned} u_0 &= E_s \left[\sum_{i=1}^n T_i(s) \right] \\ &= E_s \left\{ \int_0^{Q_i(s_i, s_{-i})} c_i(x, s_i, a_i) \mathrm{d}x - \sum_{i=1}^n E_s \left[\int_0^{Q_i(s_i, s_{-i})} c_i(x, s_i, a_i) \mathrm{d}x - T_i(s_i) \right] \right\} \\ &= E_s \left\{ \int_0^{Q_i(s_i, s_{-i})} c_i(x, s_i, a_i) \mathrm{d}x - \sum_{i=1}^n E_s[u_i(s_i)] \right\} \\ &= E_s \left\{ \int_0^{Q_i(s_i, s_{-i})} c_i(x, s_i, a_i) \mathrm{d}x - \int_{\bar{s}}^{s_i} \left[\int_0^{Q_i(y, s_{-i})} \frac{\partial c_i(x, y, a_i)}{\partial s_i} \mathrm{d}x \right] \mathrm{d}y - u_i(\bar{s}, \bar{s}) \right\} \end{aligned} \tag{8.11}$$

将 (8.11) 式的右端第二项进行简单的积分运算，(8.11) 可改写为

$$u_0 = E_s \left\{ \int_0^{Q_i(s_i, s_{-i})} c_i(x, s_i, a_i) \mathrm{d}x - \left[\int_0^{Q_i(y, s_{-i})} \frac{\partial c_i(x, y, a_i)}{\partial s_i} \mathrm{d}x \right] \frac{F(s_i)}{f(s_i)} - u_i(\bar{s}, \bar{s}) \right\} \tag{8.12}$$

一方面，对照 (8.8) 式和 (8.10) 式，易得

$$u_i(\bar{s}, \bar{s}) = 0 \tag{8.13}$$

于是由 (8.9) 式和 (8.13) 式及 (G_1) 的约束条件得

$$\frac{\partial Q_i(s)}{\partial s_i} \geqslant 0, \quad \sum_{i=1}^n Q_i \leqslant Q_0, \quad 0 \leqslant Q_i \leqslant Q_0$$

依据命题 8.1 的结论知 $A(Q, T)$ 是一个可行的多属性采购拍卖机制。

另一方面，在 (8.12) 式所表示的拍卖人的期望效用函数中，投标人 i 的期望支付 $T_i(\cdot)$ 只出现在 $u_i(\bar{s},\bar{s})$ 中，因此拍卖人选择 $T_i(\cdot)$ 使自身的期望效用最大化等价于使 $u_i(\bar{s},\bar{s})$ 极小化。由 (8.13) 式，$u_i(\bar{s},\bar{s})=0$，故拍卖人的期望效用可实现最大化。

综上所证，$A(Q,T)$ 是一个最优多属性采购拍卖。 **[证毕]**

8.3 基于统一价格和歧视性价格的最优多属性拍卖实现

8.2 节提出的最优多属性拍卖机制可以采用统一价格或者歧视性价格来实现。下面进行逐一讨论。

在统一价格拍卖中，投标人按照自己需要的物品数量和愿意支付的价格进行投标，拍卖人根据投标信息，按照事先制定的中标规则确定赢者，并确定供求相等的出清价格，所有赢者对于他们赢得的物品均以相同的单位价格 p_0 (市场出清价格) 支付给拍卖人。相应地，在歧视性价格拍卖中，所有赢者对于他们赢得的物品以各自报价中的单位价格 p_i 支付给拍卖人。

具体地，对于 n 个投标人的边际价值函数 $c_i(Q_i,s_i,a_i)$，如果令

$$c_1(Q_1,s_1,a_1)=c_2(Q_2,s_2,a_2)=\cdots=c_n(Q_n,s_n,a_n)=p \tag{8.14}$$

将此条件加入到优化问题 $(\mathrm{G_1})$ 的约束条件中，则 $(\mathrm{G_1})$ 变成如下的新优化问题 $(\mathrm{G_2})$：

$$(\mathrm{G_2})\quad \begin{aligned} &\mathrm{Max}\ \ u_0=E_s\left[\sum_{i=1}^{n}T_i(s)\right]=E_s\left\{\int_0^{Q_i(s_i,s_{-i})}c_i(x,s_i,a_i)\mathrm{d}x\right.\\ &\qquad\qquad \left.-\left[\int_0^{Q_i(y,s_{-i})}\frac{\partial c_i(x,y,a_i)}{\partial s_i}\mathrm{d}x\right]\frac{F(s_i)}{f(s_i)}\right\}\\ &\mathrm{s.t.}\left\{\begin{array}{l}\dfrac{\partial Q_i(s)}{\partial s_i}\geqslant 0,\qquad \forall i\in N,\ \ \forall s_i\in S\\ \displaystyle\sum_{i=1}^{n}Q_i\leqslant Q_0\\ c_1(Q_1,s_1,a_1)=c_2(Q_2,s_2,a_2)=\cdots=c_n(Q_n,s_n,a_n)=p\\ 0\leqslant Q_i\leqslant Q_0,\quad \forall i\in N\end{array}\right.\end{aligned}$$

则求解 $(\mathrm{G_2})$ 得到的统一价格 p 就是市场出清价格。

对应地，不加入条件 (8.14)，直接根据 n 个投标人的边际价值函数 $c_i(Q_i,s_i,a_i)$，$i=1,2,\cdots,n$ 来求解优化问题 $(\mathrm{G_1})$，可得到分配给各投标人的数量 Q_i，$i=$

$1, 2, \cdots, n$，将其代入式 (8.8) 中，得到各投标人的支付 $T_i, i = 1, 2, \cdots, n$，则 $p_i = \dfrac{T_i}{Q_i}$ 就是投标人 i 支付给拍卖人的单位物品的歧视性价格。

对于 8.2 节提出的最优多属性拍卖机制，均可通过统一价格或者歧视性价格来实现。但是这两种方法孰优孰劣，从目前已有的文献来看，还没有定论。针对不同的拍卖对象，或者在不同的机制下，统一价格拍卖与歧视性价格拍卖的优劣关系是不同的[49−55,146,147]。但在实际拍卖应用中，统一价格拍卖比歧视性价格拍卖更具吸引力，这是因为统一价格没有歧视价格中存在的赢者 “责难问题”(赢者事后可能会面对上级领导的责问：“同样的东西，你卖出 (买进) 的价格为什么比别人的低 (高)？”)。

8.4 本章小结

本章研究了可分离物品的最优多属性拍卖机制设计问题。结合可行分配和可分离物品拍卖的概念，分析了最优多属性拍卖机制的可行性，即激励相容性和个体理性，讨论了最优拍卖的性质，并给出了如何通过统一价格和歧视性价格来实现最优多属性拍卖机制的基本过程。本章给出的最优拍卖机制是可行机制，它充分考虑了买卖双方的利益，可以达到资源的最优化配置，为设计基于多属性拍卖的多源采购机制提供了理论依据和方法参考。

第 9 章 连续属性下可分离物品的多属性采购拍卖机制

本章结合第 8 章提出的可分离物品最优多属性拍卖机制的基本框架，以一类可分离物品 (如煤、石油、电力、天然气等) 的采购问题为研究背景，在考虑所采购物品的价格、数量、质量、研发周期、交货时间、供应商信誉等多个属性的条件下，设计基于多属性拍卖的可分离物品多属性多源采购机制[20]。该机制中，以采购商为拍卖人，以供应商为投标人，供应商向采购商提交连续属性值 (一个关于多个属性的连续的边际成本函数)，采购商利用事先设计的赢者确定方法根据供应商提交的投标信息分配实际允许供应量给赢者。具体地，给出可分离物品多属性采购拍卖的相关假设，定义采购商和供应商的效用函数，以采购方期望效用最大化为目标设计一个可分离物品的最优多属性采购拍卖机制，研究其信息激励性和分配有效性，并分析该机制的性质。

9.1 基本假设和符号说明

首先给出如下可分离物品多属性采购拍卖的基本假设[20]。

(1) 在采购拍卖中，采购商是拍卖人、供应商是投标人。假设一采购商以拍卖的方式采购 Q_0 个单位的可分离物品 (如煤、石油、电力、天然气等)，现有 n 个供应商参与投标，投标人集合记为 $N=\{1,2,\cdots,n\}$。采购商和所有供应商都是风险中性的。

(2) 拍卖中采购商需考虑所采购物品的多个属性，属性集合设为 $A=\{p,q,A_1,A_2,\cdots,A_m\}$，其中 p 为价格属性，q 为数量属性 (供应商的供货数量)，$A_1,A_2,\cdots,A_m$ 为 m 个除价格和数量以外的其他属性，如交货时间、研发周期、各种质量参数、供应商信誉等。此处为了叙述的方便，将 m 个其他属性统称为质量属性。供应商 i 提交的投标中，$m+2$ 个属性 $p,q,A_1,A_2,\cdots,A_m$ 的属性值分别记为 $p_i,q_i,a_{i1},a_{i2},\cdots,a_{im}$，$i=1,2,\cdots,n$。

(3) 设 $C_i(s_i,q_i,a_{i1},a_{i2},\cdots,a_{im})$ 表示供应商 i 提供数量为 q_i 且质量为 $a_i=(a_{i1},a_{i2},\cdots,a_{im})$ 的物品所花费的成本，其中 s_i 为供应商 i 的成本效率参数，也可以理解为供应商的成本类型，简称为供应商类型。供应商类型集合记为 $s=(s_1,s_2,\cdots,s_n)$。s_i 是供应商 i 的私人信号，只有自己才知道真实信息，其他供应商和采购商只知道 s_i 的概率分布。设 s_i，$i=1,2,\cdots,n$ 是互相独立的且是定义于 $S=[\underline{s},\bar{s}]$ 上的随机变量，且有相同的分布函数 $F(\cdot)$ 和密度函数 $f(\cdot)$。这些是共同知识。此外，假设类型分布满足风险率单调性质：$\dfrac{F(\cdot)}{f(\cdot)}$ 关于 s_i 是单调不减的。

假设 (3) 说明了这样一个事实：s_i 针对不同的对象具有双重角色。一方面，由于 s_i 仅为供应商 i 的私有信息，除供应商 i 外的其他供应商和采购商都不知道 s_i 的信息，因此除供应商 i 外的其他供应商和采购商将 s_i 看成在 $S=[\underline{s},\bar{s}]$ 服从分布 $F(\cdot)$ 的随机变量。另一方面，s_i 是供应商 i 的私有信息，即只有供应商 i 自己知道 s_i 的值，因此对于供应商 i 来讲，s_i 是已知的信息，并不是随机变量。因此，后面所出现的关于供应商 i 的一些函数 (即供应商 i 的成本函数 $c_i(Q_i,s_i,a_i)$，供应商 i 的期望效用函数 $u_i(s_i,s_i)$，供应商 i 的允许供给量 Q_i 等) 对 s_i 求导数 (或偏导数) 的情形，并不是对随机变量求导。

(4) 设 Q_i 为采购商根据投标信息和拍卖规则最终分配给供应商 i 的允许供给量，满足

$$\sum_{i=1}^{n} Q_i \leqslant Q_0$$

$$Q_i \leqslant q_i^{\max}$$

其中 $q_i^{\max}$ 表示供应商 k $(k=1,2,\cdots,i-1,i+1,\cdots,n)$ 根据自身在供货期内的生产能力以及采购商的要求所确定的最大供货量，满足

$$\sum_{i=1}^{n} q_i^{\max} \geqslant Q_0$$

分配的允许供给量集合记为 $Q=(Q_1,Q_2,\cdots,Q_n)$。类型为 s_i 的供应商 i 以采购商允许的价格提供数量为 Q_i 的物品给采购商所获得的转移支付记为 $T_i(s)$，转移支付向量记为 $T=(T_1(s),T_2(s),\cdots,T_n(s))$。一个可分离物品多属性采购拍卖记为 $A(Q,T)$。

(5) 设 $c_i(Q_i,s_i,a_i)$ 是在质量属性 $a_i=(a_{i1},a_{i2},\cdots,a_{im})$ 下单位数量的物品对于类型为 s_i 的供应商的边际成本函数，于是数量为 Q_i 的物品产生的总成本可表示为

$$C_i(s_i,Q_i,a_{i1},a_{i2},\cdots,a_{im})=\int_0^{Q_i(s)} c_i(x,s_i,a_i)\mathrm{d}x$$

其中 $c_i(Q_i,s_i,a_i)$ 关于属性值 a_{ij} 是递增的，$c_i(Q_i,s_i,0)=0$，且关于参数 Q_i 是非增的，关于类型 s_i 是递增的，满足

$$\frac{\partial^2 c_i(Q_i,s_i,a_i)}{\partial s_i \partial a_{ij}}>0$$

$$\frac{\partial^2 c_i(Q_i, s_i, a_i)}{\partial s_i^2} > 0$$

边际成本函数中的质量属性 a_{ij} 为成本效率参数 s_i 的减函数。边际成本函数 $c_i(Q_i, s_i, a_i)$ 是供应商 i 的私有信息，只有自己才知道真实信息。

基于以上的成本函数 $C_i(s_i, Q_i, a_{i1}, a_{i2}, \cdots, a_{im})$ 和转移支付 $T_i(s)$，供货数量为 Q_i 的供应商 i 的期望效用为

$$\begin{aligned} u_i &= E_{s_{-i}}\{T_i(s) - C_i(s_i, Q_i, a_{i1}, a_{i2}, \cdots, a_{im})\} \\ &= E_{s_{-i}}\left\{T_i(s) - \int_0^{Q_i(s)} c_i(x, s_i, a_i)\mathrm{d}x\right\} \end{aligned} \tag{9.1}$$

其中 $s=(s_i, s_{-i})$，$s_{-i}=(s_1, s_2, \cdots, s_{i-1}, s_{i+1}, \cdots, s_n)$，$E_{s_{-i}}(\cdot)$ 表示对 s_{-i} 求期望值。

由假设知：供应商类型 s_i 是每个供应商的私人信息，具有不对称性，因此在实际投标中，供应商将会综合权衡利益最大化和中标可能性最大化等多个目标，可能向采购商提交真实投标信息，或者提交虚假投标信息。设真实类型为 s_i 且上报类型也为 s_i 的供应商 i 的期望效用记为

$$u_i(s_i, s_i) = T_i(s_i, s_{-i}) - E_{s_{-i}}\left\{\int_0^{Q_i(s_i, s_{-i})} c_i(x, s_i, a_i)\mathrm{d}x\right\}$$

此时供应商基于边际成本函数 $c_i(x, s_i, a_i)$ 的投标是真实的。另设真实类型为 s_i 而上报类型为 $\hat{s}_i$ $(\hat{s}_i \neq s_i)$ 的供应商 i 的期望效用为

$$u_i(s_i, \hat{s}_i) = E_{s_{-i}}\left\{T_i(\hat{s}_i, s_{-i}) - \int_0^{Q_i(\hat{s}_i, s_{-i})} c_i(x, s_i, a_i)\mathrm{d}x\right\}$$

此时供应商基于边际成本函数 $c_i(x, s_i, a_i)$ 的投标是不真实的。

(6) 假设采购商的效用函数对质量属性 $A_1, A_2, \cdots, A_m$ 是可加的[90,91]，且单位数量的物品产生的收益定义为 $\sum_{j=1}^{m} v_j(a_{ij}(s_i))$，则数量为 Q_i 的物品对采购商产生的总收益为

$$v_i(Q_i, a_{i1}, a_{i2}, \cdots, a_{im}) = Q_i(s)\sum_{j=1}^{m} v_j(a_{ij}(s_i))$$

其中 $v_j(\cdot)$ 是采购商关于属性 A_j $(j=1,2,\cdots,m)$ 的收益函数，它是属性值 a_{ij} 关于递增的、凹的且在 a_{ij} 处是二次连续可微的。$v_j(\cdot)$ 对于所有供应商是相同的，且是已知的公有信息，在投标前公开发布。

当供应商 i 提交的投标中第 j 个质量属性值为 $a_{ij}(s_i)$ 时，采购商产生的单位收益为 $v_j(a_{ij})$。另外，当供应商 i 赢得投标且最终被分配的允许供给量为 Q_i 时，他得到采购商的支付为 $T_i(s)$。此时，采购商获得的效用表示为

$$\begin{aligned} u_{bi}(s_i, Q_i, a_{i1}, a_{i2}, \cdots, a_{im}) &= v_i(Q_i, a_{i1}, a_{i2}, \cdots, a_{im}) - T_i(s) \\ &= Q_i(s)\sum_{j=1}^{m} v_j(a_{ij}(s_i)) - T_i(s) \end{aligned} \tag{9.2}$$

拍卖结束时，采购商获得的期望总效用为

$$u_b = E_s\left\{\sum_{i=1}^{n} u_{bi}(s_i, Q_i, a_{i1}, a_{i2}, \cdots, a_{im})\right\} = \sum_{i=1}^{n} E_s\left[Q_i(s)\sum_{j=1}^{m} v_j(a_{ij}(s_i)) - T_i(s)\right]$$

其中 $s=(s_1, s_2, \cdots, s_n)$，$E_s(\cdot)$ 表示对 $s=(s_1, s_2, \cdots, s_n)$ 求期望值。

9.2　多属性采购拍卖的最优机制设计

由 9.1 节知，在多属性采购拍卖 $A(Q,T)$ 的最优机制设计中，首先要保证每个供应商参与投标时获得非负的期望效用，即要满足个体理性条件

$$u_i(s_i, s_i) = E_{s_{-i}}\left\{T_i(s_i, s_{-i}) - \int_0^{Q_i(s_i, s_{-i})} c_i(x, s_i, a_i)\mathrm{d}x\right\} \geqslant 0, \quad \forall i \in N \tag{9.3}$$

其次，采购商要诱导供应商在投标时真实显示自己的类型，这就要求所设计的机制保证所有供应商在真实报告自己类型时所获得的期望效用不小于谎报自己类型时获得的期望效用，即要满足激励相容条件

$$u_i(s_i, s_i) \geqslant u_i(s_i, \hat{s}_i), \quad \forall i \in N, \quad \forall s_i, \hat{s}_i \in S \tag{9.4}$$

其中，

$$u_i(s_i, \hat{s}_i) = E_{s_{-i}}\left\{T_i(\hat{s}_i, s_{-i}) - \int_0^{Q_i(\hat{s}_i, s_{-i})} c_i(x, s_i, a_i)\mathrm{d}x\right\}$$

因此，采购商设计最优多属性采购拍卖机制的问题等价于在满足个体理性条件 (9.3) 和激励相容条件 (9.4) 下设计一个可行的机制，以最大化自身的期望效用，即

$$\text{Max } u_b = \sum_{i=1}^{n} E_s\left[Q_i(s)\sum_{j=1}^{m} v_j(a_{ij}(s_i)) - T_i(s)\right] \tag{9.5}$$

下面给出可分离物品多属性采购拍卖的最优机制设计过程。

首先给出一个充分条件来保证拍卖 $A(Q,T)$ 是可行的。

命题 9.1 若一个多属性采购拍卖 $A(Q,T)$ 满足下列条件：

$$\frac{\partial Q_i(s)}{\partial s_i} \leqslant 0, \quad \forall i \in N,\ \forall s_i \in S \tag{9.6}$$

$$u_i(\bar{s},\bar{s}) \geqslant 0, \quad \bar{s} \in S,\ \forall i \in N \tag{9.7}$$

$$\frac{\partial u_i(s_i,s_i)}{\partial s_i} = -E_{s_{-i}}\left\{\int_0^{Q_i(s_i,s_{-i})} \frac{\partial c_i(x,s_i,a_i)}{\partial s_i}\mathrm{d}x\right\}, \quad \forall i \in N,\ \forall s_i \in S \tag{9.8}$$

$$\sum_{i=1}^{n} Q_i \leqslant Q_0 \tag{9.9}$$

(9.7) 中 $\bar{s}$ 表示成本类型的最大值，则 $A(Q,T)$ 是一个可行的多属性采购拍卖机制。

证明 证明方法与命题 8.1 的证明方法类似，此处从略。 **[证毕]**

结合命题 9.1 的结果，$A(Q,T)$ 是一个最优拍卖机制的充要条件是 $A(Q,T)$ 在满足 (9.6)—(9.9) 的前提下使得采购商的期望效用 u_b 最大化。

下面的定理 9.2 给出了简化条件下的最优拍卖。

命题 9.2 考虑多属性采购拍卖 $A(Q,T)$，若 $Q_i(s)$ 是下列优化问题 (G_3) 的解：

$$(\mathrm{G}_3)\quad \begin{aligned} &\mathrm{Max}\ u_b = E_s\left\{\sum_{i=1}^{n}\left\{Q_i(s)\sum_{j=1}^{m} v_j(a_{ij}(s_i)) - \int_0^{Q_i(s_i,s_{-i})} c_i(x,s_i,a_i)\mathrm{d}x \right.\right. \\ &\qquad\qquad \left.\left. - \left[\int_0^{Q_i(s_i,s_{-i})} \frac{\partial c_i(x,s_i,a_i)}{\partial s_i}\mathrm{d}x\right]\frac{F(s_i)}{f(s_i)}\right\}\right\} \\ &\mathrm{s.t.}\begin{cases} \dfrac{\partial Q_i(s)}{\partial s_i} \leqslant 0, & \forall i \in N,\ \forall s_i \in S \\ \displaystyle\sum_{i=1}^{n} Q_i \leqslant Q_0 \\ 0 \leqslant Q_i \leqslant q_i^{\max}, & \forall i \in N \end{cases} \end{aligned}$$

且供应商 i 获得的期望转移支付满足

$$T_i(s) = \int_0^{Q_i(s_i,s_{-i})} c_i(x,s_i,a_i)\mathrm{d}x + E_{s_{-i}}\left\{\int_{s_i}^{\bar{s}}\left[\int_0^{Q_i(y,s_{-i})} \frac{\partial c_i(x,y,a_i)}{\partial s_i}\mathrm{d}x\right]\mathrm{d}y\right\} \tag{9.10}$$

则 $A(Q,T)$ 是一个最优多属性采购拍卖。

证明 证明方法与命题 8.2 的证明方法类似，此处从略。 **[证毕]**

9.3　多属性采购拍卖的性质讨论

下面讨论命题 9.2 描述的最优多属性采购拍卖的基本性质。

对于 (G_3) 中的目标函数

$$u_b = E_s \sum_{i=1}^{n} \left\{ Q_i(s) \sum_{j=1}^{m} v_j(a_{ij}(s_i)) - \int_0^{Q_i(s_i,s_{-i})} c_i(x,s_i,a_i)\mathrm{d}x \right. \\ \left. - \left[\int_0^{Q_i(s_i,s_{-i})} \frac{\partial c_i(x,s_i,a_i)}{\partial s_i}\mathrm{d}x \right] \frac{F(s_i)}{f(s_i)} \right\}$$

令

$$\pi_i(Q_i,s_i,a_i) = \sum_{j=1}^{m} v_j(a_{ij}(s_i)) - c_i(Q_i,s_i,a_i) - \frac{\partial c_i(Q_i,s_i,a_i)}{\partial s_i} \cdot \frac{F(s_i)}{f(s_i)} \tag{9.11}$$

其含义为类型为 s_i 的供应商提供质量为 a_{ij} 的单位产品对采购商效用的边际贡献。由此，采购商的期望效用可写为

$$u_b = E_s \left\{ \sum_{i=1}^{n} \int_0^{Q_i(s)} \pi_i(x,s_i,a_i)\mathrm{d}x \right\} \tag{9.12}$$

显然，在命题 9.2 描述的最优拍卖中，采购商为了实现期望效用最大化的目标，将优先考虑将物品分配给边际贡献大的供应商。边际贡献函数 $\pi_i(Q_i,s_i,a_i)$ 满足下列命题 9.3 中所描述的性质，此性质对于刻画最优拍卖是非常重要的。

命题 9.3　设函数 $\pi_i(Q_i,s_i,a_i)$ 为供应商 i 提供质量为 a_i 的单位产品对采购商效用的边际贡献，则对于所有的 i,s_i，有

$$\frac{\partial \pi_i(Q_i,s_i,a_i)}{\partial s_i} < 0$$

证明　由 (9.11) 式得

$$\frac{\partial \pi_i(Q_i,s_i,a_i)}{\partial s_i} = \sum_{j=1}^{m} \frac{\partial v_j(a_{ij}(s_i))}{\partial s_i} - \frac{\partial c_i(Q_i,s_i,a_i)}{\partial s_i} - \frac{\partial^2 c_i(Q_i,s_i,a_i)}{\partial s_i^2} \cdot \frac{F(s_i)}{f(s_i)} \\ - \frac{\partial c_i(Q_i,s_i,a_i)}{\partial s_i} \cdot \frac{\partial}{\partial s_i}\left(\frac{F(s_i)}{f(s_i)}\right)$$

由假设知质量属性 a_{ij} 为成本效率参数 s_i 的减函数，$v_j(a_{ij})$ 为质量属性 a_{ij} 的增函数，故有

$$\frac{\partial v_j(a_{ij}(s_i))}{\partial s_i} < 0, \quad i=1,2,\cdots,n;\ j=1,2,\cdots,m$$

另外，又由假设知

$$\frac{\partial c_i(Q_i, s_i, a_i)}{\partial s_i} > 0$$

$$\frac{\partial^2 c_i(Q_i, s_i, a_i)}{\partial s_i^2} > 0$$

$$\frac{\partial}{\partial s_i}\left(\frac{F(s_i)}{f(s_i)}\right) > 0$$

因此得

$$\frac{\partial \pi_i(Q_i, s_i, a_i)}{\partial s_i} < 0$$

[证毕]

拍卖结束时，关于采购商的最佳采购量，有如下结论：

命题 9.4 在命题 9.2 给出的最优多属性采购拍卖 $A(Q,T)$ 中，达到均衡时采购商的最佳采购量是 $Q^* = Q_0$。

证明 假设双方达到平衡时，采购商分配给供应商的允许供应总量为 Q^*，且 $Q^* < Q_0$。如果此时存在某个供应商 i 对均衡的偏离一方面对己有利，另一方面也能使采购商获利，则说明只有当 $Q^* = Q_0$ 时才能达到双方的均衡。

设真实类型为 s_i 的供应商 i 申报类型为 $\hat{s}_i$ 时的分配量为 $Q_i(\hat{s}_i, s_{-i})$，其中 $\hat{s}_i > s_i$。现假设供应商 i 进行偏离：将其申报类型由 $\hat{s}_i$ 改为 $\hat{s}_i'$，其中 $s_i < \hat{s}_i' < \hat{s}_i$。其他 $n-1$ 个供应商的投标策略保持不变。

一方面，由命题 9.1 的结论知

$$\frac{\partial u_i(s_i, \hat{s}_i)}{\partial s_i} = -E_{s_{-i}}\left\{\int_0^{Q_i(\hat{s}_i, s_{-i})} \frac{\partial c_i(x, s_i, a_i)}{\partial s_i}\mathrm{d}x\right\} < 0$$

于是当 $s_i < \hat{s}_i' < \hat{s}_i$ 时，有

$$u_i(s_i, \hat{s}_i') > u_i(s_i, \hat{s}_i)$$

即供应商 k $(k = 1, 2, \cdots, i-1, i+1, \cdots, n)$ 可在偏离中获利。

另一方面，由 (9.12) 式得

$$\frac{\partial u_b}{\partial Q_i} = \frac{\partial}{\partial Q_i}E_s\left\{\sum_{i=1}^{n}\int_0^{Q_i(s)} \pi_i(x, s_i, a_i)\mathrm{d}x\right\} = E_s\{\pi_i(Q_i, s_i, a_i)\} > 0$$

即在供应商 i 边际贡献不变的情况下，分得供应商 i 的允许供给量越多，采购商的效用越大。而当供应商 i 将其申报类型由 $\hat{s}_i$ 改为 $\hat{s}_i'$ 时，由命题 9.3 的结论可得

$$\pi_i(Q_i, \hat{s}_i', a_i) > \pi_i(Q_i, \hat{s}_i, a_i)$$

即供应商 i 偏离后对采购商效用的边际贡献增大。因此，采购商将会选择新的允许供应总量 $Q^* + \delta$ 来增大自己的收益，其增量 δ 分给供应商 i，即供应商 i 偏离后得

到的允许供应量为 $Q_i(\hat{s}_i', s_{-i}) = Q_i(\hat{s}_i, s_{-i}) + \delta$。下面来具体说明采购商选择新的允许供应总量 $Q^* + \delta$ 确实增加了自身收益。

设供应商 $k\ (k = 1, 2, \cdots, i-1, i+1, \cdots, n)$ 提供质量为 $a_k = (a_{k1}, a_{k2}, \cdots, a_{km})$ 的单位产品对采购商效用的边际贡献为 $\pi_k(Q_k, s_k, a_k)$，对应所分配的允许供给量为 $Q_k(s)$。由 (9.12) 式知，真实类型为 s_i 的供应商 i 申报类型为 $\hat{s}_i$ 时，此时采购商的期望效用为

$$u_{b1} = E_s\left\{\int_0^{Q_i(\hat{s}_i, s_{-i})} \pi_i(x, \hat{s}_i, a_i)\mathrm{d}x + \sum_{\substack{k=1\\k\neq i}}^{n}\int_0^{Q_k(s)} \pi_k(x, s_k, a_k)\mathrm{d}x\right\}$$

真实类型为 s_i 的供应商 i 将申报类型由 $\hat{s}_i$ 改成 $\hat{s}_i'$ 后，采购商的期望效用为

$$u_{b2} = E_s\left\{\int_0^{Q_i(\hat{s}_i, s_{-i})+\delta} \pi_i(x, \hat{s}_i', a_i)\mathrm{d}x + \sum_{\substack{k=1\\k\neq i}}^{n}\int_0^{Q_k(s)} \pi_k(x, s_k, a_k)\mathrm{d}x\right\}$$

由于 $\pi_i(Q_i, \hat{s}_i', a_i) > \pi_i(Q_i, \hat{s}_i, a_i)$，故有

$$\begin{aligned}
u_{b1} &= E_s\left\{\int_0^{Q_i(\hat{s}_i, s_{-i})} \pi_i(x, \hat{s}_i, a_i)\mathrm{d}x + \sum_{\substack{k=1\\k\neq i}}^{n}\int_0^{Q_k(s)} \pi_k(x, s_k, a_k)\mathrm{d}x\right\}\\
&\leqslant E_s\left\{\int_0^{Q_i(\hat{s}_i, s_{-i})} \pi_i(x, \hat{s}_i', a_i)\mathrm{d}x + \sum_{\substack{k=1\\k\neq i}}^{n}\int_0^{Q_k(s)} \pi_k(x, s_k, a_k)\mathrm{d}x\right\}\\
&\leqslant E_s\left\{\int_0^{Q_i(\hat{s}_i, s_{-i})+\delta} \pi_i(x, \hat{s}_i', a_i)\mathrm{d}x + \sum_{\substack{k=1\\k\neq i}}^{n}\int_0^{Q_k(s)} \pi_k(x, s_k, a_k)\mathrm{d}x\right\}\\
&= u_{b2}
\end{aligned}$$

故采购商也在偏离中获利。

因此，综合双方利益可知，分配方原有的均衡供给量 Q^* 必将会增加，直到 $Q^* = Q_0$ 时才能达到真正的均衡。 **[证毕]**

由命题 9.4 的结论可以看出，采购商不固定供给量，而采取供应商报价后视具体情况选取供给量 Q^* 以使得自身收益最大的分配方法可看成是一种威胁策略。事实上，基于各方利益最大化的原则，采购商的均衡采购策略仍然是选择 $Q^* = Q_0$。因此，可以利用这个性质来判断供应商所申报成本信息的真实性或准确程度，即当 $Q^* < Q_0$ 时，说明供应商报价的竞争性不够，还没有达到采购商的均衡采购量。采购商可以实时公布可能的分配结果让供应商进一步调整自己的投标，基于 (G_4) 所

描述的拍卖机制具有激励性，因此，供应商们为了争取在竞争中中标并能获得尽可能多的允许供应量，会依据当前的分配结果进一步调整自己的投标 (此时其报价逐步接近其真实的成本值)。$Q_0 - Q^*$ 越小，则说明供应商的报价越接近真实的生产成本。

9.4 多属性采购拍卖的实施步骤

综合上述所设计的最优采购拍卖机制及相关性质，下面给出可分离物品多属性采购拍卖 $A(Q,T)$ 的具体实施过程。

步骤 1 采购商 (拍卖人) 公布对所采购物品的基本要求，并宣布一定的投标规则，如必须在采购商规定的质量标准 $a^{\min} = (a_1^{\min}, a_2^{\min}, \cdots, a_m^{\min})$ 以上进行投标，投标价格不能高于某个最高限价 $p_{\max}$，交货时间不能超过规定时间 $T_{\max}$，等等。

步骤 2 n 个风险中性的供应商以密封投标的形式向采购商提交符合要求的投标。投标主要提交两方面的信息：一是基于边际成本函数 $c_i(x, s_i, a_i)$ 的报价，其中含具体的申报成本类型值 s_i 和承诺的质量属性值 $a_i = (a_{i1}, a_{i2}, \cdots, a_{im})$；二是供应商 i 根据自身在供货期内的生产能力以及采购商的要求所确定的最大供货量 $q_i^{\max}$。在拍卖中，每个供应商都有多次投标的机会。

步骤 3 采购商根据投标规则对所有供应商提交的投标进行统计分析，并将供应商当前提交的投标数据代入 (G_3)。通过利用 Lingo 软件求解优化问题 (G_3)，可以得出采购商分配给供应商 i 的允许供给量 $Q^*(s)$。采购商适时公布可能的分配结果，但不透露投标人的身份或详细投标情况。每个供应商根据当前公布的分配结果并结合自己的实际情况可以重新进行投标。

步骤 4 当所有供应商不再提交新的投标后，采购商以自身效用最大化为目标根据每个供应商的最终投标信息并依据模型 (G_3) 进行供应商优选。其分配规则是采购商依据 (G_3) 的结果 $Q^*(s) = (Q_1^*(s), Q_2^*(s), \cdots, Q_n^*(s))$ 来分配允许供给量给最终的中标者；其支付规则为：采购商按照 (9.10) 式的计算结果来支付给中标者，中标者将按照自己最终投标中承诺的质量标准向采购商提供所分配的允许供给数量为 $Q_i^*(s)$ 的物品。

9.5 本章小结

本章以一类可分离物品的采购为研究背景，提出了一种可分离物品的最优多属性采购拍卖机制。和现有的多属性采购机制研究相比，它具有如下特点：① 现有的多属性采购拍卖研究大多是以不可分物品为研究对象，本章特别针对一类具有“连续同质可分离”这一特点的物品 (如煤、石油、电力、天然气等) 拍卖为研究背景，且在供应商的投标是连续函数的前提下来设计多属性采购拍卖机制，从而丰富和拓展了多属性拍卖机制设计的理论。② 运用激励机制设计的思想，为可分离物品的采购设计了一种最优多属性采购拍卖机制。它不仅能诱导供应商诚实地披露自己的成本类型 (或经营能力)，还能提高拍卖人对社会资源的配置效率。③ 所提出的可分离物品最优多属性采购拍卖机制可以有效判断供应商所申报的成本信息的真实性。当采购商分配给供应商的允许供应总量 Q^* 小于计划的采购量 Q_0 时，采购商可以实时公布可能的分配结果激励供应商进一步调整报价，使其接近真实值。

第 10 章　离散属性下可分离物品的多属性采购拍卖机制

本章结合第 8 章提出的可分离物品最优多属性拍卖机制的基本框架，以可分离物品采购中供应商选择问题为背景，设计一个基于多属性拍卖的多源采购机制[21]。该机制中，以采购商为拍卖人，以供应商为投标人，供应商向采购商提交离散属性值 (一个关于多个属性值的数表) 的投标。具体地，首先给出可分离物品多属性采购拍卖的基本假设，定义采购商和供应商的效用函数；其次，给出供应商的得分规则和投标规则，以采购商效用最大化为目标，构建多属性采购拍卖供应商选择的优化模型，通过求解模型确定赢者和相应的供应量；最后，讨论投标人的最优投标策略，并设计一种最小增量投标法来模拟供应商多轮投标的全过程。

10.1　基本假设和符号说明

假设一个采购商需购买 Q_0 个单位的可分离物品，现有 n 个风险中性的供应商参与投标，投标人集合记为 $N=\{1,2,\cdots,n\}$。拍卖物品的属性集合记为 $A=\{p,q,A_1,A_2,\cdots,A_m\}$，其中 p 为价格属性 (1 个单位物品的价格)，q 为数量属性 (供应商的供货数量)，$A_1,A_2,\cdots,A_m$ 为 m 个除价格和数量以外的其他属性，统称为质量属性，如研发周期、交货时间、各种质量参数、服务质量、供应商信誉等。在实际应用中，需根据具体的采购物品来确定属性集合 A。

在拍卖中，设 n 个风险中性的供应商每次提交离散型的投标形如：$(p_i,q_i,a_{i1},a_{i2},\cdots,a_{im})$，其中 $p_i,q_i,a_{i1},a_{i2},\cdots,a_{im}$ 分别为属性 $p,q,A_1,A_2,\cdots,A_m$ 的属性值大小。设供应商 i 提供给采购商数量为 q_i^* 且质量为 $a_i=(a_{i1},a_{i2},\cdots,a_{im})$ 的物品所花费的成本函数为 $C_i(s_i,q_i^*,a_{i1},a_{i2},\cdots,a_{im})$，其中 s_i 为供应商 i 的成本效率参数，也可以理解为供应商的成本类型，简称为供应商类型，是供应商 i 的私人信号，只有自己才知道真实信息。供应商类型集合记为 $s=(s_1,s_2,\cdots,s_n)$。其他供应商和拍卖人只知道 s_i 的概率分布。设 s_i，$i=1,2,\cdots,n$ 是互相独立的且是定义于 $S=[\underline{s},\bar{s}]$ 上的随机变量，且有相同的分布函数 $F(\cdot)$ 和密度函数 $f(\cdot)$。这些是共同知识。此外，假设类型分布满足风险率单调性质：$\dfrac{F(\cdot)}{f(\cdot)}$ 关于 s_i 是单调不减的。下面给出成本函数 $C_i(s_i,q_i,a_{i1},a_{i2},\cdots,a_{im})$ 的具体定义[21]。

定义 10.1 设类型为 s_i 的供应商 i $(i \in N)$ 的成本函数对属性是可加的，且单位数量的物品产生的成本定义为 $c_i^1 = \sum_{j=1}^{m} c_{ij}(s_i, a_{ij})$，则数量为 q_i^* 的物品产生的总成本为

$$C_i(s_i, q_i^*, a_{i1}, a_{i2}, \cdots, a_{im}) = q_i^* \sum_{j=1}^{m} c_{ij}(s_i, a_{ij})$$

其中 $c_{ij}(s_i, \cdot)$ 是供应商 i 关于属性 A_j $(j = 1, 2, \cdots, m)$ 的成本函数，它关于属性值 a_{ij} 是递增的、凸的及在 a_{ij} 处是二次连续可微的，且 $c_{ij}(s_i, 0) = 0$；关于类型 s_i 也是递增的，且满足

$$\frac{\partial^2 c_{ij}(s_i, a_{ij})}{\partial s_i \partial a_{ij}} \geqslant 0$$

$$\frac{\partial^2 c_{ij}(s_i, a_{ij})}{\partial^2 s_i} \geqslant 0$$

$c_{ij}(s_i, \cdot)$ 是供应商 i 的私有信息，只有自己才知道真实信息。

基于定义 10.1 中的成本函数，则单位物品报价为 p_i、单位数量的物品产生的效用可表示为

$$u_{si}^1(s_i, p_i, a_{i1}, a_{i2}, \cdots, a_{im}) = p_i - \sum_{j=1}^{m} c_{ij}(s_i, a_{ij})$$

进而单位物品报价为 p_i、供货数量为 q_i^* 的供应商的效用函数可表示为

$$u_{si}(s_i, p_i, q_i, a_{i1}, a_{i2}, \cdots, a_{im}) = q_i p_i - C_i(q_i, a_{i1}, a_{i2}, \cdots, a_{im}) = q_i^* p_i - q_i^* \sum_{j=1}^{m} c_{ij}(s_i, a_{ij})$$

由此易知：对于赢得投标的供应商 i，其效用随着报价 p_i 的增加而增加，且随着质量属性 A_j $(j = 1, 2, \cdots, m)$ 的值 a_{ij} 的增大而减小。

下面进一步定义采购商的效用函数。

定义 10.2 假设采购商的效用函数对质量属性 $A_1, A_2, \cdots, A_m$ 是可加的，且单位数量的物品产生的收益定义为 $\sum_{j=1}^{m} v_j(a_{ij})$，则 q_i^* 数量的物品对采购商产生的总收益为

$$v_i(q_i, a_{i1}, a_{i2}, \cdots, a_{im}) = q_i^* \sum_{j=1}^{m} v_j(a_{ij})$$

其中 $v_j(\cdot)$ 是采购商关于属性 A_j $(j = 1, 2, \cdots, m)$ 的收益函数，它关于属性值 a_{ij} 是递增的、凹的且在 a_{ij} 处是二次连续可微的。$v_j(\cdot)$ 对于所有供应商是相同的，且是已知的公共信息，在投标前公开发布。

由定义 10.2，当供应商 i 递交的投标中第 j 个质量属性值为 a_{ij} 时，对采购商产生的收益为 $v_j(a_{ij})$。因此，当投标为 $(p_i, q_i, a_{i1}, a_{i2}, \cdots, a_{im})$ 的供应商 i 赢得投标时，且赢得的允许供应量为 q_i^* 时，采购商由此获得的效用可表示为

$$u_{bi}(p_i, q_i, a_{i1}, a_{i2}, \cdots, a_{im}) = v_i(q_i, a_{i1}, a_{i2}, \cdots, a_{im}) - p_i q_i^* = q_i^* \sum_{j=1}^{m} v_j(a_{ij}) - p_i q_i^*$$

拍卖结束时，采购商获得的总效用是

$$u_b = \sum_{i=1}^{n} u_{bi}(p_i, q_i, a_{i1}, a_{i2}, \cdots, a_{im}) = \sum_{i=1}^{n} q_i^* \left[\sum_{j=1}^{m} v_j(a_{ij}) - p_i \right]$$

10.2 多属性采购拍卖机制设计

10.2.1 机制设计思想

对于可分离物品的多属性采购拍卖，其设计思想是：在所有供应商提交投标前，采购商公布对所采购物品的基本要求和计分规则，然后供应商以 $(p_i, q_i, a_{i1}, a_{i2}, \cdots, a_{im})$ 的形式进行密封投标。在拍卖中，每个供应商都有多次投标的机会。采购商根据得分规则对所有供应商提交的投标进行统计分析，并及时公开显示得分及排名，但不透露投标人的身份或详细投标情况。经过多轮投标，即当所有供应商投标完毕后，采购商以自身效用最大化为目标根据每个供应商的最终投标信息进行供应商优选，并分配获胜供应商的允许供应量。

10.2.2 基本规则设置

1) 供应商得分规则

拍卖的目标是最大化采购商的效用，即

$$\text{Max } u_b = \sum_{i=1}^{n} q_i^* \left[\sum_{j=1}^{m} v_j(a_{ij}) - p_i \right] \tag{10.1}$$

在 $u_b = \sum_{i=1}^{n} q_i^* \left[\sum_{j=1}^{m} v_j(a_{ij}) - p_i \right]$ 中，令 $\left[\sum_{j=1}^{m} v_j(a_{ij}) - p_i \right] = S_i$。显然，在 Max u_b 的目标下，当 q_i^* 不变时，u_b 随着 S_i 的增大而增大。而且，当质量值 a_{ij} 不变时，供应商的报价 p_i 越低，S_i 的值越大；报价 p_i 不变时，所提供产品的质量水平越高，S_i 的值越大。

因此，为了达到采购商效用最大化的目标，并积极引导供应商上报真实的成本类型 (说真话)，特定义如下的得分规则：

定义 10.3 在多属性采购拍卖中，采购商向供应商公开公布的得分函数定义为

$$S_i = \sum_{j=1}^{m} v_j(a_{ij}) - p_i$$

2) 保留价格、保留质量、保留得分规则

对于单位物品，设置一个最低的保留质量要求 $\underline{a} = (\underline{a}_1, \underline{a}_2, \cdots, \underline{a}_m)$ 和最高的价格限制 $\bar{p}$，基于此对应有一个最低得分要求 $\underline{S} = \sum_{j=1}^{m} v_j(\underline{a}_j) - \bar{p}$，称为保留得分。这些都是公有信息。

本拍卖规则要求所有供应商在进行各轮投标时，所提交的质量水平必须不低于 $\underline{a} = (\underline{a}_1, \underline{a}_2, \cdots, \underline{a}_m)$，且单位物品的报价不能超过 $\bar{p}$，得分必须不低于 $\underline{S}$。

3) 供应商各轮投标规则

采购商通过设置一个最小投标增量 D 来加快投标进程。具体地，要使得类型为 S_i 的供应商第 $t+1$ (t 为正整数) 轮的投标 $(p_i^{(t+1)}, q_i^{(t+1)}, a_{i1}^{(t+1)}, a_{i2}^{(t+1)}, \cdots, a_{im}^{(t+1)})$ 是有效的，则此投标的得分值 $S_i^{(t+1)} = \sum_{j=1}^{m} v_j(a_{ij}^{(t+1)}) - p_i^{(t+1)}$ 必须等于或者高于当前的最高得分值 $S_{\max}^{\text{current}}$，至少高出 D ($D > 0$)，D 为采购商设置的最小投标增量，为公共信息。

4) 供应商优选规则

由于所拍卖的是可分离物品，特别是对于煤炭、石油、电力、天然气等一类“稀有”的可分离物品，单个供应商所能提供的数量有限，在规定时间内很难满足采购商的需求。因此，这里假设采购商采用多源采购策略，即最终的中标人不要求唯一，可以是一个，也可以是多个。

5) 支付规则

拍卖结束时，获胜的供应商以他最终提交投标中的报价获得供应合同，同时必须提供自己所许诺质量水平的物品给采购商。

6) 其他特殊规则

对于一些特殊物品的采购，还可以设置如下规则，如：

(1) 供应商的交货时间限制：如交货时间 $a_{ij} \leqslant T$，其中 T 是采购商限定供应商的交货时间上限。

(2) 采购商为了拓展自己的业务，需要寻找更多的合作伙伴建立更广泛的合作关系，因此对个体供应商投标数量进行限制，使得更多的供应商有机会中标，即 $q_i \leqslant q_{\max}$，其中 $q_{\max}$ 为限定的供应商最大供应数量。

在拍卖实践中，采购商规定的最低的保留质量 $\underline{a}$、最高保留限价 H、供应商的交货时间上限 T、最大投标数量 $q_{\max}$ 等基本条件都会在供应商提交投标前公布。

每个供应商提交各轮投标时，采购商将会进行严格审查，违反基本规则的投标将被淘汰。

特别地，规定每个供应商提交的投标中供货数量 q_i 为定值，在下一轮提交的投标中不允许改变，此定值是供应商依据他在交货限期内的生产能力和采购商所限定的最大供应数量 $q_{\max}$ 来共同确定的。供应商 i 上报的供货数量 q_i 只有他自己和采购商知道，其他供应商都不知道。

10.2.3 中标人优选模型

基于 10.2.2 节中给出的供应商优选规则，特引入变量 $x_i \in [0,1]$，表示供应商 i 的最终中标状态，其定义如下：

定义 10.4 $x=(x_1,x_2,\cdots,x_n)$ 称为供应商的中标状态向量，x_i 称为供应商 i 的最终中标状态值，其中：

(i) 当 $x_i=1$ 时，表示供应商全额中标，即以单位价格 p_i 供给采购商 q_i 个单位的物品；

(ii) 当 $0<x_i<1$ 时，表示供应商部分中标，即以单位价格 p_i 供给采购商 x_iq_i 个单位的物品；

(iii) 当 $x_i=0$ 时，表示供应商没有中标。

下面来构建多属性采购拍卖的中标人优选模型。

由定义 10.4，赢得投标的供应商 i 最终被分配到的允许供应量 q_i^* 可表示为 $q_i^*=x_iq_i$，其中 $0\leqslant x_i\leqslant 1$，$q_i$ 为供应商 i 最终投标中给出的供给量。于是，多属性采购拍卖的目标函数 (10.1) 可改写为

$$\text{Max } u_b=\sum_{i=1}^{n}(x_iq_i)\left[\sum_{j=1}^{m}v_j(a_{ij})-p_i\right]$$

实现此目标必须满足如下条件。

(1) 允许供应量限制。所有中标供应商被分配到的允许供应量之和为 Q_0，即

$$\sum_{i=1}^{n}x_iq_i=Q_0$$

其中 $0\leqslant x_i\leqslant 1$。

(2) 在供应商投标为 $(p_i,q_i,a_{i1},a_{i2},\cdots,a_{im})$ 的前提下，采购商和供应商的效用均非负，即

$$u_{bi}=(x_iq_i)\left[\sum_{j=1}^{m}v_{ij}(a_{ij})-p_i\right]\geqslant 0,\quad i=1,2,\cdots,n$$

$$u_{si}=(x_iq_i)\left[p_i-\sum_{j=1}^{m}c_{ij}(s_i,a_{ij})\right]\geqslant 0,\quad i=1,2,\cdots,n$$

基于以上分析，多属性采购拍卖的中标人优选模型可表示为

$$(\mathrm{G}_4)\qquad \begin{aligned}&\mathrm{Max}\ u_b=\sum_{i=1}^{n}(x_iq_i)\left[\sum_{j=1}^{m}v_{ij}(a_{ij})-p_i\right]\\ &\mathrm{s.t.}\ \begin{cases}\sum_{i=1}^{n}x_iq_i=Q_0\\ u_{si}\geqslant 0, & i=1,2,\cdots,n\\ u_{bi}\geqslant 0, & i=1,2,\cdots,n\\ 0\leqslant x_i\leqslant 1, & i=1,2,\cdots,n\end{cases}\end{aligned}$$

显然，当所有供应商经历了多轮竞争性投标过程，都提交了最终投标后，p_i,q_i, a_{ij} 都是已知数，且 Q_0,v_j 也是采购商给定的已知信息。通过求解线性规划 (G_4)，最终可以求得供应商的中标状态向量 $x=(x_1,x_2,\cdots,x_n)$。

值得注意的是，当某个供应商 k $(k\in N)$ 的投标为 $(p_k,q_k,a_{k1},a_{k2},\cdots,a_{km})$ 时，如果求得某个供应商的中标状态是 $x_k\in(0,1)$，例如，$x_k=0.6$，其含义仅是供应商 k 最终以价格 p_k 供给采购商数量为 $0.6q_k$ 的物品，并不是说供应商最终提供给采购商的单位物品价格为 $0.6p_k$，也不是说供应商最终提供给采购商的质量属性值为 $0.6a_{kj}$，$j=1,2,\cdots,m$。

下面的命题 10.1 给出了模型 (G_4) 的最优解的存在性以及解的性质。

命题 10.1 模型 (G_4) 存在最优解，且得分 S_i，$i=1,2,\cdots,n$ 越高，对应的 x_i 值越大。

证明 由投标规则知，每个供应商的投标 $(p_i,q_i,a_{i1},a_{i2},\cdots,a_{im})$，$i=1,2,\cdots,n$ 必须满足供应商的效用和采购商均非负的条件，即 $u_{s,i}\geqslant 0$ 和 $u_{b,i}\geqslant 0$，否则其投标被认为是无效投标。因此只需在 $\sum_{i=1}^{n}x_iq_i=Q_0$ 和 $0\leqslant x_i\leqslant 1$ 两个条件下讨论 (G_4) 的解 $x=(x_1,x_2,\cdots,x_n)$。

不失一般性，假设供应商的得分满足 $S_1\geqslant S_2\geqslant\cdots\geqslant S_n$，并设 $q_ix_i=y_i$，$i=1,2,\cdots,n$。于是问题转化为在 $\sum_{i=1}^{n}y_i=Q_0$ 和 $0\leqslant\dfrac{y_i}{q_i}\leqslant 1$ 两个约束条件下使得 $u_b=\sum_{i=1}^{n}y_is_i$ 最大化。

由 $\sum_{i=1}^{n} y_i = Q_0$，得 $y_1 = Q_0 - \sum_{i=2}^{n} y_i$，于是 u_b 可改写为

$$u_b = \left(Q_0 - \sum_{i=2}^{n} y_i\right) S_1 + \sum_{i=2}^{n} y_i s_i = Q_0 S_1 - y_2(S_1 - S_2) - y_3(S_1 - S_3) - \cdots - y_n(S_1 - S_n)$$

又因为 $S_1 \geqslant S_2 \geqslant \cdots \geqslant S_n$，所以 $S_1 - S_2 \geqslant 0, S_1 - S_3 \geqslant 0, \cdots, S_1 - S_n \geqslant 0$。另外由 $Q_0 S_1$，$S_1 - S_i$ 和 q_i，$i = 2, 3, \cdots, n$ 都是常数，且 $\sum_{i=1}^{n} y_i = Q_0$，于是可得：$y_2, y_3, \cdots, y_n$ 越小，u_b 的值越大。也就是说，当满足 $S_1 \geqslant S_2 \geqslant \cdots \geqslant S_n$ 时，若 $x_1 \in [0,1]$ 达到最大值，则 u_b 也会达到最大值。又由于 $q_1 \leqslant q_{\max} < Q_0$，可得 $x_1 = 1$。

同理可得：当 $S_2 \geqslant \cdots \geqslant S_n$ 时，$x_2 \in [0,1]$ 越大，u_b 的值就越大。因此，当满足条件 $q_2 \leqslant Q_0 - q_1$ 时，$x_2 = 1$；当满足条件 $q_2 > Q_0 - q_1$ 时，

$$x_2 = \frac{Q_0 - q_1}{q_2}, \quad x_2 = x_3 = \cdots = x_n = 0$$

类似地，对于任意的 $x_k \in [0,1]$，$k = 3, 4, \cdots, n$，当满足条件 $q_k \leqslant Q_0 - \sum_{i=1}^{k-1} q_i$ 时，$x_k = 1$；当满足条件 $q_k \geqslant Q_0 - \sum_{i=1}^{k-1} q_i$ 时，

$$x_k = \frac{Q_0 - \sum_{i=1}^{k-1} q_i}{q_2}, \quad x_{k+1} = x_{k+2} = \cdots = x_n = 0$$

综合上述分析可知，模型 (G_4) 存在最优解，且当满足条件 $S_1 \geqslant S_2 \geqslant \cdots \geqslant S_n$ 时，解满足 $x_1 \geqslant x_2 \geqslant \cdots \geqslant x_n$，即说明得分 S_i 越高，对应的 x_i 值越大。 **[证毕]**

上述证明过程中的 $q_i x_i = y_i$ 实际上就是供应商得到的允许供应量 q_i^*，即 $q_i^* = x_i q_i = y_i$。由证明过程易得到 q_i^* 的结果如下：

(i) 若 $q_1 < Q_0$，则 $q_1^* = Q_0$，$q_2^* = q_3^* = \cdots = q_n^* = 0$。

(ii) 若 $q_1 < Q_0$ 且 $q_2 \leqslant Q_0 - q_1$，则 $q_2^* = q_2$，$q_3^* = \cdots = q_n^* = 0$。

(iii) 若 $q_1 < Q_0$ 且 $q_2 > Q_0 - q_1$，则 $q_2^* = \dfrac{Q_0 - q_1}{q_2} Q_0$，$q_3^* = \cdots = q_n^* = 0$。

(iv) 对于任意的 $k = 3, 4, \cdots, n$，若 $q_k \leqslant Q_0 - \sum_{i=1}^{k-1} q_i$，则 $q_k^* = q_k$，$q_{k+1}^* = q_{k+2}^* = \cdots = q_n^* = 0$。

(v) 对于任意的 $k=3,4,\cdots,n$，若 $q_k > Q_0-\sum_{i=1}^{k-1} q_i$，则 $q_k^* = \dfrac{Q_0-\sum_{i=1}^{k-1} q_i}{q_k} Q_0$，$q_{k+1}^* = q_{k+2}^* = \cdots = q_n^* = 0$。

上述结果说明了得分越高供应商将会优先得到允许供应量 $q_i^* = x_i q_i$。因此，采购商可将 (G_4) 所描述的供应商优选方法在供应商提交投标之前公开，这将会引导供应商尽可能地上报自己的真实信息来提高得分，从而增大中标机会。

10.3 供应商策略分析

假定每个供应商都是采取最佳近视反应的投标策略，即每个供应商的下一轮投标行为都是基于考虑当前轮次的效用最大化。设当前的最高得分为 $S_{\max}^{\text{current}}$，采购商设置的最小投标增量为 D，如果供应商 i 要进行第 $t+1$ 轮投标，则他的最佳投标策略 $(p_i^{(t+1)*}, q_i^{(t+1)*}, a_{i1}^{(t+1)*}, a_{i2}^{(t+1)*}, \cdots, a_{im}^{(t+1)*})$ 的选择等价于求解如下优化问题 (G_5)：

$$(G_5)\quad \begin{aligned} &\text{Max } u_{si}^1 = p_i^{(t+1)} - \sum_{j=1}^{m} c_{ij}(s_i, a_{ij}^{(t+1)}) &(10.2)\\ &\text{s.t.}\ \ s_i^{(t+1)} = \sum_{j=1}^{m} v_j(a_{ij}^{(t+1)}) - p_i^{(t+1)} = S_{\max}^{\text{current}} + D &(10.3)\end{aligned}$$

需要说明的是，由 10.2.2 节中设置的基本投标规则，供应商 i 提交的数量 $q_i^{(t+1)*}$ 是依据他在交货限期内的生产能力和采购商所限定的最大供应数量 $q_{\max}$ 来共同确定的一个定值，在各轮投标中均相同，即 $q_i^{(t+1)*} = q_i^{(t)*} = \cdots = q_i^{(1)*}$，在后面统一表示成 Q_i^*。因此在考虑供应商 i 的最佳投标策略时，只需考虑价格属性的最优值 $p_i^{(t+1)*}$ 和质量属性的最优值 $a_{ij}^{(t+1)*}$。

基于优化问题 (G_5)，可得到命题 10.2 所表述的供应商最佳投标策略。

命题 10.2 基于定义 10.1—定义 10.3 中所定义的供应商成本函数 $c_{ij}(s_i, a_{ij})$、采购商的收益函数 $v_j(a_{ij})$、得分函数 S_i，且给定当前的最高得分 $S_{\max}^{\text{current}}$ 和采购商设置的最小投标增量为 D，则供应商 i 的最佳投标策略为：

(i) 若 $p_i^{(t+1)*}, a_{i1}^{(t+1)*}, a_{i2}^{(t+1)*}, \cdots, a_{im}^{(t+1)*}$ 满足如下条件：

$$\frac{\partial[c_{ij}(s_i, a_{ij}^{(t+1)*}) - v_j(a_{ij}^{(t+1)*})]}{\partial a_{ij}^{(t+1)*}} = 0 \tag{10.4}$$

$$\begin{gathered} p_i^{(t+1)*} = \sum_{j=1}^{m} v_j(a_{ij}^{(t+1)*}) - S_{\max}^{\text{current}} - D \\ i=1,2,\cdots,n, \quad j=1,2,\cdots,m \end{gathered} \tag{10.5}$$

并使得

$$p_i^{(t+1)*} - \sum_{j=1}^{m} c_{ij}(s_i, a_{ij}^{(t+1)*}) \geqslant 0$$

则供应商 i 将进行新一轮得分为 $s_i^{(t+1)} = S_{\max}^{\text{current}} + D$ 的投标，其投标值为

$$(p_i^{(t+1)*}, Q_i^*, a_{i1}^{(t+1)*}, a_{i2}^{(t+1)*}, \cdots, a_{im}^{(t+1)*})$$

(ii) 若满足条件 (10.4) 和 (10.5) 的 $p_i^{(t+1)*}, a_{i1}^{(t+1)*}, a_{i2}^{(t+1)*}, \cdots, a_{im}^{(t+1)*}$ 使得

$$p_i^{(t+1)*} - \sum_{j=1}^{m} c_{ij}(s_i, a_{ij}^{(t+1)*}) < 0$$

则供应商 i 不会进入下一轮的投标，即供应商 i 的投标过程结束。

证明 由于供应商 i 第 $t+1$ 轮的最佳策略 $(p_i^{(t+1)*}, Q_i^*, a_{i1}^{(t+1)*}, a_{i2}^{(t+1)*}, \cdots, a_{im}^{(t+1)*})$ 的选择等价于求解优化问题 (G_5)，故只需求出 (G_5) 的最优解即可。

由 (10.3) 得

$$p_i^{(t+1)} = \sum_{j=1}^{m} v_j(a_{ij}^{(t+1)}) - S_{\max}^{\text{current}} + D$$

将其代入 (10.2) 中，优化目标变成

$$\text{Max } u = \sum_{j=1}^{m} v_j(a_{ij}^{(t+1)}) - S_{\max}^{\text{current}} + D - q_i \sum_{j=1}^{m} c_{ij}(s_i, a_{ij}^{(t+1)})$$

要实现目标最大化，等价于 $\dfrac{\partial u}{\partial a_{ij}} = 0$，即有

$$\frac{\partial[c_{ij}(s_i, a_{ij}^{(t+1)*}) - v_j(a_{ij}^{(t+1)*})]}{\partial a_{ij}^{(t+1)*}} = 0$$

由此式即可求出 $a_{ij}^{(t+1)*}$，再将 $a_{ij}^{(t+1)*}$ 代入 (10.3) 可得

$$p_i^{(t+1)*} = \sum_{j=1}^{m} v_j(a_{ij}^{(t+1)*}) - S_{\max}^{\text{current}} - D$$

即 (G_5) 的最优解 $p_i^{(t+1)*}, a_{i1}^{(t+1)*}, a_{i2}^{(t+1)*}, \cdots, a_{im}^{(t+1)*}$ 满足 (10.4) 式和 (10.5) 式。

若满足 (10.4) 式和 (10.5) 式的 $p_i^{(t+1)*}, a_{i1}^{(t+1)*}, a_{i2}^{(t+1)*}, \cdots, a_{im}^{(t+1)*}$ 使得 (G_5) 的目标非负，即供应商 i 在最大化自身效用前提下还可以通过新的投标 $(p_i^{(t+1)*}, Q_i^*, a_{i1}^{(t+1)*}, a_{i2}^{(t+1)*}, \cdots, a_{im}^{(t+1)*})$ 来增加自己的得分，从而加大中标的机会。

若满足 (10.4) 式和 (10.5) 式的 $p_i^{(t+1)*}, a_{i1}^{(t+1)*}, a_{i2}^{(t+1)*}, \cdots, a_{im}^{(t+1)*}$ 使得 (G_5) 的目标小于零，则理性的供应商将在此轮结束而不会进行新的投标。因为在采购商公布的投标规则下，虽然新的投标能提高得分，增大中标机会，但是新的投标会给自己带来负效用。 **[证毕]**

由命题 10.2 的结论可知，任一供应商在进行多轮投标时，只有通过 (10.4) 式确定自己每轮应提供的质量属性值，通过 (10.5) 式确定自己每轮的报价，才能确保自己的效用最大化。

10.4　投标过程描述

结合 10.2.2 节给出的基本规则设置和命题 10.2 给出的供应商投标策略，下面来完整描述供应商投标的全过程。下面的投标过程称为 “最小增量投标法”。

n 个供应商在采购商设定的得分函数 $S_i = \sum_{j=1}^{m} v_j(a_{ij}) - p_i$、保留价格 $\bar{p}$、保留质量 $\underline{a} = (\underline{a}_1, \underline{a}_2, \cdots, \underline{a}_m)$、保留得分 $\underline{S} = \sum_{j=1}^{m} v_j(\underline{a}_j) - \bar{p}$ 和最小投标增量 D 的基本信息下按照一定的先后顺序 (如按照生产规模从小到大，或者按照报名参加竞标的先后顺序) 逐一进行投标。具体投标过程如下：

第 1 轮投标

第 1 阶段：第 1 个投标人以 $(p_1^{(1)*}, Q_1^*, a_{11}^{(1)*}, a_{12}^{(1)*}, \cdots, a_{1m}^{(1)*})$ 进行投标，投标的得分 $S_1^{(1)} > \underline{S}$，其中 p_1^* 满足 $p_1^{(1)*} \geqslant \bar{p}$；$a_{11}^{(1)*}, a_{12}^{(1)*}, \cdots, a_{1m}^{(1)*}$ 是下列 m 个方程的解：

$$\frac{\partial[c_{1j}(s_1, a_{1j}^{(1)*}) - v_j(a_{1j}^{(1)*})]}{\partial a_{1j}^{(1)*}} = 0, \quad j = 1, 2, \cdots, m$$

第 2 阶段：第 2 个投标人以 $(p_2^{(1)*}, Q_2^*, a_{21}^{(1)*}, a_{22}^{(1)*}, \cdots, a_{2m}^{(1)*})$ 进行投标，投标的得分为 $S_2^{(1)} = S_1^{(1)} + D$，其中 $p_2^{(1)*}, a_{21}^{(1)*}, a_{22}^{(1)*}, \cdots, a_{2m}^{(1)*}$ 是下列方程组的解：

$$\begin{cases} \dfrac{\partial[c_{2j}(s_2, a_{2j}^{(1)*}) - v_j(a_{2j}^{(1)*})]}{\partial a_{2j}^{(1)*}} = 0, \quad j = 1, 2, \cdots, m \\ p_2^{(1)*} = \sum\limits_{j=1}^{m} v_j(a_{2j}^{(1)*}) - S_1^{(1)} - D \end{cases}$$

类似地，有：

第 k 阶段：第 k $(k = 3, \cdots, n)$ 个投标人以 $(p_k^{(1)*}, Q_k^*, a_{k1}^{(1)*}, a_{k2}^{(1)*}, \cdots, a_{km}^{(1)*})$ 进行投标，投标的得分为 $S_k^{(1)} = S_1^{(1)} + (k-1)D$，其中 $p_k^{(1)*}, a_{k1}^{(1)*}, a_{k2}^{(1)*}, \cdots, a_{km}^{(1)*}$ 是

下列方程组的解:

$$\begin{cases} \dfrac{\partial[c_{kj}(s_k,a_{kj}^{(1)*})-v_j(a_{kj}^{(1)*})]}{\partial a_{kj}^{(k)*}}=0, \quad j=1,2,\cdots,m \\ p_k^{(1)*}=\sum_{j=1}^{m} v_j(a_{kj}^{(1)*})-S_1^{(1)}-(k-1)D \end{cases}$$

当轮到第 i $(i=1,2,3,\cdots,n)$ 个人投标时，按照命题 10.2 的结论 (i) 和结论 (ii) 来判断是否提交第一轮的投标。当 n 个人全部按照一定顺序都轮到一次投标后，第 1 轮投标完成。所有提交了第 1 轮投标的人进入第 2 轮投标环节。

……

第 r $(r \geqslant 2)$轮投标

在第 r $(r \geqslant 2)$ 轮投标中，供应商依然按照第 1 轮的次序进行投标，所有人的投标策略和第 1 轮相同。

当所有供应商都不再提供新的投标时，整个投标过程结束。此时拍卖人的效用将不能进一步改善。

10.5 采购拍卖机制的可行性分析

基于上述的分配规则、支付规则以及采购商设定的得分函数，下面讨论所设计的机制是否是可行机制，即是否满足激励相容性条件和个体理性条件。

1) 激励相容性分析

由设定的得分函数 $S_i=\sum\limits_{j=1}^{m} v_j(a_{ij})-p_i$ 可知，供应商得分的高低取决于两个因素：一个是质量属性因素，每个质量属性取值越高，得分也越高；另一个是价格因素，价格越低，得分越高。由命题 10.2 可知，供应商 i 每轮投标的质量属性的最优选择通过 (10.4) 式给出，最优价格的选择通过 (10.5) 式给出。

按照 (10.4) 式的结果，供应商 i 在各轮提交的最优质量值是不变的。每轮投标需要考虑的是价格的选择，而由 (10.5) 式 $p_i^{(t+1)*}-\sum\limits_{j=1}^{m} v_j(a_{ij}^{(t+1)*})-S_{\max}^{\text{current}}-D$ 的要求，每个供应商的报价都是从高到低变化。当满足 $p_i^{(t+1)*}-\sum\limits_{j=1}^{m} c_{ij}(s_i,a_{ij}^{(t+1)*})\geqslant 0$，即单位物品报价大于或者等于单位物品成本时，供应商会一直进行下一轮投标，来增加自己的得分以加大中标的机会。在此过程中，供应商的报价会朝着自己真实成本的方向逐渐靠近。当单位物品报价小于单位物品成本时，虽然得分增加，中标机会增加，但是效用为负，此时理性的供应商将停止投标。由此可得尽量报出自己的真实成本是供应商投标的占优策略，即说明了该机制是激励相容的。

2) 个体理性分析

由命题 10.2 的结论 (ii) 知，每个供应商结束投标的条件是

$$p_i^{(t+1)*} - \sum_{j=1}^{m} c_{ij}(s_i, a_{ij}^{(t+1)*}) < 0$$

此条件说明了每个理性的供应商都不会提交单位报价低于自己真实成本的投标，以保证自己的收益大于零。由此可得该机制是满足个体理性条件的。

10.6 本章小结

本章以多源采购为对象设计了一个可分离物品多属性拍卖的供应商优选模型。与现有中标人优选模型不同的是，本章所设计的优化模型的中标人可以唯一，也可以是多个。这种设计可使得整个拍卖更灵活、更具竞争性，从而让采购商能更好地优选供应商以获得更高效率的产品，还能更好地拓展自己的业务范围、建立更广泛的合作关系。另外，还提出了一种最小增量投标法来模拟供应商投标的全过程。这种方法不仅能诱导供应商真实地披露自己的成本类型 (或经营能力)，还能提高拍卖人对社会资源的配置效率。

第 11 章　基于多属性拍卖与供应链风险管理的两阶段复合采购机制

在传统的多物品采购机制中，对供应商进行评价时，一般机制大多是考虑商业标准下的影响因素 (即价格、数量、质量、交货时间等)，而很少考虑供应商所处供应链环境的风险因素来对供应商的风险问题进行深入探讨和分析[148−161]。即使有少数文献研究了供应链风险管理下供应商选择问题，但是大多仅仅是定性分析，没有真正把风险因素进行量化后考虑到供应商的整体水平评价中[162−181]。基于此背景，本章以可分离物品的多属性多源采购决策问题为实际背景，同时在考虑商业标准的影响因素和供应链风险因素的前提下，首先提出一套新的供应商选择指标体系，其次基于多属性拍卖和多属性决策的理论与方法探讨一种可分离物品多属性多源采购的两阶段复合机制[13]。在该复合机制的第一阶段，设计一个多属性拍卖机制来确定入围供应商人选。第二阶段，将入围供应商的风险因素指标评价值考虑进去，综合商业标准指标值和风险因素指标值，提出两种新的多属性决策方法——二元语义灰关联分析法和二元语义 VIKOR 法对所有入围供应商进行排序并确定最终赢者。

11.1　考虑商业标准和供应链风险的供应商评价指标体系

考虑到减少风险是企业供应链管理的主要任务，因此在对供应商进行选择时，不仅要考虑到商业标准下的影响因素 (如质量、价格、交货时间等)，还应考虑供应链的风险因素。本章在借鉴国内外关于供应链风险分析及供应商风险评价等方面指标体系研究成果的基础上[182−195]，同时考虑商业标准的影响因素和供应链的风险因素，建立如表 11.1 所示的供应商评价指标体系。

下面对表 11.1 中的各项评价指标的含义进行逐一阐释。

商业标准下的 4 个指标的含义如下：

A_1 质量：主要是指供应商所供给的原材料、初级产品或消费品组成部分的质量。比如，在电煤采购中，需要考虑电煤的发热量、水分、灰分、挥发分、灰熔点和煤硫分 6 个质量属性。高质量的产品是保证供应链有效运作的关键，是供应链生存之本。如果产品的质量低劣，将会造成巨大的人力资本浪费，该产品将会缺乏市场竞争力，丧失产品的预期利润和市场机遇，并将很快退出市场。

表 11.1 供应商评价指标体系

一级指标	二级指标
商业标准	A_1 质量
	A_2 价格
	A_3 数量
	A_4 交货时间
供应链风险	A_5 技术风险
	A_6 信息风险
	A_7 管理风险
	A_8 经济风险
	A_9 自然风险
	A_{10} 社会风险
	A_{11} 道德风险

A_2 价格：一般指进行交易时，买方所需要付出的代价或付款，具体是指供应商所供给的原材料、初级产品或消费品组成部分的价格。价格是供应商评价的核心指标，供应商报价的高低影响供应商能否成为赢者的直接影响因素。

A_3 数量：供应商在某一时间内和一定价格水平下，愿意并且有能力提供的物品的最大数量。

A_4 交货时间：供应商按买卖合同规定将合同货物交付给采购商的期限。交货时间是买卖合同的主要交易条件。供应商按买卖合同规定将合同货物交付给采购商的期限。交货时间是买卖合同的主要交易条件。交货时间受生成、运输、库存等多方面因素的影响，可能存在提前或延期交货。但该值越接近采购商预定的交货时间越好。

供应链风险下的 7 个指标的含义如下：

A_5 技术风险：供应商的技术能力是其经营发展的核心能力。在现代市场竞争中，技术进步越来越快，高新技术的运用越来越广泛。一项新技术的应用或者一项技术的创新都意味着新产品的出现、新的市场机会以及新的利润增长点。如果供应商不能快速吸收新技术，不能进行技术创新，并将其应用于生产实践，其产品必然缺乏市场竞争力。可以从新产品开发能力来衡量供应商技术风险的大小。具体地，新产品开发能力是指供应商在一定时期内，通过研究开发活动不断向市场推出新产品的能力。它集中反映了供应商的新技术接受能力和技术创新水平，它可以通过一定时期内供应商的新产品销售额占同期所经营产品总销售额的比例来表示，即新产品开发能力 = (新产品销售额/总销售额)$\times 100\%$。此指标越高，表明供应商的技术水平越强，技术风险越低。下列供应商技术水平评价表 11.2 用来刻画技术风险的高低。

A_6 信息风险：是指供应商和企业之间在获取信息及传递信息过程中所发生的

信息错误、信息失真、信息泄露，以及信息不对称等造成的风险。信息风险的存在会使企业和供应商之间出现协作、匹配困难，无法进行良性的互动。供应商信息传递的准确性与否，不但取决于供应商信息采集和预测能力，也取决于其信息系统的可靠性、信息技术水平，以及自身的信息化水平等因素的影响。缺乏高效的信息共享平台，或者供应商内部信息系统不健全，信息安全程度较低等都可能造成信息失真、信息泄露等风险。下列供应商信息化水平评价表 11.3 用来刻画信息风险的高低。

表 11.2 供应商技术水平评价表

风险等级	定性评价描述
潜在风险	新产品开发能力强 ($a \geqslant 90$)
低风险	新产品开发能力较强 ($70 \leqslant a < 90$)
中等风险	新产品开发能力一般 ($60 \leqslant a < 70$)
较高风险	新产品开发能力较差 ($50 \leqslant a < 60$)
高风险	新产品开发能力很差 ($a < 50$)

表 11.3 供应商信息化水平评价表

风险等级	定性评价描述
潜在风险	具有先进高效的信息化管理系统，有完善的信息共享机制，已经实现了对企业人、财、物等的集成化信息管理，有专业的信息化管理人才
低风险	拥有较先进的信息管理系统和较完善的信息共享机制，已经实现了生产、财务、物流等环节的集成化管理
中等风险	具有信息化管理系统和信息共享机制，部分实现各环节的信息集成与共享
较高风险	具有信息化管理系统和信息共享机制，但未实现各环节的信息集成与共享
高风险	缺乏有效的信息化管理系统，信息处理主要靠人工方式

A_7 管理风险：优秀的管理团队和高效的管理方法是企业成长和发展的关键。反之，不合格的管理者和低效的管理方法则会给企业带来巨大的管理风险。此处从采购方的角度来衡量供应商关于管理人员素质的高低，从而对其管理风险作出评价。管理人员的素质与其受教育程度密切相关，因此可用管理人员受教育水平来衡量供应商管理人员的素质。从数据的易获性方面来考虑，选择基层及以上管理人员中本科以上学历的比例 ((本科及以上文化的管理人员数/基层以上管理人员总数)×100%) 这一指标来衡量。这一比例越高，则认为供应商管理人员的素质越好，其管理风险越小。下列供应商管理风险评价表 11.4 用来刻画管理风险的高低。

A_8 经济风险：一方面是指由于供应商所处的国内外经济环境变化导致的风险，如经济危机、恶性通货膨胀、股市波动、利率汇率变化、经济政策调整等都会给供应商投资、资金筹集、经营管理等带来困难或风险；另一方面是指由于供应商所处市场环境的变化导致的风险。如市场需求的变动、竞争对手的行为以及整个市场环境的变化等都会影响供应商的经营以及未来发展空间。这种风险直接加大了供应链整体运作风险。表 11.5 所示的供应商经济风险评价表用来刻画经济风险的高低。

表 11.4 供应商管理风险评价表

风险等级	定性评价描述
潜在风险	供应商管理人员的素质高 ($a \geqslant 90$)
低风险	供应商管理人员的素质比较高 ($70 \leqslant a < 90$)
中等风险	供应商管理人员的素质一般 ($50 \leqslant a < 70$)
较高风险	供应商管理人员的素质较低 ($40 \leqslant a < 50$)
高风险	供应商管理人员的素质很低 ($a < 40$)

表 11.5 供应商经济风险评价表

风险等级	定性评价描述
潜在风险	经济稳定快速增长, 市场成熟开放、基础设施完善, 发展前景好
低风险	以上四项中有一到两项较弱
中等风险	经济相对落后, 市场不太成熟, 但发展潜力很大
较高风险	经济比较落后, 市场比较封闭, 发展潜力一般
高风险	经济很落后, 市场很封闭, 发展潜力小

A_9 自然风险：主要是指气候异常、自然灾害等意外因素导致的环境风险，如水灾、火灾、地震、海啸、台风等。这些风险属于小概率风险，但是这些风险一旦发生，其造成的后果往往是灾难性的。这个指标主要是考察供应商所在地有无重大自然灾害和意外事故，以及在应对自然风险方面是否有预防措施和应急计划。具体量化方法如表 11.6 所示。

表 11.6 供应商自然风险评价表

风险等级	定性评价描述
潜在风险	近 3 年未发生重大自然灾害、意外事故等, 有详细的预防及应急计划
低风险	近 1 年未发生重大自然灾害、意外事故等, 有详细的预防及应急计划
中等风险	近期发生过重大自然灾害、意外事故等, 有简单的应急措施
较高风险	自然灾害、意外事故等多发, 有简单的应急措施
高风险	自然灾害、意外事故等多发, 无预防及应急措施

A_{10} 社会风险：主要是指供应商所处的国家或地区法律法规的不健全、法律政策的变更、政治制度的变更、政局动荡、政治冲突、恐怖事件，类似于 SARS (Severe Acute Respiratory Syndrome) 病毒甚至战争等不稳定因素导致的风险。虽然社会风险也属于小概率风险，但是目前由于企业间的国际合作越来越普遍，很多跨国公司出于成本控制和资源获取的需要，有将生产从发达国家向不发达国家或发展中国

家转移的倾向，从而加大了供应商选择过程中社会风险发生的可能性。社会风险的具体量化方法如表 11.7 所示。

表 11.7 供应商社会风险评价表

风险等级	定性评价描述
潜在风险	高效透明的政治体制, 积极稳定的法律政策, 开放的政治法律环境
低风险	政治环境稳定, 政策法律环境积极健康, 法制不断完善中
中等风险	政治相对稳定, 相关政策有待进一步健全, 法制不断完善中
较高风险	政局不稳, 政策有待进一步健全, 法制相对落后
高风险	政局不稳, 政策不明, 法制不健全

A_{11} 道德风险：道德风险是指由于信息的不对称，供应链合约的一方从另一方那儿得到的剩余收益使合约破裂，导致的供应链危机。在采购环节，一般指供应商由于自身生产能力的局限或是为了追求自身利益的最大化而采取一些不利于生产企业运作的行为，如欺骗、假冒伪劣、偷工减料、以次充好，所提供的物品达不到采购合同的要求给采购带来风险。道德风险的具体量化方法如表 11.8 所示。

表 11.8 供应商道德风险评价表

风险等级	定性评价描述
潜在风险	在行业内有良好的声誉, 能严格履行采购合同在规定时间内提供高质量产品给采购商
低风险	在行业内有较好的声誉, 能较好履行合同, 次品率低, 交货时间比较准时
中等风险	在行业内声誉一般, 时有违约行为
较高风险	在行业内声誉较差, 时有违约行为, 次品率较高, 交货不准时
高风险	在行业内声誉很差, 经常违约, 次品率很高, 交货不准时

上述 11 个指标中，对于采购商而言，A_1 质量和 A_3 数量是效益型指标，即指标值越大对应的供应商越好。A_2 价格、A_4 交货时间、A_5 技术风险、A_6 信息风险、A_7 管理风险、A_8 经济风险、A_9 自然风险、A_{10} 社会风险和 A_{11} 道德风险这 9 个指标是成本型指标，即指标值越小对应的供应商越好。另外，这 11 个指标可以分成下列两种不同的类型：精确数型指标和语言类模糊数型指标。

(1) 精确数型指标：A_1 质量、A_2 价格、A_3 数量和 A_4 交货时间。具体的采购物品确定后，这类指标值可由供应商直接申报给采购商，其指标值是精确实数。由这 4 个精确型指标构成的指标集记作 $A^1 = \{A_1, A_2, A_3, A_4\}$。

(2) 语言类模糊数型指标：A_5 技术风险、A_6 信息风险、A_7 管理风险、A_8 经济风险、A_9 自然风险、A_{10} 社会风险和 A_{11} 道德风险这 7 个指标属于一类定性的模糊指标，其指标值无法通过精确实数表示出来。如上面所讨论的，一般由采购商邀请专家组经过综合评价后对这 7 个指标给出“潜在风险、低风险、中等风险、较高风险、高风险”这样具有模糊性语言类模糊数的评价结果，该语言类模糊数集记为

$F=\{f_1, f_2, f_3, f_4, f_5\}=\{$潜在风险，低风险，中等风险，较高风险，高风险$\}$。这 7 个语言类模糊数型指标集记为 $A^2=\{A_5, A_6, \cdots, A_{11}\}$。

在上述指标体系下，要解决的问题是：假设一采购商需购买 Q_0 个单位的可分离物品 (如煤炭、石油、天然气)，现有 m 个风险中性的供应商参与供给竞争，供应商的集合记为 $M=\{1,2,\cdots,m\}$。采购中采购商所考虑的指标 (属性) 为表 11.1 中给出的质量、价格等 11 个指标，各指标的权重记为 $W=(w_1,w_2,\cdots,w_{11})$，且满足 $0\leqslant w_j\leqslant 1$ 和 $\sum_{j=1}^{11} w_j=1$。采购商的任务是根据 11 个指标下的供应商信息，遴选出最优的供应商来供给数量为 Q_0 的物品。下面将建立一个两阶段复合机制来选择最优供应商。

11.2 基于多属性拍卖的入围供应商选择机制

基于 11.1 节提出的供应商评价和选择的新指标体系，本节将基于多属性拍卖和多属性决策的理论与方法设计一种可分离物品多属性多源采购的两阶段复合机制[13]。该复合机制的基本设计思想是：在第一阶段设计一个多属性拍卖机制，让所有供应商对商业标准下的指标进行投标，采购商根据投标结果确定入围供应商人选；第二阶段，将入围供应商的风险因素指标值考虑进去，综合商业标准指标值和风险因素指标值，基于二元语义[196−200] 提出两种新的多属性决策方法 (二元语义灰色关联分析法[13] 和二元语义 VIKOR 法[24]) 对所有入围供应商进行排序并确定最终赢者。

对于一类可分类物品 (如煤炭、石油、天然气等) 的多源采购，首先设计一个多属性拍卖机制来确定入围的供应商人选。

在多属性拍卖中，每个供应商只有一次投标机会，其投标形式为密封投标 (a_i, p_i, q_i, t_i)。为使投标可行有效，采购商可事先公布得分规则、赢者确定规则和一些基本准入规则，例如：供应商 i 所供给物品的质量水平不低于给定的保留值 $\underline{a}$ (比如在电煤的采购中，每个供应商所提交的发热量、水分、灰分、挥发分、灰熔点和煤硫分 6 个质量属性，其质量水平不低于给定的保留值，记为 $\underline{a}=(\underline{a}_1,\underline{a}_2,\cdots,\underline{a}_6)$，其具体的保留值大小视采购的煤种根据上述国家标准 (GB/T7562—2010) 中所给出的标准来确定数值)；单位数量的物品报价 p_i 不能高于采购商规定的保留值 $\bar{p}$，即 $p_i\leqslant\bar{p}$；供应商的交货时间不能超过规定的时间限制，即交货时间 $t_i\leqslant\bar{t}$，其中 $\bar{t}$ 是采购商限定供应商的交货时间上限；等等。供应商必须以这些保留值为基础进行投标，否则将会被首先淘汰出局。当所有供应商投标完毕后，采购商对所有供应商提交的投标进行统计分析，并根据预先公布的得分规则和赢者确定规则来确定最终入围的供应商名单。这里用来确定入围供应商的多属性拍卖机制和 10.2 节给出的机制相同，此处不再赘述。

11.3 基于多属性决策的赢者选择机制

第一阶段 (多属性拍卖阶段) 结束后，所有入围供应商将进入第二阶段的竞争。在第二阶段，综合考虑 7 个风险指标值和 4 个商业标准指标值，将设计一个多属性决策机制来选择赢者。

设第一阶段中有 l $(l < m)$ 个供应商入围，l 个入围供应商者在第一阶段中 A_1 质量、A_2 价格、A_3 数量和 A_4 交货时间 4 个指标下的最终投标值和采购商对另外 7 个风险指标的评价值构成一个初始决策矩阵，记为 $X = (x_{ij})_{l\times 11}$，其中 x_{ij} 表示第 i 个入围供应商在指标 A_j 下的指标值，$i = 1, 2, \cdots, l$，$j = 1, 2, \cdots, 11$。记

$$N_1 = \{1, 2, 3, 4\}, \quad N_2 = \{5, 6, \cdots, 11\}$$

根据上面给出的指标分类信息，若 $j \in N_1$，则 $x_{ij} \in \mathbf{R}$，即 x_{ij} 的取值为实数；若 $j \in N_2$，则 x_{ij} 的取值为一个语言类模糊数，如 “潜在风险、低风险、中等风险、较高风险、高风险”。

$X = (x_{ij})_{l\times 11}$ 是一个具有混合型数据 (实数值和语言类模糊数同时存在) 信息的决策矩阵，为了决策的需要，需要将混合型数据进行转化。传统方法对这类混合型数据的处理方法是将语言类模糊数量化成一个实数，或者是将所有实数值和语言类模糊数全部转化为三角模糊数 (或区间数，或梯形模糊数)，然后利用模糊 TOPSIS 法、VIKOR 法等来对备选方案进行排序。这些方法的不足之处是在数据转化过程中易出现信息损失或者信息扭曲，从而导致决策结果的失真。但是西班牙的 Herrera 教授提出的二元语义[196−198] 评价方法可以克服这一不足。二元语义评价法是将语言短语看作其定义域内的连续变量，它能以预定的语言短语集合中的一个短语和一个实数值的二元形式来表达语言评价信息集成后所获得的所有信息，可有效避免语言评价信息集结和运算中出现的信息损失和扭曲，在计算精度和可靠度等方面明显优于其他语言信息处理方法[199−202]。

基于二元语义的信息处理优势，拟将初始决策矩阵 $X = (x_{ij})_{l\times 11}$ 中的所有元素 x_{ij} 都转化为二元语义，将 $X = (x_{ij})_{l\times 11}$ 变成一个二元语义矩阵。然后基于二元语义矩阵，提出两种新的多属性决策方法，即二元语义灰关联分析法[13] 和二元语义 VIKOR 法[24]，对所有入围供应商进行排序并确定赢者。

11.3.1 二元语义

二元语义[196−198] 的定义如下：

定义 11.1 二元语义是采用一个二元组 (s_k, a_k) 来表示对某目标或对象的评价结果，其元素 s_k 和 a_k 的含义描述如下：

(1) s_k 为预先定义好的语言评价集 S 中的第 k 个元素，其中 S 是由预先定义好的由 t (t 为奇数) 个语言类模糊数组成的，即 $S=\{s_0, s_1, \cdots, s_t\}$。$S$ 具有如下性质：

(i) 若 $k>l$，则有 $s_k \succ s_l$ (即 s_k 优于 s_l)；

(ii) 存在负算子 $\mathrm{Neg}(s_k)=s_l$，使得 $l=t-k$；

(iii) 若 $s_k \succcurlyeq s_l$ (即 s_k 不劣于 s_l)，则有 $\max\{s_k, s_l\}=s_k$；

(iv) 若 $s_k \preccurlyeq s_l$ (即 s_k 不优于 s_l)，则有 $\min\{s_k, s_l\}=s_k$。

(2) a_k 称为符号转移值，且满足 $a_k \in [-0.5, 0.5)$，表示评价结果与 s_k 的偏差。

由定义 11.1，本章中由“潜在风险、低风险、中等风险、较高风险、高风险” 5 个语言类模糊变量构成的语言评价集 S 可记为 $S=\{s_0, s_1, \cdots, s_4\}$，其中

$$s_0=\text{高风险},\quad s_1=\text{较高风险},\quad s_2=\text{中等风险},\quad s_3=\text{低风险},\quad s_4=\text{潜在风险}$$

下面的定义 11.2 给出了二元语义的重要运算。

定义 11.2 二元语义 (s_k, a_k) 的相关运算定义如下：

(1) 比较运算：对于两个二元语义 (s_k, a_k) 和 (s_l, a_l)，关于二元语义的比较有如下规定[196−197]：

若 $k>l$，则 $(s_k, a_k)>(s_l, a_l)$；

若 $k=l$，分如下三种情况：

(i) $a_k=a_l$，则 $(s_k, a_k)=(s_l, a_l)$；

(ii) $a_k>a_l$，则 $(s_k, a_k)>(s_l, a_l)$；

(iii) $a_k<a_l$，则 $(s_k, a_k)<(s_l, a_l)$。

(2) 负向运算：$\mathrm{Neg}(s_k)=s_l$，其中 $l=t-k$。

(3) 极大化运算和极小化运算：当 $(s_k, a_k) \geqslant (s_l, a_l)$，则有

$$\max\{(s_k, a_k), (s_l, a_l)\}=(s_k, a_k)$$

$$\min\{(s_k, a_k), (s_l, a_l)\}=(s_l, a_l)$$

(4) 距离运算：设 A：(s_k, a_k) 和 B：(s_l, a_l) 为两个二元语义，则它们之间的距离运算定义为

$$D(A, B)=\frac{|(k+a_k)-(l+a_l)|}{t} \tag{11.1}$$

易证明，对于任意二元语义：A：(s_k, a_k)，B：(s_l, a_l) 和 C：(s_g, a_g)，(11.1) 给出的距离度量满足下列性质：

(i) $0 \leqslant D(A, B) \leqslant 1$；

(ii) $D(A,B)=D(B,A)$;

(iii) $A=B\Leftrightarrow D(A,B)=0$;

(iv) $D(A,B)+D(B,C)\geqslant D(A,C)$。

二元语义的其他相关定义[196−198] 如下：

定义 11.3 设 $s_k\in S$ 是一个语言类模糊数，相应的二元语义形式可以由下面的函数 θ 获得：

$$\theta: S\rightarrow S\times[-0.5,0.5)$$

$$\theta(s_k)=(s_k,0),\quad s_k\in S$$

定义 11.3 说明了语言类模糊数 $s_k\in S$ 对应的二元语义就是 $(s_k,0)$。

定义 11.4 设 $S=\{s_0,s_1,\cdots,s_t\}$ 是一个已知的语言评价集，$\beta\in[0,t]$ 为语言评价集 S 经过某种集结方法得到的实数，其中 t 为语言评价集中元素的个数，则实数 $\beta\in[0,t]$ 可由如下的函数 Δ 表示为二元语义信息：

$$\Delta:[0,t]\rightarrow S\times[-0.5,0.5)$$

$$\Delta(\beta)=(s_k,a_k)$$

其中，

$$\begin{cases} k=\text{round}(\beta) \\ a_k=\beta-k,\quad a_k\in[-0.5,0.5) \end{cases}$$

round 为四舍五入取整算子。

相反地，对于一个已知的二元语义 (s_k,a_k)，存在一个逆函数 Δ^{-1}，可以将 (s_k,a_k) 转化成相应的数值 $\beta\in[0,t]$，具体见如下定义 11.5。

定义 11.5 设 (s_k,a_k) 是一个二元语义，其中 s_k 为 S 中的第 k 个元素，$a_k\in[-0.5,0.5)$，则存在一个逆函数 Δ^{-1}，使其转化成相应的数值 $\beta\in[0,t]$：

$$\Delta^{-1}: S\times[-0.5,0.5)\rightarrow[0,t]$$

$$\Delta^{-1}(s_k,a_k)=k+a_k=\beta$$

基于定义 11.4 和定义 11.5，特别地，对于一个实数 $\beta\in[0,1]$ 和它对应的二元语义 (s_k,a_k)，下面的定义 11.6 和定义 11.7 给出了它们之间互相转化的方法。

定义 11.6 设 $S=\{s_0,s_1,\cdots,s_t\}$ 为一个已知的语言评价集，$\beta\in[0,1]$ 为一个实数，它是 S 中的元素集成运算的结果，则实数 $\beta\in[0,1]$ 可由下列函数 Δ 转换成二元语义：

$$\Delta:[0,1]\rightarrow S\times[-0.5,0.5)$$

$$\Delta(\beta) = (s_k, a_k)$$

其中，

$$\begin{cases} k = \text{round}(\beta \cdot t) \\ a_k = \beta \cdot t - k \end{cases}$$

round 为四舍五入取整算子，$a_k \in [-0.5, 0.5)$。

反过来，存在一个逆函数 Δ^{-1} 使得一个二元语义 (s_k, a_k) 转化成实数 $\beta \in [0,1]$，具体转化方法见如下的定义 11.7。

定义 11.7　设 $S = \{s_0, s_1, \cdots, s_t\}$ 为一个已知的语言评价集，(s_k, a_k) 是一个二元语义，则存在逆函数 Δ^{-1} 将二元语义转化成相应的实数 $\beta \in [0,1]$，即

$$\Delta^{-1}: S \times [-0.5, 0.5) \to [0,1]$$

$$\Delta^{-1}(s_k, a_k) = \frac{k + a_k}{t} = \beta$$

11.3.2　基于二元语义灰关联分析的赢者确定方法

基于以上的二元语义及传统的点灰关联度[202−206]，本节将定义一种新的二元语义灰关联度，并基于此提出一种二元语义灰关联分析法来确定赢者。

1) 原始数据的处理

为了决策的方便，需要将初始决策矩阵 $X = (x_{ij})_{l \times 11}$ 中的元素 x_{ij} 进行数据处理，数据处理的过程如下：

(i) 当 $A_j \in A^1 = \{A_1, A_2, A_3, A_4\}$，属性值 $x_{ij} \in \mathbf{R}$ 时，对于成本型指标 A_2 价格和 A_4 交货时间，x_{ij} 可通过下列规则进行规范化处理：

$$y_{ij} = \frac{\max\limits_i x_{ij} - x_{ij}}{\max\limits_i x_{ij} - \min\limits_i x_{ij}}, \quad i = 1, 2, \cdots, m,\ j = 2, 4 \tag{11.2}$$

对于效益型指标 A_1 质量和 A_3 数量，x_{ij} 可通过下列规则进行规范化处理：

$$y_{ij} = \frac{x_{ij} - \min\limits_i x_{ij}}{\max\limits_i x_{ij} - \min\limits_i x_{ij}}, \quad i = 1, 2, \cdots, m,\ j = 1, 3 \tag{11.3}$$

(ii) 当 $A_j \in A^2 = \{A_5, A_6, \cdots, A_{11}\}$ 时，对应的属性值 x_{ij} 都是语言类模糊数“潜在风险、低风险、中等风险、较高风险、高风险”，且考虑到这些属性都是成本型属性，于是 x_{ij} 可通过如下规则进行等级量化：

$$s_0 = \text{高风险}, \quad s_1 = \text{较高风险}, \quad s_2 = \text{中等风险}, \quad s_3 = \text{低风险}, \quad s_4 = \text{潜在风险} \tag{11.4}$$

经过以上数据处理，原始决策矩阵 $X=(x_{ij})_{l\times 11}$ 变成了一个新决策矩阵 $Y=(y_{ij})_{l\times 11}$，其中，

$$y_{ij}=\begin{cases}\beta\in[0,1]\in\mathbf{R}, & j=1,2,3,4\\ s_k\in S=\{s_0,s_1,s_2,s_3,s_4\}, & j=5,6,7,8,9,10,11\end{cases}$$

从新决策矩阵 $Y=(y_{ij})_{l\times 11}$ 出发，将其所有的元素转化成二元语义。

(i) 当 $j=1,2,3,4$ 时，$y_{ij}=\beta\in[0,1]\in\mathbf{R}$，利用定义 11.6 给出的转化方法将 $\beta\in[0,1]$ 转化成二元语义。

(ii) 当 $j=5,6,7,8,9,10,11$ 时，$y_{ij}=s_k\in S=\{s_0,s_1,s_2,s_3,s_4\}$，利用定义 11.3 给出的转化方法将 s_k 转化成二元语义。

经过上述转化过程，决策矩阵 $Y=(y_{ij})_{l\times 11}$ 被转化为一个规范的二元语义矩阵，记为 $R=[(s_{ij},a_{ij})]_{l\times 11}$。

2) 基于二元语义灰关联度的入围供应商排序方法

基于传统的点灰关联度[204−206]，本章提出一种新的二元语义灰关联度来对入围供应商进行排序。不同于传统点灰关联度的是，本章提出的二元语义灰关联度的比较序列和参考序列全部是由二元语义构成的 (而传统点灰关联度的比较序列和参考序列全部是由实数构成的)。

在给出二元语义灰关联度的定义之前，首先需要确定比较序列和参考序列。

从二元语义矩阵 $R=[(s_{ij},a_{ij})]_{l\times 11}$ 出发，每一行的 11 个元素构成如下序列：

$$h_i=((s_{i,1},a_{i,1}),(s_{i,2},a_{i,2}),\cdots,(s_{i,11},a_{i,11})),\quad i=1,2,\cdots,l \tag{11.5}$$

序列 $h_1,h_2,\cdots,h_l$ 刚好就是 l 个比较序列。基于比较序列 $h_1,h_2,\cdots,h_l$，下面来构造参考序列。

定义 11.8 基于二元语义矩阵 $R=[(s_{ij},a_{ij})]_{l\times 11}$ 中的 l 个比较序列 $h_1,h_2,\cdots,h_l$，设

$$\begin{aligned}h^+&=(h_1^+,h_2^+,\cdots,h_{11}^+)\\&=(\max_{1\leqslant i\leqslant l}\{s_{i,1},a_{i,1}\},\max_{1\leqslant i\leqslant l}\{s_{i,2},a_{i,2}\},\cdots,\max_{1\leqslant i\leqslant l}\{s_{i,11},a_{i,11}\})\end{aligned} \tag{11.6}$$

$$\begin{aligned}h^-&=(h_1^-,h_2^-,\cdots,h_{11}^-)\\&=(\min_{1\leqslant i\leqslant l}\{s_{i,1},a_{i,1}\},\min_{1\leqslant i\leqslant l}\{s_{i,2},a_{i,2}\},\cdots,\min_{1\leqslant i\leqslant l}\{s_{i,11},a_{i,11}\})\end{aligned} \tag{11.7}$$

其中，max 为二元语义取大算子，min 为二元语义取小算子 (见定义 11.2)，则称 h^+ 为正理想方案点，称 h^- 为负理想方案点。

h^+ 和 h^- 可被看成是下面将要定义的二元语义灰关联度中的两个参考序列。接下来定义参考序列 h_i $(i=1,2,\cdots,l)$ 和正理想方案点 h^+ 之间的灰关联度，以及参考序列 h_i $(i=1,2,\cdots,l)$ 和负理想方案点 h^- 之间的灰关联度。

定义 11.9 对于式 (11.5) 的比较序列

$$h_1 = (h_1(1), h_1(2), \cdots, h_1(11)) = ((s_{1,1}, a_{1,1}), (s_{1,2}, a_{1,2}), \cdots, (s_{1,11}, a_{1,11}))$$
$$h_2 = (h_2(1), h_2(2), \cdots, h_2(11)) = ((s_{2,1}, a_{2,1}), (s_{2,2}, a_{2,2}), \cdots, (s_{2,11}, a_{2,11}))$$
$$\cdots\cdots$$
$$h_l = (h_l(1), h_l(2), \cdots, h_l(11)) = ((s_{l,1}, a_{l,1}), (s_{l,2}, a_{l,2}), \cdots, (s_{l,11}, a_{l,11}))$$

以及式 (11.6) 和式 (11.7) 给出的参考序列

$$h^+ = (h_1^+, h_2^+, \cdots, h_{11}^+) = (\max_{1\leqslant i\leqslant l}\{s_{i,1}, a_{i,1}\}, \max_{1\leqslant i\leqslant l}\{s_{i,2}, a_{i,2}\}, \cdots, \max_{1\leqslant i\leqslant l}\{s_{i,11}, a_{i,11}\})$$
$$h^- = (h_1^-, h_2^-, \cdots, h_{11}^-) = (\min_{1\leqslant i\leqslant l}\{s_{i,1}, a_{i,1}\}, \min_{1\leqslant i\leqslant l}\{s_{i,2}, a_{i,2}\}, \cdots, \min_{1\leqslant i\leqslant l}\{s_{i,11}, a_{i,11}\})$$

h_j^+ 和 $h_i(j)$ 之间的灰关联系数定义为

$$r(h_j^+, h_i(j)) = \frac{\rho \max\limits_{i,j} D(h_j^+, h_i(j))}{D(h_j^+, h_i(j)) + \rho \max\limits_{i,j} D(h_j^+, h_i(j))}, \quad i = 1, 2, \cdots, l,\ j = 1, 2, \cdots, 11 \tag{11.8}$$

h^- 和 $h_i(j)$ 之间的灰关联系数定义为

$$r(h_j^-, h_i(j)) = \frac{\rho \max\limits_{i,j} D(h_j^-, h_i(j))}{D(h_j^-, h_i(j)) + \rho \max\limits_{i,j} D(h_j^-, h_i(j))}, \quad i = 1, 2, \cdots, l,\ j = 1, 2, \cdots, 11 \tag{11.9}$$

h_j^+ 和 $h_i(j)$ 之间的灰关联度定义为

$$r(h^+, h_i) = \sum_{j=1}^{11} w_j r(h_j^+, h_i(j)) \tag{11.10}$$

h^- 和 $h_i(j)$ 之间的灰关联度定义为

$$r(h^-, h_i) = \sum_{j=1}^{11} w_j r(h_j^-, h_i(j)) \tag{11.11}$$

其中, $D(h_j^+, h_i(j))$ 为二元语义 h_j^+ 和 $h_i(j)$ 之间的距离，$D(h_j^-, h_i(j))$ 为二元语义 h_j^- 和 $h_i(j)$ 之间的距离 (距离定义见式 (11.1))；$\rho \in (0, 1)$ 为辨识系数，通常取 $\rho = 0.5$；w_j 是第 j 个指标 A_j 的权重，$j = 1, 2, \cdots, 11$，满足 $0 \leqslant w_j \leqslant 1$ 和 $\sum\limits_{j=1}^{11} w_j = 1$。

定理 11.1 定义 11.9 中定义的二元语义灰关联度 $r(h^{+},h_i)$ 和 $r(h^{-},h_i)$ 满足下列灰关联四公理：规范性、偶对对称性、整体性、接近性。

定理 11.1 的证明方法和点灰关联度证明方法[118,122−124] 相似，此处从略。

对于定义 11.9 中给出的二元语义灰关联度 $r(h^{+},h_i)$ 和 $r(h^{-},h_i)$，$r(h^{+},h_i)$ 的值越大，对应的供应商 i 越好；$r(h^{-},h_i)$ 的值越小，对应的供应商 i 越好。因此，最优的供应商须满足两个条件：$r(h^{+},h_i)$ 的值越大越好，$r(h^{-},h_i)$ 的值越小越好。为此，假设入围供应商 i 以从属度 u_i 从属于正理想方案点 h^{+}，以 $1-u_i$ 从属于负理想方案点 h^{-}，基于此建立下列模型来确定 u_i：

$$\min\left\{V(u)=\sum_{i=1}^{l}[(1-u_i)r(h^{+},h_i)]^2+\sum_{i=1}^{l}[u_i r(h^{-},h_i)]^2\right\} \tag{11.12}$$

其中 $u=(u_1,u_2,\cdots,u_l)$ 表示最优解向量。

定理 11.2 模型 (11.12) 的最优解为

$$u_i=\frac{r^2(h^{+},h_i)}{r^2(h^{+},h_i)+r^2(h^{-},h_i)},\quad i=1,2,\cdots,l \tag{11.13}$$

证明 由一阶最优条件 $\dfrac{\partial V(u)}{\partial u_i}=0$，得

$$2(1-u_i)r^2(h^{+},h_i)-2u_i r^2(h^{-},h_i)=0$$

于是有

$$u_i=\frac{r^2(h^{+},h_i)}{r^2(h^{+},h_i)+r^2(h^{-},h_i)},\quad i=1,2,\cdots,l$$

[证毕]

直观地讲，上面提出的基于二元语义灰关联度的入围供应商排序方法是这样一个过程：对于 l 个入围供应商，把 11 个指标值下每个指标值的最大值优选出来构成正理想方案点 h^{+}，把 11 个指标值下每个指标值的最小值优选出来构成负理想方案点 h^{-}；h^{+} 对应的是一个虚拟的最好供应商，h^{-} 对应的是一个虚拟的最差供应商。然后应用定义 11.8 中给出的二元语义灰关联度的计算方法，计算每个入围供应商对应的比较序列 h_i 与正理想方案点 h^{+} 之间的灰关联度 $r(h^{+},h_i)$，以及 h_i 与负理想方案点 h^{-} 之间的灰关联度 $r(h^{-},h_i)$，然后运用式 (11.13) 计算入围供应商 i 从属于正理想方案点 h^{+} 的从属度 u_i。若 u_i 的值越大，则说明对应的入围供应商 i 越接近于虚拟的最好供应商，也就意味着供应商 i 越好。通过对 l 个 u_i 的值从大到小进行排序，即可得出 l 个入围供应商的优劣排序。

3) 供应商赢者确定方法

在实际采购中，采购商可采用多源采购策略，即最终的中标人不要求唯一，可以是一个，也可以是多个。下面给出可分离物品多源采购策略下的供应商赢者确定方法。

基于 2) 中提出的排序方法，可得到 l 个入围供应商的从属度 u_i 以及排序结果。从属度 u_i 从大到小不妨设为 $u_1 \geqslant u_2 \geqslant \cdots \geqslant u_l$，对应的各供应商在拍卖阶段上报的最大供货数量依次记为 $q_{u_1}, q_{u_2}, \cdots, q_{u_l}$。基于这些已知的数据信息，在 l 个入围供应商中确定赢者的原则是：将总量为 Q_0 的可分离物品优先分配给 u_i 排序靠前的入围供应商。设从属度从大到小对应的各供应商最终获得的允许供应量依次记为 $q_1^*, q_2^*, \cdots, q_l^*$，具体地分配方法为：

(i) 采购商首先将 Q_0 优先分配给 u_i 最大的供应商，该供应商获得允许供给量 $q_1^* = q_{u_1}$，剩下的物品数量为 $Q_0 - q_{u_1}$。

(ii) 接下来采购商将 $Q_0 - q_{u_1}$ 的物品优先分配给从属度为 u_2 的供应商。分两种情况：

若满足条件 $q_{u_2} \geqslant Q_0 - q_{u_1}$，则 $q_2^* = Q_0 - q_{u_1}$，$q_3^* = q_4^* = \cdots = q_l^* = 0$，这意味着分配结束，第二个供应商得到了所有剩余的物品 $Q_0 - q_{u_1}$。从属度排在前两名的供应商成为赢者，其他供应商为非赢者；

若满足 $q_{u_2} < Q_0 - q_{u_1}$，则 $q_2^* = q_{u_2}$，剩下的物品数量为 $Q_0 - q_{u_1} - q_{u_2}$，分配将继续进行下去。

……

类似地，对于任意的 q_k^*，$k = 3, 4, \cdots, l$，若满足 $q_{u_k} \geqslant Q_0 - \sum_{i=1}^{k-1} q_{u_i}$，则 $q_k^* = Q_0 - \sum_{i=1}^{k-1} q_{u_i}$，$q_{k+1}^* = q_{k+2}^* = \cdots = q_l^* = 0$。此时供应量分配完毕，从属度排在前 k 位的就是最终赢者。若满足 $q_{u_k} < Q_0 - \sum_{i=1}^{k-1} q_{u_i}$，则有 $q_k^* = q_{u_k}$，剩下的供应量 $Q_0 - \sum_{i=1}^{k} q_{u_i}$ 将继续分配给剩下的供应商。

设当 $k = h\ (3 \leqslant h \leqslant l)$ 时，供应量 Q_0 被分配完，则从属度排在前 h 位的就是最终赢者。假设采购商使用的是歧视性价格方式采购物品，则市场出清价格即为每个赢者所提交投标中的单位物品的报价，即 $p_i^* = p_i$。支付规则为：获胜供应商 i 以价格 p_i 供给采购商数量为 q_i^* 的物品，他得到的支付为 $p_i q_i^*$，而且获胜的供应商同时必须在自身投标中给定的交货时间内提供自己所许诺质量水平的物品给采购商。

综合上面的讨论，基于二元语义灰关联分析的两阶段复合采购机制的算法步骤如下：

步骤 1 利用 10.2 节给出的多属性拍卖机制遴选出 l 个入围供应商。

步骤 2 对于拍卖阶段中确定的 l 个入围供应商，将风险因素指标值考虑进去，综合商业标准指标值和风险因素指标值，构建 11 个评价指标下的初始决策矩

阵 $X=(x_{ij})_{l\times 11}$。

步骤 3 运用规范化处理公式 (11.2)—(11.4)，对 $X=(x_{ij})_{l\times 11}$ 进行规范化处理，得到规范化处理后的决策矩阵 $Y=(y_{ij})_{l\times 11}$。

步骤 4 利用定义 11.3 和定义 11.6 的转化方法，将决策矩阵 $Y=(y_{ij})_{l\times 11}$ 转化为一个规范的二元语义矩阵 $R=[(s_{ij},a_{ij})]_{l\times 11}$。

步骤 5 利用式 (11.5)—(11.7)，在二元语义矩阵 $R=[(s_{ij},a_{ij})]_{l\times 11}$ 中确定比较序列 $h_1,h_2,\cdots,h_l$、正理想方案点 h^+ 和负理想方案点 h^-。

步骤 6 利用式 (11.8)—(11.11)，计算比较序列 h_i 与正理想方案点 h^+ 之间的灰关联度 $r(h^+,h_i)$ 以及比较序列 h_i 与负理想方案点 h^- 之间的灰关联度 $r(h^-,h_i)$。

步骤 7 利用式 (11.13) 计算从属度 u_i，$i=1,2,\cdots,l$。

步骤 8 对 u_i 从大到小进行排序，u_i 越大，表示对应的供应商 i 越好。

步骤 9 运用 3) 中给出的供应商赢者确定方法确定最终赢者。获胜供应商 i 以价格 p_i 供给采购商数量为 q_i^* 的物品，他得到的支付为 $p_iq_i^*$，而且获胜的供应商同时必须在自身投标中给定的交货时间内提供自己所许诺质量水平的物品给采购商。

11.3.3 基于二元语义 VIKOR 的赢者确定方法

Opricovic 提出的 VIKOR 法[207] 是用来解决多属性决策问题的一种有效方法。该方法基于折中规划的思想，同时考虑群效用的最大化和个体遗憾的最小化，并融合决策者的主观偏好，得到合理的决策结果。基于此，本章将 VIKOR 法扩展到不确定语言评价信息环境中，提出一种二元语义 VIKOR 法来解决多属性采购中的供应商选择问题。具体决策过程及决策步骤如下：

步骤 1—步骤 5 和 11.3.2 节中提出的赢者确定方法的前 5 个步骤相同。经过此 5 个步骤后，可得到正理想方案点 h^+ 和负理想方案点 h^-。

步骤 6 计算每个方案 (入围供应商) 的群效用值 (μ_i,γ_i) 和个体遗憾值 (η_i,λ_i)，$i=1，2，\cdots，l$，计算公式如下：

$$(\mu_i,\gamma_i)=\Delta\left[\sum_{j=1}^{11}w_j\frac{\Delta^{-1}(h_j^+)-\Delta^{-1}(s_{ij},a_{ij})}{\Delta^{-1}(h_j^+)-\Delta^{-1}(h_j^-)}\right] \tag{11.14}$$

$$(\eta_i,\lambda_i)=\Delta\left\{\max_{1\leqslant j\leqslant 11}\left[w_j\frac{\Delta^{-1}(h_j^+)-\Delta^{-1}(s_{ij},a_{ij})}{\Delta^{-1}(h_j^+)-\Delta^{-1}(h_j^-)}\right]\right\} \tag{11.15}$$

其中，w_j 是第 j 个评价指标的权重，$j=1，2，\cdots，11$；Δ 和 Δ^{-1} 的运算法则见定义 11.3 和定义 11.4。

步骤 7 计算各方案 (入围供应商) 的折中评价值 (Q_i,ξ_i)，$i=1,2,\cdots,l$，计算公式为

$$(Q_i,\xi_i)=\Delta\left\{v\frac{\Delta^{-1}(\mu_i,\gamma_i)-\Delta^{-1}\left[\min\limits_{1\leqslant i\leqslant l}\{\mu_i,\gamma_i\}\right]}{\Delta^{-1}\left[\max\limits_{1\leqslant i\leqslant l}\{\mu_i,\gamma_i\}\right]-\Delta^{-1}\left[\min\limits_{1\leqslant i\leqslant l}\{\mu_i,\gamma_i\}\right]}\right.$$
$$\left.+(1-v)\frac{\Delta^{-1}(\eta_i,\lambda_i)-\Delta^{-1}\left[\min\limits_{1\leqslant i\leqslant l}\{\eta_i,\lambda_i\}\right]}{\Delta^{-1}\left[\max\limits_{1\leqslant i\leqslant l}\{\eta_i,\lambda_i\}\right]-\Delta^{-1}\left[\min\limits_{1\leqslant i\leqslant l}\{\eta_i,\lambda_i\}\right]}\right\} \tag{11.16}$$

其中 v 为折中系数，且满足 $0\leqslant v\leqslant 1$。如果 $v>0.5$，则表示根据最大化群效用的决策机制进行决策；如果 $v<0.5$，则表示根据最小化个体遗憾的决策机制进行决策；如果 $v=0.5$，则表示根据决策者经协商达成共识的决策机制进行决策。

步骤 8 按照 (Q_i,ξ_i) 的值从小到大的顺序对所有入围供应商进行折中排序，值越小的供应商越好。

步骤 9 依据 (Q_i,ξ_i) 的排序结果确定最终赢者，并确定最优采购物品供给方案。具体方法类似 11.3.2 节中的步骤 9，此处不再赘述。

11.4 本章小结

本章针对可分离物品的多属性多源采购决策问题，同时考虑商业标准的影响因素和供应链的风险因素，提出了一套新的供应商选择指标体系，并基于多属性拍卖和多属性决策的理论与方法提出了一种可分离物品多属性多源采购的两阶段复合机制。该复合机制的第一阶段通过多属性拍卖来确定入围供应商人选，第二阶段综合考虑入围供应商的商业标准指标值和风险因素指标值，提出两种新的多属性决策方法 (二元语义灰关联分析法和二元语义 VIKOR 法) 对所有入围供应商进行排序并确定最终赢者。和已有多物品采购方法相比，本章提出的两阶段复合机制有如下特点：① 在复合机制的第一阶段很好地利用了拍卖的激励性来诱导所有供应商在投标时逼近或披露自己真实的属性值 (如生产能力、生产成本等)，从而可提高物品的采购和配置效率；② 对于第二阶段提出的两种多属性决策方法 (二元语义灰关联分析法和二元语义 VIKOR 法)，在信息集结方面，都使用了二元语义方法处理语言评价信息，使得集结结果与语言短语评价集合始终保持对应关系，从而可有效地避免信息丢失和扭曲；③ 在方案排序方面，二元语义灰关联分析法不仅可以给出合理的方案排序结果，还能根据灰关联系数矩阵进行横向和纵向的优势分析，由此可直观地得出各方案在各个指标下的优劣情况对比结果；④ 二元语义

VIKOR 法将传统 VIKOR 法扩展到不确定语言环境，重新定义了方案群体效应值和个体遗憾值的计算公式，通过最大化群体效用和最小化个体遗憾确定了方案的折中排序，而且排序过程中还融入了决策者的主观偏好，更有利于保证决策结果的合理性。

第 12 章　可分离物品多属性拍卖在电煤采购决策中应用

电煤是一类稀有资源，具有“连续、同质、可分离”的特点，且电煤采购是一类多属性多源采购。因此，可借助多属性拍卖的思想和方法来设计具有激励性的电煤采购机制。本章将第 9—11 章提出的基于多属性拍卖的多源采购机制应用到电煤多源采购的决策问题中，并结合具体的数值实例进行案例分析，验证所提出的采购机制的有效性和合理性。进一步地，就如何进一步优化电煤采购管理、提升电煤采购效率提出实施电煤采购的建议。

12.1　电煤多源采购问题的描述

电煤多源采购的决策实际问题可描述为：假设一个电煤采购商需采购 Q_0 个单位 (吨) 的电煤用于发电，现有 n 个风险中性的电煤供应商参与竞争，供应商集合记为 $N=\{1,2,\cdots,n\}$。电煤供应商在采购中所考虑的属性有价格、数量、质量 (包括发热量、水分、灰分、挥发分、灰熔点和煤硫分) 和交货日期等，其中发热量、水分、灰分、挥发分、灰熔点和煤硫分 6 个质量属性有明确的相关国家标准 (GB/T7562—2010)[208]，各属性的说明如下：

P：每吨电煤的价格 (元/吨)。

q：供货数量 (吨)。

T：交货时间 (天)。

(C_1) 发热量 (Qnet，MJ/kg)。发热量是锅炉设计的一个重要依据。由于发电企业煤粉对煤种适应性较强，因此只要煤的发热量与锅炉设计要求大体相符即可，一般分为 5 个等级：>24，21.01—24，17.01—21，15.51—17，>12。

(C_2) 挥发分 (Vdaf，%)：挥发分是判明煤炭着火特性的首要指标。挥发分含量越高，着火越容易。根据发电企业的锅炉设计要求，供煤挥发分的值变化不宜太大，否则会影响锅炉的正常运行。一般分 5 个等级：6.5—10，10.01—20，20.01—28，>28，>37；但对其相对应的发热量也有限制，分别是：>21，>18.5，>16，>15.5，>12。

(C_3) 灰熔点 (ST，℃)。由于煤粉炉炉膛火焰中心温度多在 1500℃ 以上，在这样的高温下，煤灰大多呈软化或流体状态。分为 4 个等级：>1150，1160—1250，1260—

1350，1360—1450，> 1450。

(C_4) 灰分 (Ad，%)。灰分含量会使火焰传播速度下降、着火时间推迟、燃烧不稳定、炉温下降。一般分为 3 个等级：≤20，20—30，30—40。

(C_5) 水分 (M，%)。水分是燃烧过程中的有害物质之一，它在燃烧过程中吸收大量的热量，对燃烧的影响比灰分大得多。分为 4 个等级：≤ 8，8.1—12，12.1—20，> 20。

(C_6) 煤硫分 (St，d，%)。硫是煤中有害杂质，虽对燃烧本身没有影响，但它的含量太高，对设备的腐蚀和环境的污染都相当严重。因此，发电企业燃用煤的硫分不能太高，一般要求最高不能超过 2.5%，分 4 个等级：≤ 0.5，0.51—1，1.01—2，2.01—3。

设 $p_i, q_i, t_i, a_{i1}, a_{i2}, \cdots, a_{i6}$ $(i = 1, 2, \cdots, n)$ 分别表示第 i 个电煤供应商关于上述属性 $P, q, T, C_1, C_2, \cdots, C_6$ 的属性值大小。在后面章节的应用案例中，还将考虑 11.1 节给出的其他 7 个风险指标 (技术风险、信息风险、管理风险、经济风险、自然风险、社会风险、道德风险)。

在实际采购中，电煤采购商可同时选择多家电煤供应商进行电煤供应。在采购前，采购商将公开公布对所采购电煤的一些基本要求，如：

(1) 所提交的发热量、水分、灰分、挥发分、灰熔点和煤硫分 6 个质量属性，其质量水平不低于给定的保留值，记为求 $\underline{a} = (\underline{a}_1, \underline{a}_2, \cdots, \underline{a}_6)$，其具体的保留值大小视采购的不同煤种根据国家标准 GB/T7562—2010[208] 中所给出的标准来确定数值。

(2) 单位数量的电煤报价不能超过给定的值 $\bar{p}$，即 $p_i \leqslant \bar{p}$，等等。

(3) 电煤供应商的交货时间不能超过规定的时间限制，即交货时间 $t_i \leqslant \bar{t}$，其中 $\bar{t}$ 是采购商限定供应商的交货时间上限。

(4) 电煤采购商为了拓展自己的业务，需要寻找更多的合作伙伴建立更广泛的合作关系，尽量使得更多供应商有机会中标，因此对单个供应商的最大供给数量进行限制，即 $q_i \leqslant \bar{q}$，其中 $\bar{q}$ 为限定的供应商最大供应数量。

电煤供应商必须以这些保留值为基础向采购商提交供给信息，否则将会被首先淘汰出局。

根据以上基本信息，电煤采购商需要在 n 个电煤供应商中优选若干个赢者作为最终供应商在规定时间内来供应符合给定质量要求的 Q_0 吨电煤。

12.2 电煤的采购决策实例分析

针对第 9 章提出的连续属性下可分离物品多属性采购拍卖机制，第 10 章提出的离散属性值下可分离物品多属性采购拍卖机制和第 11 章提出的基于多属性拍卖与供应链风险管理的两阶段复合采购机制，结合具体的数值实例，分别给出 3 种采购机制在电煤多属性多源采购决策中的具体应用。

12.2.1 连续属性下电煤多属性采购拍卖实例

本节给出第 9 章提出的连续属性下可分离物品多属性采购拍卖机制在电煤采购决策中的数值计算实例。设一发电企业的采购商拟采购 500 吨电煤用于发电。现有 5 个风险中性的电煤供应商参与竞标，投标人集合记为 $N=\{1,2,\cdots,5\}$。为方便计算，本算例中除了考虑 P 单价、q 供货数量和 T 交货时间外，在 6 个质量属性中只选择 C_1 发热量和 C_2 挥发分两个来进行计算。

在供应商开始投标前，采购商公布相关的投标规则，如对采购的电煤的发热量保留值设定为 5kcal/g (1cal = 4.1868J)，挥发分的保留值设定为 24%，等等。供应商必须在符合这些质量标准的前提下进行投标，否则将会被首先淘汰出局。

供应商的边际成本函数设为

$$c_i(Q_i,s_i,a_i)=\frac{s_i^2(k_1a_{i1}+k_2a_{i2})}{Q_i},\quad i=1,2,\cdots,5$$

其中，s_i 为供应商 i 的成本效率参数，为供应商的私人信息；k_j $(j=1,2)$ 为供应商给定的质量属性系数。本例中取

$$k_1=200,\quad k_2=310$$

显然 $c_i(Q_i,s_i,a_i)$ 满足下列条件:

$$\frac{\partial c_i(Q_i,s_i,a_i)}{\partial s_i}>0$$

$$\frac{\partial^2 c_i(Q_i,s_i,a_i)}{\partial s_i^2}>0$$

设供应商 i 的成本效率参数 s_i 在 $S=[\underline{s},\bar{s}]$ 上服从均匀分布，取 $\underline{s}=2,\bar{s}=3$，则

$$F(s_i)=s_i-2$$

$$f(s_i)=1$$

$$\frac{F(s_i)}{f(s_i)}=s_i-2$$

在本例中，设 5 个供应商的真实成本类型为

$$s_1=2.3,\quad s_2=2.4,\quad s_3=2.5,\quad s_4=2.6,\quad s_5=2.7,$$

5 个供应商经过多次投标后，最终申报的成本类型分别为

$$\hat{s}_1=2.1,\quad \hat{s}_2=2.3,\quad \hat{s}_3=2.6,\quad \hat{s}_4=2.7,\quad \hat{s}_5=3$$

最终提交的质量投标设为

$$
\begin{aligned}
&\text{供应商 1：}(a_{11},a_{12})=(6.95,34.6)\\
&\text{供应商 2：}(a_{21},a_{22})=(6.65,32.9)\\
&\text{供应商 3：}(a_{31},a_{32})=(5.85,27.5)\\
&\text{供应商 4：}(a_{41},a_{42})=(6.83,29.9)\\
&\text{供应商 5：}(a_{51},a_{52})=(5.45,25.4)
\end{aligned}
$$

采购商关于属性 A_j 的收益函数设为

$$v_j(a_{ij})=h_j\sqrt{a_{ij}},\quad i=1,2,\cdots,5,\ j=1,2$$

其中 h_j 为采购商给定的质量属性系数，本例中取

$$h_1=85000,\quad h_2=98000$$

设 5 个供应商依据他们在交货限期内的生产能力以及采购商所限定的最大供应数量，最终确定的供货数量的最大值 (单位：吨) 分别为

$$Q_1^*=280,\quad Q_2^*=240,\quad Q_3^*=310,\quad Q_4^*=230,\quad Q_5^*=115$$

将上述相关数据代入下列优化问题中：

$$
(\mathrm{G}_6)\quad
\begin{aligned}
&\mathrm{Max}\ u^*=E_s\sum_{i=1}^{5}\left\{Q_i\sum_{j=1}^{2}v_j(a_{ij})-\sum_{j=1}^{2}\int_0^{Q_i}c_{ij}(x,s_i,a_{ij})\mathrm{d}x\right.\\
&\qquad\left.-\left(\sum_{j=1}^{2}\int_0^{Q_i}\frac{\partial c_{ij}(x,s_i,a_{ij})}{\partial s_i}\mathrm{d}x\right)\frac{F(s_i)}{f(s_i)}\right\}\\
&\text{s.t.}\ \begin{cases}\displaystyle\sum_{i=1}^{5}Q_i\leqslant 500\\ Q_i\geqslant 0,\quad \forall i\in N\\ Q_i\leqslant q_i^*,\quad \forall i\in N\end{cases}
\end{aligned}
$$

对此优化问题进行求解，得到分配给供应商的允许供给量 (单位：吨) 为

$$Q_1=76.2,\quad Q_2=86.9,\quad Q_3=93.4,\quad Q_4=110.5,\quad Q_5=115.0$$

将此结果代入 (9.10) 式中，解得 5 个供应商得到的转移支付 (单位：元) 为

$$T_1(s)=2.54\times10^5,\quad T_2(s)=3.43\times10^5,\quad T_3(s)=4.35\times10^5$$

$$T_4(s) = 5.54 \times 10^5, \quad T_5(s) = 6.38 \times 10^5$$

由上述计算结果知允许总供应量之和 $Q^* = \sum_{i=1}^{5} Q_i = 482$ 吨，小于总采购量 $Q_0 = 500$ 吨。此时采购商可以公布该分配结果让供应商进一步竞价，使供应商的报价更接近真实边际成本。下面举例说明供应商调整报价的过程。

假设供应商 3 将成本类型由 $\hat{s}_3 = 2.6$ 改成 $\hat{s}_3 = 2.5$，其他供应商的投标保持不变。重新求解优化问题 (G_6)，得到分配给供应商的允许供给量 (单位：吨) 为

$$Q_1' = 76.2, \quad Q_2' = 86.9, \quad Q_3' = 107.4, \quad Q_4' = 110.5, \quad Q_5' = 115.0$$

观察此结果易知：允许总供应量之和增大为 $Q^* = \sum_{i=1}^{5} Q_i = 496$ 吨，增加的 9.6 吨全部分给了供应商 3，其他供应商所分配的允许供应量保持不变。在此偏离中，采购商和供应商 3 的效用都增大。同理，在此分配结果基础上，如果供应商 4 将成本类型由 $\hat{s}_4 = 2.7$ 改成 $\hat{s}_4 = 2.6$，其他供应商的投标保持不变，分配的总量变成 $Q^{*\prime\prime} = \sum_{i=1}^{5} Q_i = 500$ 吨，供应商 4 的分配量增加到 $Q_4'' = 114.5$ 吨，其他供应商的允许供应量保持不变，此时采购商和供应商 4 的效用都增大。

上述应用实例说明了实施电煤多属性采购最优拍卖的过程。应用实例显示：当所有供应商申报的成本逐步接近其真实的成本值时，实际分配的供给总量 Q^* 也逐渐接近 Q_0，这说明该拍卖机制可以很好地激励电煤供应商报出自己的真实边际成本。

12.2.2 离散属性下电煤多属性采购拍卖实例

本节给出第 10 章提出的离散属性下可分离物品多属性采购拍卖机制在电煤采购决策中的数值计算实例。和 12.2.1 节相同，设一发电企业的采购商拟采购 500 吨电煤用于发电，5 个风险中性的电煤供应商参与竞标，考虑 P 单价、q 供货数量、T 交货时间、C_1 发热量和 C_2 挥发分 5 个属性。

在供应商开始投标前，采购商公布相关的基本规则，如对采购的电煤的发热量的保留值设定为 5kcal/g，挥发分的保留值设定为 24%，每吨电煤的报价不能超过 190 元。供应商必须以这些保留值为基础进行投标，否则将会被首先淘汰出局。另外，最小投标增量设为 $D = 1$。

设供应商 i 关于属性 A_j 的成本函数为

$$c_{ij}(s_i, a_{ij}) = s_i k_j a_{ij}, \quad i = 1, 2, \cdots, 5, \ j = 1, 2$$

则当采购商 i 的单位物品报价为 p_i 时，单位数量的物品产生的效用可表示为下面

的拟线性函数形式：

$$u_{si}^1(s_i,p_i,a_{i1},a_{i2})=p_i-\sum_{j=1}^2 s_ik_ja_{ij},\quad i=1,2,\cdots,5$$

其中，s_i 为供应商 i 的成本效率参数，为供应商的私人信息；k_j 为供应商给定的质量属性系数，本例中取

$$s_1=2.3,\quad s_2=2.4,\quad s_3=2.5,\quad s_4=2.6,\quad s_5=2.7$$

$$k_1=1.65,\quad k_2=1.5$$

按照类型值从小到大，5 个供应商依次称为供应商 1、供应商 2、…、供应商 5。

参照文献 [21] 和 [22]，采购商的收益函数设为

$$v_j=l_j\sqrt{a_{ij}},\quad j=1,2,\ i=1,2,\cdots,5$$

故得分函数为

$$S_i=\sum_{j=1}^2 v_j(a_{ij})-p_i=\sum_{j=1}^2 l_j\sqrt{a_{ij}}-p_i,\quad i=1,2,\cdots,5$$

其中 l_j 为采购商给定的质量属性系数，本例中取

$$l_1=20,\quad l_2=40$$

由假设知，保留价格 $\bar{p}=190$，保留质量值为 $\underline{a}=(\underline{a}_1,\underline{a}_2)=(5,24)$，则保留得分为

$$\underline{S}=\sum_{j=1}^2 l_j\sqrt{\underline{a}_j}-\bar{p}=20\sqrt{5}+40\sqrt{24}-190=50.68$$

设 5 个供应商依据他们在交货限期内的生产能力以及采购商所限定的最大供应数量最终确定的每轮最佳投标数量 (单位：吨) 分别为

$$Q_1^*=280,\quad Q_2^*=240,\quad Q_3^*=310,\quad Q_4^*=230,\quad Q_5^*=115$$

由命题 10.2 得，供应商 $W=(w_1,w_2,\cdots,w_{12})$ 投标时的最佳质量投标策略满足

$$\frac{\partial[c_{ij}(s_i,a_{ij}^{(t+1)*})-v_j(a_{ij}^{(t+1)*})]}{\partial a_{ij}^{(t+1)*}}=\frac{\partial(s_ik_ja_{ij}-l_j\sqrt{a_{ij}})}{\partial a_{ij}}=0$$

解得

$$a_{ij}^* = \left(\frac{l_j}{2s_ik_j}\right)^2, \quad i=1,2,\cdots,5,\ j=1,2$$

将 l_j, s_i, k_j 代入后，解得 5 个供应商的最佳质量投标策略分别为

$$a_1^* = (a_{11}^*, a_{12}^*) = (6.94, 33.60)$$

$$a_2^* = (a_{21}^*, a_{22}^*) = (6.38, 30.86)$$

$$a_3^* = (a_{31}^*, a_{32}^*) = (5.88, 28.44)$$

$$a_4^* = (a_{41}^*, a_{42}^*) = (5.43, 26.29)$$

$$a_5^* = (a_{51}^*, a_{52}^*) = (5.04, 24.39)$$

显然这些结果都高于质量保留值 $\underline{a} = (\underline{a}_1, \underline{a}_2) = (5, 24)$ 所要求的最低标准，若供应商按照这些策略进行质量投标，则均是有效的投标。

基于最佳质量投标策略 a_i^*，$i=1,2,\cdots,5$，每个供应商提交最佳质量投标时的单位物品的成本为

$$c_i^1 = \sum_{j=1}^{2} c_{ij}(s_i, a_{ij}^*) = s_ik_1a_{i1}^* + s_ik_2a_{i2}^*$$

由此可求得

$$c_1^1 = 142.26, \quad c_2^1 = 136.36, \quad c_3^1 = 130.91, \quad c_4^1 = 125.83, \quad c_5^1 = 121.23$$

在实际投标中，可结合命题 10.2 的结论来判断供应商的投标是否结束，在本例中，供应商 i 投标结束的条件是

$$u_{si}^1 = p_i^* - \sum_{j=1}^{2} c_{ij}(s_i, a_{ij}^*) = p_i^* - c_i^1 \leqslant 0, \quad i=1,2,\cdots,5$$

下面结合 10.4 节中给出的投标全过程描述，对本例中的投标全过程进行模拟，结果如表 12.1 所示。

供应商 1、供应商 2、$\cdots$、供应商 5 分别在第 11 轮、第 10 轮、第 7 轮、第 5 轮、第 4 轮结束投标，最终提交的最优投标分别为

$$(p_1^*, Q_1^*, a_{11}^*, a_{12}^*) = (148.55, 280, 6.94, 33.60), \quad S_1 = 136$$

$$(p_2^*, Q_2^*, a_{21}^*, a_{22}^*) = (137.73, 240, 6.38, 30.86), \quad S_2 = 135$$

$$(p_3^*, Q_3^*, a_{31}^*, a_{32}^*) = (132.82, 310, 5.88, 28.44), \quad S_3 = 129$$

$$(p_4^*, Q_4^*, a_{41}^*, a_{42}^*) = (128.70, 230, 5.43, 26.29), \quad S_4 = 123$$

$$(p_5^*, Q_5^*, a_{51}^*, a_{52}^*) = (123.45, 115, 5.04, 24.39), \quad S_5 = 119$$

表 12.1　投标过程模拟结果

轮次	供应商	拟提交的投标 $(p_i^*,Q_i^*,a_{i1}^*,a_{i2}^*)$	得分 S_i	是否提交本轮投标
第 1 轮	供应商 1	(184.55，280，6.94，33.60)	100	$u_{s1}^1>0$，提交
	供应商 2	(171.73，240，6.3，830.86)	101	$u_{s2}^1>0$，提交
	供应商 3	(159.82，310，5.88，28.44)	102	$u_{s3}^1>0$，提交
	供应商 4	(148.70，230，5.43，26.29)	103	$u_{s4}^1>0$，提交
	供应商 5	(138.45，115，5.04，24.39)	104	$u_{s5}^1>0$，提交
第 2 轮	供应商 1	(179.55，280，6.94，33.60)	105	$u_{s1}^1>0$，提交
	供应商 2	(166.73，240，6.38，30.86)	106	$u_{s2}^1>0$，提交
	供应商 3	(154.82，310，5.88，28.44)	107	$u_{s3}^1>0$，提交
	供应商 4	(143.70，230，5.43，26.29)	108	$u_{s4}^1>0$，提交
	供应商 5	(133.45，115，5.04，24.39)	109	$u_{s5}^1>0$，提交
第 3 轮	供应商 1	(174.55，280，6.94，33.60)	110	$u_{s1}^1>0$，提交
	供应商 2	(161.73，240，6.38，30.86)	111	$u_{s2}^1>0$，提交
	供应商 3	(149.82，310，5.88，28.44)	112	$u_{s3}^1>0$，提交
	供应商 4	(138.70，230，5.43，26.29)	113	$u_{s4}^1>0$，提交
	供应商 5	(128.45，115，5.04，24.39)	114	$u_{s5}^1>0$，提交
第 4 轮	供应商 1	(169.55，280，6.94，33.60)	115	$u_{s1}^1>0$，提交
	供应商 2	(156.73，240，6.3，830.86)	116	$u_{s2}^1>0$，提交
	供应商 3	(144.82，310，5.88，28.44)	117	$u_{s3}^1>0$，提交
	供应商 4	(133.70，230，5.43，26.29)	118	$u_{s4}^1>0$，提交
	供应商 5	(123.45，115，5.04，24.39)	119	$u_{s5}^1>0$，提交
第 5 轮	供应商 1	(164.55，280，6.94，33.60)	120	$u_{s1}^1>0$，提交
	供应商 2	(151.73，240，6.38，30.86)	121	$u_{s2}^1>0$，提交
	供应商 3	(139.82，310，5.88，28.44)	122	$u_{s3}^1>0$，提交
	供应商 4	(128.70，230，5.43，26.29)	123	$u_{s4}^1>0$，提交
	供应商 5	(118.45，115，5.04，24.39)	—	$u_{s5}^1<0$，不提交，投标结束
第 6 轮	供应商 1	(160.55，280，6.94，33.60)	124	$u_{s1}^1>0$，提交
	供应商 2	(147.73，240，6.38，30.86)	125	$u_{s2}^1>0$，提交
	供应商 3	(135.82，310，5.88，28.44)	126	$u_{s3}^1>0$，提交
	供应商 4	(124.70，230，5.43，26.29)	—	$u_{s4}^1<0$，不提交，投标结束
第 7 轮	供应商 1	(157.55，280，6.94，33.60)	127	$u_{s1}^1>0$，提交
	供应商 2	(144.73，240，6.38，30.86)	128	$u_{s2}^1>0$，提交
	供应商 3	(132.82，310，5.88，28.44)	129	$u_{s1}^1>0$，提交
第 8 轮	供应商 1	(154.55，280，6.94，33.60)	130	$u_{s2}^1>0$，提交
	供应商 2	(141.73，240，6.38，30.86)	131	$u_{s2}^1>0$，提交
	供应商 3	(129.82，310，5.88，28.44)	—	$u_{s3}^1<0$，不提交，投标结束
第 9 轮	供应商 1	(152.55，280，6.94，33.60)	132	$u_{s1}^1>0$，提交
	供应商 2	(139.73，240，6.38，30.86)	133	$u_{s2}^1>0$，提交
第 10 轮	供应商 1	(150.55，280，6.94，33.60)	134	$u_{s1}^1>0$，提交
	供应商 2	(137.73，240，6.38，30.86)	135	$u_{s2}^1>0$，提交
第 11 轮	供应商 1	(148.55，280，6.94，33.60)	136	$u_{s1}^1>0$，提交
	供应商 2	(135.73，240，6.38，30.86)	—	$u_{s2}^1<0$，不提交，投标结束

将 5 个供应商的最终投标信息代入如下规划中，

$$\max\ u_b = \sum_{i=1}^{5}(Q_i^* x_i)\left[\sum_{j=1}^{2} l_j\sqrt{a_{ij}^*} - p_i^*\right]$$

$$\text{s.t.}\quad \begin{cases} \displaystyle\sum_{i=1}^{n} Q_i^* x_i = 500 \\ 0 \leqslant x_i \leqslant 1, \quad i = 1, 2, \cdots, n \end{cases}$$

解得采购商的中标状态值为

$$x_1 = 1, \quad x_2 = 0.917, \quad x_3 = 0, \quad x_4 = 0, \quad x_5 = 0$$

依据上述结果可得供应商的最终供应情况如下：

供应商 1 以单位价格为 148.55 元的报价供给发电企业 280 吨电煤；

供应商 2 以单位价格为 137.73 元的报价供给发电企业 220 吨电煤；

供应商 3，4 和 5 没有中标。

12.2.3 电煤的两阶段复合采购决策实例

本节给出第 11 章提出的基于多属性拍卖与供应链风险管理的两阶段复合采购机制在电煤采购决策中的数值计算实例。和 12.2.1 节相同，设一发电企业的采购商拟采购 500 吨电煤用于发电，5 个风险中性的电煤供应商参与竞标，但与 12.2.1 节不同的是，除了考虑 12.2.1 节中的 P 单价、q 供货数量、C_1 发热量、C_2 挥发分和 T 交货时间 5 个属性外，还将考虑 11.1 节给出的其他 7 个风险指标，即 A_5 技术风险、A_6 信息风险、A_7 管理风险、A_8 经济风险、A_9 自然风险、A_{10} 社会风险和 A_{11} 道德风险。12 个评价指标的权重设为

$$\begin{aligned} W &= (w_1, w_2, \cdots, w_{12}) \\ &= (0.15, 0.05, 0.1, 0.1, 0.1, 0.1, 0.05, 0.05, 0.1, 0.05, 0.05, 0.1) \end{aligned}$$

两阶段复合机制中，第一阶段为 10.2 节给出的多属性拍卖过程。由表 12.1 给出的投标过程模拟结果知，供应商 1，2，3，4，5 的最终得分分别为

$$S_1 = 136, \quad S_2 = 135, \quad S_3 = 129, \quad S_4 = 123, \quad S_5 = 119$$

假设得分大于或等于 120 分的供应商入围，于是第一阶段多属性拍卖结束后，供应商 1，2，3，4 为入围供应商，将进入第二阶段的竞争。此 4 个入围供应商在 P 单价、q 供货数量、C_1 发热量和 C_2 挥发分 4 个指标下的值列于初始决策矩阵 $X = (x_{ji})_{12\times 4}$ (表 12.2)。另外，4 个入围供应商申报的交货时间以及采购商对 7 个

风险指标的评价值如表 12.2 所示，其中 $s_0=$ 高风险，$s_1=$ 较高风险，$s_2=$ 中等风险，$s_3=$ 低风险，$s_4=$ 潜在风险。

针对表 12.2 给出的 4 个入围供应商的指标数据信息，下面分别运用 11.3.2 节给出的基于二元语义灰关联分析的赢者确定方法以及 11.3.3 节给出的基于二元语义 VIKOR 的赢者确定方法来确定 4 个入围电煤供应商中的最终赢者。

表 12.2 初始决策矩阵 X

指标	供应商 1	供应商 2	供应商 3	供应商 4
P	148.55	137.73	132.82	128.70
q	280	240	310	230
C_1	6.94	6.38	5.88	5.43
C_2	33.60	30.86	28.44	26.29
T	20	23	18	21
A_5	s_3	s_2	s_3	s_2
A_6	s_4	s_3	s_4	s_3
A_7	s_3	s_2	s_4	s_4
A_8	s_4	s_3	s_3	s_3
A_9	s_3	s_2	s_4	s_3
A_{10}	s_2	s_4	s_3	s_4
A_{11}	s_4	s_3	s_4	s_2

12.2.3.1 运用二元语义灰关联分析法确定最终赢者

由 11.3.2 节给出的决策步骤，本实例的决策过程如下:

(1) 运用规范化处理公式 (11.2)—(11.4)，对 $X=(x_{ji})_{12\times 4}$ 进行规范化处理，得到规范化处理后的决策矩阵 $Y=(y_{ji})_{12\times 4}$，如表 12.3 所示。

表 12.3 规范化决策矩阵 Y

指标	供应商 1	供应商 2	供应商 3	供应商 4
P	0	0.545	0.792	1
q	0.625	0.125	1	0
C_1	1	0.629	0.298	0
C_2	1	0.625	0.294	0
T	0.6	0	1	0.4
A_5	s_3	s_2	s_3	s_2
A_6	s_4	s_3	s_4	s_3
A_7	s_3	s_2	s_4	s_4
A_8	s_4	s_3	s_3	s_3
A_9	s_3	s_2	s_4	s_3
A_{10}	s_2	s_4	s_3	s_4
A_{11}	s_4	s_3	s_4	s_2

(2) 利用定义 11.6 和定义 11.3 的转化方法，将决策矩阵 $Y=(y_{ji})_{12\times 4}$ 转化为一个规范的二元语义矩阵 $R=[(s_{ji},a_{ji})]_{12\times 4}$，如表 12.4 所示。

表 12.4 二元语义矩阵 R

指标	供应商 1	供应商 2	供应商 3	供应商 4
P	$(s_0, 0)$	$(s_2, 0.180)$	$(s_3, 0.170)$	$(s_4, 0)$
q	$(s_3, -0.5)$	$(s_1, -0.5)$	$(s_4, 0)$	$(s_0, 0)$
C_1	$(s_4, 0)$	$(s_3, -0.483)$	$(s_1, 0.192)$	$(s_0, 0)$
C_2	$(s_4, 0)$	$(s_3, -0.499)$	$(s_1, 0.176)$	$(s_0, 0)$
T	$(s_2, 0.4)$	$(s_0, 0)$	$(s_4, 0)$	$(s_2, -0.4)$
A_5	$(s_3, 0)$	$(s_2, 0)$	$(s_3, 0)$	$(s_2, 0)$
A_6	$(s_4, 0)$	$(s_3, 0)$	$(s_4, 0)$	$(s_3, 0)$
A_7	$(s_3, 0)$	$(s_2, 0)$	$(s_4, 0)$	$(s_4, 0)$
A_8	$(s_4, 0)$	$(s_3, 0)$	$(s_3, 0)$	$(s_3, 0)$
A_9	$(s_3, 0)$	$(s_2, 0)$	$(s_4, 0)$	$(s_3, 0)$
A_{10}	$(s_2, 0)$	$(s_4, 0)$	$(s_3, 0)$	$(s_4, 0)$
A_{11}	$(s_4, 0)$	$(s_3, 0)$	$(s_4, 0)$	$(s_2, 0)$

(3) 利用式 (11.5)—(11.7)，在二元语义矩阵 $R=[(s_{ij},a_{ij})]_{l\times 11}$ 中确定比较序列 $h_1,h_2,\cdots,h_l$，正理想方案点 h^+ 和负理想方案点 h^-。

$$\begin{aligned}
h^+ =& ((s_4,0),(s_4,0),(s_4,0),(s_4,0),(s_4,0),(s_3,0),\\
&(s_4,0),(s_4,0),(s_4,0),(s_4,0),(s_4,0),(s_4,0))\\
h^- =& ((s_0,0),(s_0,0),(s_0,0),(s_0,0),(s_0,0),(s_2,0),\\
&(s_3,0),(s_2,0),(s_3,0),(s_2,0),(s_2,0),(s_2,0))\\
h_1 =& ((s_0,0),(s_3,-0.5),(s_4,0),(s_4,0),(s_2,0.4),(s_3,0),\\
&(s_4,0),(s_3,0),(s_4,0),(s_3,0),(s_2,0),(s_4,0))\\
h_2 =& ((s_2,0.180),(s_1,-0.5),(s_3,-0.483),(s_3,-0.499),(s_0,0),\\
&(s_2,0),(s_3,0),(s_2,0),(s_3,0),(s_2,0),(s_4,0),(s_3,0))\\
h_3 =& ((s_3,0.170),(s_4,0),(s_1,0.192),(s_1,0.176),(s_4,0),\\
&(s_3,0),(s_4,0),(s_4,0),(s_3,0),(s_4,0),(s_3,0),(s_4,0))\\
h_4 =& ((s_4,0),(s_0,0),(s_0,0),(s_0,0),(s_2,-0.4),(s_2,0),\\
&(s_3,0),(s_4,0),(s_3,0),(s_3,0),(s_4,0),(s_2,0))
\end{aligned}$$

(4) 利用式 (11.8)—(11.11)，计算比较序列 h_i 与正理想方案点 h^+ 之间的灰关联度 $r(h^+,h_i)$ 以及比较序列 h_i 与负理想方案点 h^- 之间的灰关联度 $r(h^-,h_i)$，计算结果如下：

$$r(h^+,h_1)=0.776,\quad r(h^+,h_2)=0.578,\quad r(h^+,h_3)=0.789,\quad r(h^+,h_4)=0.629$$

$$r(h^-,h_1)=0.618,\quad r(h^-,h_2)=0.742,\quad r(h^-,h_3)=0.567,\quad r(h^-,h_4)=0.789$$

(5) 利用式 (11.13) 计算从属度 u_i，$i=1,2,\cdots,l$，得

$$u_1=0.612,\quad u_2=0.378,\quad u_3=0.659,\quad u_4=0.389$$

(6) 对 u_i 从大到小进行排序。

因为 $u_3>u_1>u_4>u_2$，所以 4 个供应商的优劣排序为：供应商 3 $\succ$供应商 1 $\succ$供应商 4 $\succ$供应商 2。

(7) 确定最终赢者和最终供给方案。

按照 11.3.2 节给出的 u_i 值大的供应商优先获得允许供给量的原则，采购商优先把 500 吨电煤的供给权分配给供应商 3。因为供应商 3 申报的最大供给量是 310 吨，故供应商 3 得到的允许供给量是 310 吨。剩下的 $500-310=190$ 吨优先分配给 u_i 值排在第二位的供应商 1。因为供应商 1 申报的最大供给量是 280 吨 >190 吨，故剩下的 190 吨全部分配给了供应商 1。由此可得最终的供给方案为：供应商 3 以单位价格为 132.82 元的报价供给发电企业 310 吨电煤，供应商 1 以单位价格为 148.55 元的报价供给发电企业 190 吨电煤，获胜的供应商 3 和供应商 1 同时必须在自身投标中给定的交货时间内提供自己所许诺质量水平的物品给采购商。供应商 2 和供应商 4 没有中标。

12.2.3.2 运用二元语义 VIKOR 法确定最终赢者

根据 11.3.3 节给出的决策步骤，本实例的决策过程如下：

(1)—(3) 的步骤同 12.2.3.1 节的前三步。

(4) 运用式 (11.14) 和 (11.15) 计算每个方案 (入围供应商) 的群效用值 (μ_i,γ_i) 和个体遗憾值 (η_i,λ_i)，$i=1$，2，$\cdots$，l，计算结果如下：

$$(\mu_1,\gamma_1)=(s_1,0.235),\quad (\mu_2,\gamma_2)=(s_3,-0.254)$$

$$(\mu_3,\gamma_3)=(s_1,0.188),\quad (\mu_4,\gamma_4)=(s_3,-0.26)$$

$$(\eta_1,\lambda_1)=(s_1,-0.43),\quad (\eta_2,\lambda_2)=(s_0,0.4)$$

$$(\eta_3,\lambda_3)=(s_0,0.4),\quad (\eta_4,\lambda_4)=(s_0,0.4)$$

(5) 运用式 (11.16) 计算各方案 (入围供应商) 的折中评价值 (Q_i,ξ_i)，i=1，2，$\cdots$，l，计算结果如下：

$$(Q_1,\xi_1)=(s_2,-0.34),\quad (Q_2,\xi_2)=(s_2,0)$$

$$(Q_3, \xi_3) = (s_0, 0), \qquad (Q_4, \xi_4) = (s_2, -0.01)$$

(6) 按照 (Q_i, ξ_i) 的值从小到大的顺序对所有入围的供应商进行排序。

因为 $(Q_3, \xi_3) < (Q_1, \xi_1) < (Q_4, \xi_4) < (Q_2, \xi_2)$，所以 4 个供应商的优劣排序为：供应商 3 $\succ$供应商 1 $\succ$供应商 4 $\succ$供应商 2。

(7) 确定最终赢者和最终供给方案。

由于 4 个供应商的优劣排序和 12.2.3.1 节中采用二元语义灰关联分析法得到的结果一样，故最终赢者和最终供给方案也和 12.2.3.1 节相同。

另外，上述两种排序方法下的排序结果是相同的，这很好地彼此验证了两种方法的正确性和有效性。

12.3 决策结论和建议

从 12.2 节电煤多属性采购实例中的决策过程可以看出，本书提出的几种基于多属性拍卖的采购机制在采购决策中都能借助于拍卖的信息激励性，很好地诱导供应商申报尽可能真实的投标信息。具体地，如果采用第 9 章提出的连续属性下可分离物品多属性采购拍卖机制进行电煤采购，那么某些供应商一旦观察到最佳分配量 $Q^* < Q_0$，必然会调整自己的报价而促使采购商将余额分配完，即 $Q^* = Q_0$，同时这些报价也会进一步接近供应商的真实水平。采用第 10 章提出的离散属性值下可分离物品多属性采购拍卖机制进行电煤采购，可以很好地促使供应商为了中标而不断提高自己的得分，其中所提出的 “最小增量投标法” 不仅能诱导供应商诚实地披露自己的成本类型 (或经营能力)，还能提高采购商对电煤的配置效率。第 11 章提出的两阶段的复合机制不仅具有多属性拍卖的信息激励性，而且通过引入风险评价指标更增加了采购的安全性和可靠性。总之，理论和应用实例显示，这几种采购机制都是可行和有效的，能为降低发电企业的购煤成本、优化电煤采购渠道、提高电煤质量提供有效的决策支持。为进一步优化电煤采购管理、提升电煤采购效率，还提出如下建议。

(1) 改变传统电煤采购的思维模式，引入现代供应链管理理念，按照电煤供应链的特点与要求对电煤采购进行管理。电力企业应加强对电煤供应链各节点的管理，重组业务流程，将管理的范围延伸至物流、信息流、资金流，注重供应量上各环节的衔接和协调，从而最终降低整个链条的成本。

(2) 加强与电煤供应链上关键节点的战略联合，提高供应链的稳定性。随着电煤市场的集中度越来越高，电力企业如何在上网侧还未走向市场的情况下降低成本、回避风险和提高竞争力，是电力企业应着力解决的问题。因此，从供应链管理的角度出发，电力企业与电煤供应商、大型运输商通过签订长期协议、互相参股等方式建立起长期战略合作伙伴关系，可以保证电煤供应，共同抵御市场风险，降低运营成本，从而促进供应链上各方共同发展。

(3) 加大信息化建设力度，打造先进的电煤供应链信息管理平台。随着电煤价格的完全市场化以及现代物流行业的高速发展，电力企业需要掌握的电煤供应链信息越来越庞大，信息处理时间越来越紧张，因此建立科学的供应链信息管理平台，对加强供应链上下游企业之间的信息沟通和反馈，以及提高电力企业电煤供应链管理水平至关重要，从而提高整个供应链的协调性和整体的经济效益。

(4) 按照“集体决策、合规调价”的要求，建立健全电煤采购价格决策机制。在价格形成方面，结合经济形势和地域特性，对煤炭市场进行综合分析和预测，体现“资源稳定、煤质适合、市场竞价、长期合作”的原则，集体讨论制定采购价格策略和方案。如遇市场发生重大变化、采购价格突破采购方案的情况，价格调整需集体讨论后形成，防止在价格形成和调价过程中发生重大失误，提升决策的民主性和科学性。

(5) 改变突发性的临时现货市场电煤采购方式，采用发电企业统一购煤模式。发电企业统一购煤是指多家发电企业联合成立一家燃料采购机构 (联合体) 代表这些发电企业向煤炭企业购煤，发电企业只负责生产。联合的发电企业如果同属一家发电集团则称为集团采购，如果不属于同一发电集团则称为集团联合统一购煤。发电企业应建立以集团内部统一购煤为主，发电集团之间区域性的统一购煤为辅的统一购煤模式。统一购煤可以充分发挥资源优势互补、统一计划、统一协调、统一控制的优势，增加煤炭需求弹性，从而增大谈判耐心系数，抑制电煤价格上涨，缓解“煤电之争”。

(6) 成立专门的监管机构，对发电企业的统一购煤进行监督，防止煤电之间合谋提高煤电价格；完善煤电价格联动实施的条件，在不具备实施煤电联动的经济环境和产业条件之前，暂时取消煤电联动机制，减少发电企业的投机行为，从而确保用电安全；完善煤电价格联动机制，结合我国国情并参照国外经验完善煤电联动机制的内容，如增加电价随电煤价格下降而降低的联动。

(7) 增加电煤采购各环节的透明度，实施“阳光采购”策略。阳光采购是指企业按照“公开、公平、公正”和“质量优先、价格优先”的原则，从市场获取产品或服务作为自身资源的行为。阳光采购通过创造供应商公平竞争的环境、采购人员公正执行制度的环境、监督人员有效监控的环境，实现各环节职能的到位和制衡，实现采购重大事项和关键环节的民主决策，以杜绝暗箱操作和决策者个人决断，确保集体参与、集体研究、集体决策、实现燃料采购工作的公开透明，对外树立诚信履责的企业良好形象。阳光采购立足于科学化、合理化的采购制度和监管制度，通过合理的竞价议价谈判，有效降低采购成本，提高采购效率，避免采购过程中的腐败现象。

(8) 因地制宜，就地发电，变输煤为输电。我国沿海经济发达地区的电力需求随着经济发展而高速增长，但环保要求的提高限制了火电机组在当地的发展。两者的矛盾好像不可调和，但特高压输电技术的应用，为发电企业从负荷中心向煤炭生产中心转移创造了条件，也为电力企业的发展提供了新途径。因此，可在电煤生产所在地投资兴建发电站就地发电，变输煤为输电可降低煤价和物流成本，减少环境污染。

12.4　本章小结

本章以电煤采购的决策为背景，结合数值案例，分别给出了第 9—11 章提出的 3 种可分离物品采购机制的具体应用。结果显示，这几种基于多属性拍卖的采购机制在采购决策中都有良好的信息激励性，能有效地诱导供应商申报尽可能真实的报价信息。另外，从更新电煤采购观念、改进电煤采购模式、建设电煤信息平台、建立电煤采购价格决策机制、实施阳光采购策略等方面，本章给出了科学实施电煤采购的若干建议，可为优化电煤采购管理、提升电煤采购效率提供决策支持和参考。

第 13 章 研究总结和研究展望

13.1 研究总结

本书首先系统介绍了多物品拍卖机制设计的概况和发展趋势，然后提出了单属性 (价格) 下可分离物品最优拍卖机制设计的基本框架，并在此框架下分别基于弹性供给量、可变供给量和限额供给策略探讨了可分离物品统一价格拍卖的改进机制和模型，及其在污染物允许排放量免费分配的有效性评价问题中的应用；其次，将单属性拓展到多属性，研究了可分离物品多属性拍卖机制和方法，提出了同质可分离物品多属性多源采购的优化决策模型与算法，并应用到电煤多源采购的决策问题中。综合本书所介绍的作者及其团队的研究工作，其创新之处可总结如下。

(1) 供给量确定时可分离物品的统一价格拍卖可能存在 “隐性合谋”，并导致低价均衡的产生。针对诸如污染物允许排放量以及网络带宽、电信频谱、国库券、电量等一类连续同质可分离物品，本书提出可借助基于供给量 $Q \leqslant Q_0$ 或 $Q = Q(p)$ 的卖方威胁策略，激励统一价格拍卖中的买者报出其真实边际成本或估价函数，从而消除买者之间的隐性合谋。

(2) 我国现阶段在制定环境规划时大多根据地区或企业的申报数据采用免费方式分配污染物允许排放量。从资源配置的角度，本书基于相同的排污申报信息，将免费分配的实际结果与统一价格拍卖的预期分配结果进行对比，利用拍卖的激励性来分析和评价允许排放量免费分配方案的有效性。

(3) 均衡点的漂移会影响拍卖收益，且不利于对分配效率的估计。关于统一价格拍卖下是否存在均衡点漂移，以及存在均衡点漂移情形下如何诱导拍卖达到理想的均衡点，目前极少文献讨论。本书从理论上研究和分析了一个可分离物品统一价格拍卖机制中买者的策略行为与均衡点间的关系，重点分析了均衡点是否存在漂移，给出了若干能使统一价格拍卖达到理想均衡点的机制设计建议。

(4) 在统一价格拍卖和不确定供给量框架下，线性均衡报价和非线性均衡报价之间是否存在占优关系？这是机制设计需要考虑的。对于非线性均衡报价和线性均衡报价，现有文献大多是分开讨论的。本书结合供给量优化策略，给出了买者提交非线性报价和线性报价两种情形下的纯策略纳什均衡，得出了非线性均衡报价占优于线性均衡报价的结论，为买者提交最优报价提供了决策依据。

(5) 现有的多属性采购拍卖研究主要是以不可分离物品为研究对象的，且大多是基于投标人对称、投标人单一需求等条件来设计拍卖机制的。针对一类具有“连续同质可分离”特性的物品，在投标人非对称且投标人具有多单位需求的前提下，本书探讨了多属性采购拍卖机制，丰富和拓展了多物品多属性拍卖机制设计的理论和方法。

(6) 现有文献中，多属性拍卖机制下赢者 (中标人) 一般是唯一的。本书所介绍的多属性拍卖机制中的赢者可以是多个，且每个赢者可以供给采购商多数量的物品。

(7) 为了降低电厂的购煤成本、优化电煤采购渠道、提高电煤质量、激励电煤供应商申报真实信息、实现电煤的有效配置，本书将电煤看成是一类连续、同质、可分离物品，借助于多属性拍卖的思想和方法设计了若干具有激励性的电煤多属性多源采购机制。

(8) 基于多属性拍卖和多属性决策的理论与方法，本书提出了一种可分离物品多属性多源采购的两阶段复合机制，为实现诸如电煤一类物品高效、安全的采购运作提供了决策支持和参考。

13.2　研究展望

可分离物品拍卖机制设计是拍卖理论的前沿课题之一。目前国外在多物品拍卖方面的研究热点包括“双向拍卖及网上拍卖”“可分离物品拍卖与动态博弈”“多物品反向多属性拍卖”以及“环境资源的定价”等。基于本书中介绍的作者及其团队已经取得的成果以及国外目前的研究热点，进一步的研究工作如下。

(1) 与网上拍卖、双向拍卖、多属性拍卖等相结合，从信息设计、结果显示、申报规则以及信息技术等方面进行研究，为目前污染物总量控制、多物品的绿色采购等的实施提供进一步的理论和技术依据。

(2) 以一类连续、同质可分离物品的物流及供应链管理问题为背景，结合本书的研究进一步研究不完全信息采购环境下的多属性采购拍卖机制设计。进而基于该拍卖机制建立评价模型，利用拍卖的激励性来分析和评价多属性采购中供应商申报信息的真实性程度高低，并优选供应商。

(3) 在本书可分离物品拍卖理论研究的基础上，设计污染物允许排放量分配、电煤网上采购等电子商务或电子政务系统，以增强拍卖分配方法和免费分配方法的实用性和可操作性，提高研究成果的综合价值。

(4) 多属性采购拍卖中，均衡点有可能不唯一 (均衡点漂移)。均衡点漂移会影响买卖双方的收益，且难以对相关分配效率进行估计。可进一步从理论上研究和分析多属性采购拍卖机制中是否存在均衡点漂移，探究均衡点的变动规律和形成过程，设计有效的诱导策略以达到预想的均衡点。

(5) 电力、电信频谱、国债及股票等也是一类与污染物允许排放量、电煤等相类似的可分离物品，参考已有的研究成果，可进一步对于这些领域的拍卖方法进行改进研究。

参考文献

[1] Milgrom P. 拍卖理论与实务. 北京: 清华大学出版社, 2006.

[2] 陈剑, 陈熙龙, 宋西平. 拍卖理论与网上拍卖. 北京: 清华大学出版社, 2005.

[3] 刘树林, 王明喜. 拍卖基本理论与扩展. 北京: 科学出版社, 2011.

[4] 马俊. 拍卖模型及其应用研究. 北京: 中国财政经济出版社, 2004.

[5] 殷红. 几类特性物品的拍卖机制设计理论与方法研究. 武汉大学博士学位论文, 2005.

[6] 饶从军. 可分离物品拍卖与污染物排放量的免费分配. 华中科技大学博士学位论文, 2011.

[7] Rao C J, Zhao Y, Li C F. Incentive mechanism for allocating total permitted pollution discharge capacity and evaluating the validity of free allocation. Computers & Mathematics with Applications, 2011, 62(8): 3037-3047.

[8] Rao C J, Zhao Y, Li C F. Asymmetric Nash equilibrium in emission rights auctions. Technological Forecasting and Social Change, 2012, 79(3): 429-435.

[9] Rao C J, Zhao Y, Zheng J J, Wang C, Chen Z W. An extended uniform price auction mechanism of homogeneous divisible goods: Supply optimization and non-strategic bidding. International Journal of Production Research, 2016, 54(13): 4028-4042.

[10] Rao C J, Li P. Multi-stage sequential uniform price auction mechanism for divisible goods. Expert Systems with Applications, 2013, 40(15): 6105-6114.

[11] Rao C J, Zhao Y. Mechanism design for optimal auctions of divisible goods. International Journal of Information Technology & Decision Making, 2010, 9(5): 831-845.

[12] Rao C J, Chen Y, Zhao Y. Uniform price auction of divisible goods based on multiple rounds linear bidding and its equilibrium analysis. Technological and Economic Development of Economy, 2015, 21(1): 96-117.

[13] Rao C J, Xiao X P, Goh M, Zheng J J, Wen J H. Compound mechanism design of supplier selection based on multi-attribute auction and risk management of supply chain. Computers & Industrial Engineering, 2017, 105: 63-75.

[14] Rao C J, Zhao Y, Zheng J J, Goh M. Equilibrium excursion and uniform price auction mechanism. Asia-Pacific Journal of Operational Research, 2017, 34(6): 1750028.

[15] Rao C J, Zhao Y, Wang Q. Uniform price auctions of divisible goods with variable supply. ICIC Express letters, 2010, 4(4): 1127-1134.

[16] 刘树林, 王明喜. 多属性拍卖理论与应用评述. 中国管理科学, 2009, 17(1): 183-192.

[17] Chang J S, Wong H J. Selecting appropriate sellers in online auctions through a multi-attribute reputation calculation method. Electronic Commerce Research and Applications, 2011, 10(2): 144-154.

[18] Che Y K. Design competition through multidimensional auctions. RAND Journal of Economics, 1993, 24(4): 668-680.

[19] Bichler M. An experimental analysis of multi-attribute auctions. Decision Support Systems, 2000, 29(3): 249-268.

[20] Rao C J, Zhao Y, Chen Y. Optimal multi-attribute auctions for divisible goods. International Journal of Information Technology & Decision Making, 2011, 10(5): 891-911.

[21] Rao C J, Zhao Y, Ma S H. Procurement decision making mechanism of divisible goods based on multi-attribute auction. Electronic Commerce Research and Applications, 2012, 11(4): 397-406.

[22] Rao C J, Zheng J J, Hu Z, Goh M. Compound mechanism design on multi-attribute and multi-source procurement of electricity coal. Scientia Iranica, Transactions E: Industrial Engineering, 2016, 23(3): 1384-1398.

[23] Rao C J, Goh M, Zheng J J. Decision mechanism for supplier selection under sustainability. International Journal of Information Technology & Decision Making, 2017, 16(1): 87-115.

[24] Rao C J, Xiao X P, Xie M, Goh M, Zheng J J. Low carbon supplier selection under multi-source and multi-attribute procurement. Journal of Intelligent & Fuzzy Systems, 2017, 32(6): 4009-4022.

[25] Rao C J, Zhao Y. Trading method of total permitted pollution discharge capacity based on multi-attribute auction. ICIC Express Letters, 2011, 5(7): 2243-2250.

[26] Friedman L. A competitive bidding strategy. Operations Research, 1956, 4(1): 104-112.

[27] Vickrey W. Counterspeculation, auctions and competitive sealed tenders. The Journal of Finance, 1961, 16(1): 8-37.

[28] Myerson R B. Optimal auctions design. Mathematics of Operations Research, 1981, 6(1): 58-73.

[29] Klemperer P. Auction theory: A guide to the literature. Journal of Economic Surveys, 1999, 13(3): 227-286.

[30] Reichert O A. A sequential game with information flow//Models for Competitive Bidding undor Uncertainty. Stanford University PhD Thesis, 1981, 232-254.

[31] Harris M, Raviv A. A theory of monopoly pricing schemes with demand uncertainty. American Economic Review, 1981, 71(3): 347-365.

[32] Harris M, Raviv A. Allocation mechanisms and the design of auctions. Econometrica, 1981, 49(6): 1477-1499.

[33] Maskin E S, Riley J G. Auction theory with private values. American Economic Review, 1985, 75(2): 150-155.

[34] Maskin E S, Riley J G. Optimal multi-unit auctions//Hahn F, ed. The Economics of Missing Markets, Information and Games. Oxford: Oxford University Press, 1989: 312-335.

[35] Kayhan V O, McCart J A, Bhattacherjee A. Cross-bidding in simultaneous online auctions: Antecedents and consequences. Information & Management, 2010, 47(7): 325-332.

[36] Chiou L Y, Juang W T, Yuan K C. Simultaneous auctions at separate markets. Working Paper, 2010.

[37] Mezzetti C, Saša Pekeč A, Tsetlin I. Sequential vs. single-round uniform-price auctions. Games and Economic Behavior, 2008, 62(2): 591-609.

[38] Feng J, Chatterjee K. Simultaneous vs. sequential sales: Bidder competition and supply uncertainty. Decision Support Systems, 2010, 49(3): 251-260.

[39] Wilson R. Auctions of share. The Quarterly Journal of Economics, 1979, 93(4): 675-689.

[40] Klemperer P. Supply function equilibria in oligopoly under uncertainty. Econometrica, 1989, 57(6): 1243-1277.

[41] Back K, Zender J F. Auctions of divisible goods: On the rationale for the treasury experiment. Review of Financial Studies, 1993, 6(4): 733-764.

[42] Back K, Zender J F. Auctions of divisible goods with endogenous supply. Economics Letters, 2001, 73(1): 29-34.

[43] Kremer I, Nyborg K. Divisible-good auctions: The role of allocation rules. RAND Journal of Economics, 2004, 35(1): 147-159.

[44] Kremer I, Nyborg K. Underpricing and market power in uniform price auctions. Review of Financial Studies, 2004, 17(1): 849-877.

[45] Damianov D S. The uniform price auction with endogenous supply. Economics Letters, 2005, 88(2): 152-158.

[46] Chakraborty I, Engelbrecht-Wiggans R. Asymptotic prices in uniform-price multi-unit auctions. Economic Theory, 2005, 26(4): 983-987.

[47] Wang J J D, Zender J F. Auctioning divisible goods. Economic Theory, 2002, 19(4): 673-705.

[48] Lengwiler Y. The multiple unit auction with variable supply. Economic Theory, 1999, 14(2): 373-392.

[49] McAdams D. Modifying the uniform-price auction to eliminate 'Collusive Seeming Equilibria'. Working Paper, MIT, 2002.

[50] McAdams D. Monotone equilibrium in multi-unit auctions. The Review of Economic Studies, 2006, 73(4): 1039-1056.

[51] McAdams D. Adjustable supply in uniform price auctions: Non-commitment as a strategic tool. Economics Letters, 2007, 95(1): 48-53.

[52] LiCalzi M, Pavan A. Tilting the supply schedule to enhance competition in uniform-price auctions. European Economic Review, 2005, 49(1): 227-250.

[53] Ausubel L M, Cramton P. Vickrey auctions with reserve pricing. Economic Theory, 2004, 23(3): 493-505.

[54] Bierbaum J, Grimm V. Selling shares to retail investors: Auction vs. fixed price. Review of Economic Design, 2006, 10(2): 85-112.

[55] Sade O, Schnitzlein C, Zender J. When less (potential demand) is more (revenue): Asymmetric bidding capacities in divisible good auctions. Review of Finance, 2006, 10(3): 389-416.

[56] Damianov D S, Becker J G. Auctions with variable supply: Uniform price versus discriminatory. European Economic Review, 2010, 54(4): 571-593.

[57] Brenner M, Galai D, Sade O. Sovereign debt auctions: Uniform or discriminatory? Journal of Monetary Economics, 2009, 56(2): 267-274.

[58] Genc T S. Discriminatory versus uniform-price electricity auctions with supply function equilibrium. Journal of Optimization Theory and Applications, 2009, 140(1): 9-31.

[59] Palfrey T R. Bundling decisions by a multi-product monopolist with incomplete information. Econometrica, 1983, 51(2): 463-484.

[60] Levin J. An optimal auction for complements. Game and Economic Behavior, 1997, 18(2): 176-192.

[61] Avery C, Hendershott T. Bundling and optimal auctions of multiple products. Review of Economic Studies, 2000, 67(3): 483-497.

[62] Hsieh F S. Combinatorial reverse auction based on revelation of Lagrangian multipliers. Decision Support Systems, 2010, 48(2): 323-330.

[63] Andersson A, Wilenius J. A new analysis of revenue in the combinatorial and simultaneous auction. Working Paper, 2009.

[64] Milgrom P, Weber R. A theory of auctions and competitive bidding. Econometrica, 1982, 50(5): 1089-1122.

[65] Kannan K N. Declining prices in sequential auctions with complete revelation of bids. Economics Letters, 2010, 108(1): 49-51.

[66] Pitchik C. Budget-constrained sequential auctions with incomplete information. Games and Economic Behavior, 2009, 66(2): 928-949.

[67] Said M. Sequential auctions with randomly arriving buyers. Games and Economic Behavior, 2011, 73(1): 236-243.

[68] Bapna R, Dellarocas C, Rice S. Vertically differentiated simultaneous Vickrey auctions: Theory and experimental evidence. Management Science, 2010, 56(7): 1074-1092.

[69] McAfee R P, McMillan J. Auctions and bidding. Journal of Economic Literature, 1987, 25(2): 699-738.

[70] Smith V L. Microeconomic systems as an experimental science. American Economic Review, 72(5): 923-955.

[71] 舒彤, 俞海, 汪寿阳, 陈收, 黎建强. 拍卖与在线拍卖. 长沙: 湖南大学出版社, 2007.

[72] Bower J, Bunn D. Experimental analysis of the efficiency of uniform-price versus discriminatory auctions in the England and Wales electricity market. Journal of Economic

Dynamics & Control, 2001, 25(3): 561-592.

[73] Abbink K, Brandts J, Pezanis-Christou P. Auctions for government securities: A laboratory comparison of uniform, discriminatory and Spanish designs. Journal of Economic Behavior & Organization, 2006, 61(2): 284-303.

[74] Sade O, Schnitzlein C, Zender J. Competition and cooperation in divisible good auctions: An experimental examination. Review of Financial Studies, 2006, 19(1): 195-235.

[75] Zhang P. Uniform price auctions and fixed price offerings in IPOs: An experimental comparison. Experimental Economics, 2009, 12(2): 202-219.

[76] Damianov D S, Oechssler J, Becker J G. Uniform vs. discriminatory auctions with variable supply-experimental evidence. Games and Economic Behavior, 2010, 68(1): 60-76.

[77] 许永国. 拍卖经济理论综述. 经济研究, 2002, (9): 84-95.

[78] 马俊, 汪寿阳, 黎建强. 网上拍卖的理论与实务. 北京: 科学出版社, 2003.

[79] 黄河, 陈剑, 徐鸿雁. 多因素采购组合拍卖动态机制设计研究. 中国管理科学, 2008, 16(1): 104-110.

[80] 范小勇, 梁樑. 变动供给下的多物品拍卖. 运筹与管理, 2005, 14(2): 70-74.

[81] 王平平, 孙绍荣. 国债招标拍卖的最优机制: 数量与价格歧视. 数学的实践与认识, 2006, 36(6): 28-34.

[82] 黄海新, 薛世彤, 汪定伟. 多物品双向拍卖机制设计. 东北大学学报 (自然科学版), 2006, 27(11): 1193-1195.

[83] 熊维勤, 孟卫东, 周孝华. 统一价格份额拍卖中的报价策略研究. 哈尔滨工程大学学报, 2007, 28(1): 40-44.

[84] 周孝华, 熊维勤, 孟卫东. IPO 询价中的最优报价策略与净抑价. 管理科学学报, 2009, 12(4): 129-134.

[85] 龙永红. 常见拍卖形式的均衡出价策略及其特征. 系统工程, 2009, 27(9): 82-86.

[86] Stark R M, Rothkopf M H. Competitive bidding: A comprehensive bibliography. Operations Research, 1979, 27: 364-390.

[87] Hansen R. Auctions with endogenous quantity. RAND Journal of Economics, 1988, 19(1): 44-58.

[88] Dasguptas S, Spulber D F. Managing procurement auctions. Information Economics and Policy, 1990, (4): 5-29.

[89] Thiel S. Some evidence on the winner's curse. American Economic Review, 1988, 78(5): 884-895.

[90] Che Y K. Design competition through multidimensional auctions. RAND Journal of Economics, 1993, 24(4): 668-680.

[91] Branco F. The design of multi-dimensional auctions. RAND Journal of Economics, 1997, 28(1): 63-81.

[92] Teich J E, Wallenius H, Wallenius J, Zaitsev A. A multi-attribute e-auction mechanism for procurement: Theoretical foundations. European Journal of Operational Research, 2006, 175(1): 90-100.

[93] David E, et al. Protocols and strategies for automated multi-attribute auctions. AAMAS 02'conference, Bologna, Italy, 2002, 77-85.

[94] David E, et al. An English auction protocol for multi-attribute items. Proceedings of AMEC-IVLNCS No. 2531, 2002, 52-68.

[95] David E, et al. Bidders' strategy for multi-attribute sequential English auction with a deadline. AA2MAS 03'conference, Melboume, Australia, 2003.

[96] David E, Azoulay-Schwartz R, Kraus S. Bidding in sealed-bid and English multi-attribute auctions. Decision Support Systems, 2006, 42(2): 527-556.

[97] 金滓, 石纯一. 一种递增叫价的多属性拍卖方法. 计算机研究与发展, 2006, 43(7): 1135-1141.

[98] 金滓, 石纯一. 一种暗标叫价的多属性拍卖方法. 计算机学报, 2006, 29(1): 145-152.

[99] Beil D R, Wein L M. An inverse-optimization-based auction mechanism to support a multi-attribute RFQ process. Management Science, 2003, 49(11): 1529-1545.

[100] Asker J, Cantillon E. Equilibrium in scoring auctions. FEEM Working Paper, No1148104, 2004.

[101] 谢安石, 李一军. 拍卖理论的最新进展——多属性网上拍卖研究. 管理工程学报, 2006, 20(3): 17-21.

[102] 王先甲. 区域配电服务特许经营权竞标机制设计. 中国电机工程学报, 2006, 26(20): 39-44.

[103] 黄河, 陈剑, 徐鸿雁. 多因素采购组合拍卖动态机制设计研究. 中国管理科学, 2008, 16(1): 104-110.

[104] 朱阁, 吕廷杰, 付瑞雪, Sangwan S. 基于多 Agent 的在线多属性采购拍卖的机制设计. 管理科学, 2009, 22(1): 78-85.

[105] 曾宪科. 基于博弈论的多属性拍卖模型与机制研究. 哈尔滨工业大学硕士学位论文, 2010.

[106] 孙亚辉, 冯玉强. 多属性密封拍卖模型及最优投标策略. 系统工程理论与实践, 2010, 30(7): 1185-1189.

[107] 唐邵玲, 刘琳. 两种记分函数下多属性拍卖投标均衡策略. 经济数学, 2011, 28(2): 54-59.

[108] 黄河, 王峰. 多属性采购拍卖与多属性不对称纳什谈判的比较研究. 管理学报, 2011, 8(11): 1690-1695.

[109] 刘旭旺, 汪定伟. 博弈论视角的多属性逆向拍卖评标行为研究. 运筹学学报, 2012, 16(4): 11-20.

[110] 陈曲, 田剑. 考虑成本变动情形的多属性逆向拍卖利润分配. 世界科技研究与发展, 2013, 35(2): 274-278.

[111] 彭鸿广. 多属性拍卖与研发竞赛的激励效应比较. 技术经济与管理研究, 2014, (7): 24-27.

[112] 洪宗友, 汪定伟. 多属性招标拍卖中买卖双方的最优策略研究. 系统工程学报, 2014, 29(4): 458-467.

[113] Wang M X, Liu S L. Equilibrium bids in practical multi-attribute auctions. Economics Letters, 2014, 123: 352-355.

[114] 杨锋, 何慕佳, 梁樑. 基于多属性逆向拍卖的节能服务公司选择研究. 中国管理科学, 2015, 23(5): 98-106.

[115] 曾宪科, 冯玉强. 逆向多属性拍卖投标策略及收益性分析. 管理科学学报, 2015, 18(9): 24-33.

[116] Bichler M. Winner determination algorithms for electronic auctions: A framework design. IBM Research Report, 1997: 37-46.

[117] Reyes-Moro A, et al. Embedding decision support in e-sourcing tools: Quotes, a case study. Group Decision and Negotiation, 2003, 12 (4): 347-355.

[118] Dekrajangpetch S, Sheble G B. Interior-point linear programming algorithm for auction methods. IEEE Transactions on Power Systems, 2000, 15(2): 78-82.

[119] Bichler M, Kalagnanam J. Bidding languages and winner determination in multi-attribute auctions. IBM Research Report, RC22478, 2002.

[120] Yan M, Yuan Y R. A multi-attribute reverse auction decision making model based on linear programming. Systems Engineering Procedia, 2012, 4: 372-378.

[121] 谢安石, 李一军. 基于模糊粗糙集的多属性网上拍卖决策. 系统工程理论方法应用, 2005, 14(2): 182-184.

[122] Farahvash P, Altiok T. Application of multi-dimensional procurement auction in single-period inventory models. Annals of Operations Research, 2008, 164: 229-251.

[123] Chan F T S, Shukla M, Tiwari M K, Shankar R, Choy K L. B2B multi-attribute eprocurement: An artificial immune system based goal programming approach. International Journal of Production Research, 2011, 49(2): 321-341.

[124] Singh R K, Benyoucef L. A fuzzy TOPSIS based approach for e-sourcing. Engineering Applications of Artificial Intelligence, 2011, 24(3): 437-448.

[125] Falagario M, Sciancalepore F, Costantino N. Using a DEA-cross efficiency approach in public procurement tenders. European Journal of Operational Research, 2012, 218(2): 523-529.

[126] 刘树人, 唐沛, 黄颖娜. 网上拍卖销售与逆向拍卖采购下的库存管理. 中国管理科学, 2015, 23(11): 62-69.

[127] Perrone G, Roma P, Lo Nigro G. Designing multi-attribute auctions for engineering services procurement in new product development in the automotive context. International Journal of Production Economics, 2010, 124(1): 20-31.

[128] Strecker S. Information revelation in multi-attribute English auctions: A laboratory study. Decision Support Systems, 2010, 49(3): 272-280.

[129] Karakaya G, Köksalan M. An interactive approach for multi-attribute auctions. Decision Support Systems, 2011, 51(2): 299-306.

[130] Ray A K, Jenamani M, Mohapatra P K J. An efficient reverse auction mechanism for limited supplier base. Electronic Commerce Research and Applications, 2011, 10(2): 170-182.

[131] Liu S L, Li J, Liu D. Multi-attribute procurement auctions with risk adverse suppliers. Economics Letters, 2012, 115(3): 408-411.

[132] Yang N, Liao X W, Huang W W. Decision support for preference elicitation in multi-attribute electronic procurement auctions through an agent-based intermediary. Decision Support Systems, 2014, 57: 127-138.

[133] Pla A, López B, Murillo J, Maudet N. Multi-attribute auctions with different types of attributes: Enacting properties in multi-attribute auctions. Expert Systems with Applications, 2014, 41: 4829-4843.

[134] Lorentziadis P L. Optimal bidding in auctions of mixed populations of bidders. European Journal of Operational Research, 2012, 217(3): 653-663.

[135] Shi X W. Optimal auctions with information acquisition. Games and Economic Behavior, 2012, 74(2): 666-686.

[136] Li C H. Sourcing for supplier effort and competition: Design of the supply base and pricing mechanism. Management Science, 2013, 59(6): 1389-1406.

[137] Adida E, DeMiguel V. Supply chain competition with multiple manufacturers and retailers. Operations Research, 2011, 59: 156-172.

[138] Branco F. Multiple unit auctions of an indivisible good. Economic Theory, 1996, 8(1): 77-101.

[139] 饶从军, 赵勇. 基于可变供给量的可分离物品拍卖及其应用. 中国管理科学, 2012, 20(1): 129-138.

[140] Lee P J, Taylor S L, Walter T S. IPO underpricing explanations: Implications from investor application and allocation schedules. Journal of Financial and Quantitative Analysis, 1999, 34(4): 425-444.

[141] Ljungqvist A P, Wilhelm W J. IPO allocations: Discriminatory or discretionary? Journal of Financial Economics, 2002, 65(2): 167-201.

[142] Biais B P, Rochet J C. An optimal IPO mechanism. Review of Economic Studies, 2002, 69(1): 117-140.

[143] 赵勇, 王清. 可分离物品拍卖及污染物排放总量分配方法. 系统工程学报, 2008, 23(2): 208-214.

[144] 湖北省环境保护网. http://www.hbepb.gov.cn/ [2010-11-8].

[145] 湖北省环境保护 “十一五” 规划. http://www.hubei.gov.cn/zwgk/zfxxgk/zfbg/fzgh/200809/t20080916_74495.shtml [2010-11-9].

[146] Robinson M S. Collusion and the choice of auction. RAND Journal of Economics, 1985, 16(1): 141-145.

[147] 饶从军, 赵勇. 可分离物品多属性多源采购的优化决策模型. 控制与决策, 2011, 26(3): 433-438.

[148] Li C H. Sourcing for supplier effort and competition: Design of the supply base and pricing mechanism. Management Science, 2013, 59(6): 1389-1406.

[149] Adida E, DeMiguel V. Supply chain competition with multiple manufacturers and retailers. Operations Research, 2011, 59: 156-172.

[150] 马士华. 供应链管理. 武汉: 华中科技大学出版社, 2010.

[151] Federgruen A, Yang N. Selecting a portfolio of suppliers under demand and supply risks. Operations Research, 2008, 56: 916-936.

[152] Dickson G. An analysis of vender selection systems and decisions. Journal of Purchasing, 1966, 2: 5-17.

[153] Weber C A, Current J R, Benton W C. Vendor selection criteria and method. European Journal of Operational Research, 1991, 50: 2-18.

[154] Choy K L, Lee W B. A generic supplier management tool for outsourcing manufacturing. The Journal of Supply Chain Management, 2003, 8: 140-154.

[155] Hong G H, Park S C, Rho H M. An effective supplier selection method for constructing a competitive supply-relationship. Expert Systems with Applications, 2005, 28(4): 629-639.

[156] Willis T H, Huston R, Pohlkamp P F. Evaluation measures of just-in-time supplier performance. Production and Inventory Management Journal, 2005, 34: 1-5.

[157] Wilson E L. The relative importance of supplier selection criteria: A review and update. International Journal of Purchasing and Materials Management, 2006, 25: 35-41.

[158] Patton W E. Use of human judgment models in industrial buyers, vendor selection decisions. Industrial Marketing Management, 2008, 25: 135-149.

[159] Yahya S, Kingsman B. Vender rating for an entrepreneur development programme: A case study using the analytic hierarchy process method. Journal of Operational Research Society, 2009, 50: 916-930.

[160] Petroni A, Braglia M. Vendor selection using principal component analysis. The Journal of Supply Chain Management, 2010, 36: 63-69.

[161] Menon M K, McGinnis M A, Ackerman K B. Selection criteria for providers of third party logistics services: An exploratory study. Journal of Business Logistics, 2008, 19: 121-137.

[162] 马士华, 林勇. 供应链管理. 北京: 机械工业出版社, 2002.

[163] 朱建军, 刘士新, 王梦光, 黄敏. 供应商选择及定购计划的分析. 东北大学学报 (自然科学版), 2003, (10): 956-958.

[164] 钱碧波. 敏捷虚拟企业合作伙伴选择评价体系研究. 中国机械工程, 2002, 32: 4-8.

[165] 路世昌, 绍良杉. 企业战略联盟选择方法研究. 数量经济技术经济研究, 2002, 9: 19-21.

[166] 白荣, 崔炳谋. TOPSIS 在供应商选择中的应用. 铁道运输与经济, 2006, 9: 58-60.

[167] 魏世奇, 蔡临宁. 第三方物流供应商选择和评价指标体系的研究. 商场现代化, 2007, 2: 127-128.

[168] 邹平, 袁亦男. 基于 EAHP 和 GRAP 的供应商选择. 系统工程理论与实践, 2009, 29(3): 69-75.

[169] 李金龙. 供应商选择的模糊群决策研究. 武汉理工大学硕士学位论文, 2012.

[170] 张燕超. 基于改进 TOPSIS 法的材料供应商选择评价研究. 物流技术, 2014, (2): 98-101.

[171] Basak I. On the use of information criteria in analytic hierarchy process. Journal of Operational Research, 2002, 141: 200-216.

[172] Federgruen A, Yang N. Procurement strategies with unreliable suppliers. Operations Research, 2011, l59: 1033-1039.

[173] Hammami R, Temponi C, Frein Y. A scenario-based stochastic model for supplier selection in global context with multiple buyers, currency fluctuation uncertainties, and price discounts. European Journal of Operational Research, 2014, 233: 159-170.

[174] Jadidi O, Zolfaghari S, Cavalieri S. A new normalized goal programming model for multi-objective problems: A case of supplier selection and order allocation. International Journal Production Economics, 2014, 148: 158-165.

[175] Vahdani B, Iranmanesh S H, Mousavi S, Abdollahzade M. A locally linear neuro-fuzzy model for supplier selection in cosmetics industry. Applied Mathematical Modelling, 2012, 36: 4714-4727.

[176] Liou J J H, Chuang Y C, Tzeng G H. A fuzzy integral-based model for supplier evaluation and improvement. Information Sciences, 2014, 266: 199-217.

[177] Chai J Y, Liu J N K. A novel believable rough set approach for supplier selection. Expert Systems with Applications, 2014, 41: 92-104.

[178] Toloo M, Nalchigar S. A new DEA method for supplier selection in presence of both cardinal and ordinal data. Expert Systems with Applications, 2011, 38: 14726-14731.

[179] Kumar A, Jain V, Kumar S. A comprehensive environment friendly approach for supplier selection. Omega, 2014, 42: 109-123.

[180] Choudhary D, Shankar R. A goal programming model for joint decision making of inventory lot-size, supplier selection and carrier selection. Computers & Industrial Engineering, 2014, 71: 1-9.

[181] Arikan F. A fuzzy solution approach for multi-objective supplier selection. Expert Systems with Applications, 2013, 40: 947-952.

[182] Ventura J A, Valdebenito V A, Golany B. A dynamic inventory model with supplier selection in a serial supply chain structure. European Journal of Operational Research, 2013, 230: 258-271.

[183] Zhang J L, Chen J. Supplier selection and procurement decisions with uncertain demand, fixed selection costs and quantity discounts. Computers & Operations Research, 2013, 40: 2703-2710.

[184] Rezaei J, Davoodi M. Multi-objective models for lot-sizing with supplier selection. International Journal Production Economics, 2011, 130: 77-86.

[185] Aliabadi D E, Kaazemi A, Pourghannad B. A two-level GA to solve an integrated multi-item supplier selection model. Applied Mathematics and Computation, 2013, 219: 7600-7615.

[186] Wei G W. Grey relational analysis model for dynamic hybrid multiple attribute decision making. Knowledge-Based Systems, 2011, 24: 672-679.

[187] Shemshadi A, Shirazi H, Toreihi M, Tarokh M J. A fuzzy VIKOR method for supplier selection based on entropy measure for objective weighting. Expert Systems with Applications, 2011, 38: 12160-12167.

[188] Wan S P, Wang Q Y, Dong J Y. The extended VIKOR method for multi-attribute group decision making with triangular intuitionistic fuzzy numbers. Knowledge-Based Systems, 2013, 52: 65-77.

[189] Shawa K, Shankar R, Yadav S S, Thakur L S. Supplier selection using fuzzy AHP and fuzzy multi-objective linear programming for developing low carbon supply chain. Expert Systems with Applications, 2012, 39: 8182-8192.

[190] Deng X Y, Hu Y, Deng Y, Mahadevan S. Supplier selection using AHP methodology extended by D numbers. Expert Systems with Applications, 2014, 41: 156-167.

[191] Liao C N, Kao H P. An integrated fuzzy TOPSIS and MCGP approach to supplier selection in supply chain management. Expert Systems with Applications, 2011, 38: 10803-10811.

[192] Kilic H S. An integrated approach for supplier selection in multi-item multi-supplier environment. Applied Mathematical Modelling, 2013, 37: 7752-7763.

[193] Amindousta A, Ahmeda S, Saghafiniab A, Bahreininejada A. Sustainable supplier selection: A ranking model based on fuzzy inference system. Applied Soft Computing, 2012, 12: 1668-1677.

[194] Güneri A F, Ertay T, Yücel A. An approach based on ANFIS input selection and modeling for supplier selection problem. Expert Systems with Applications, 2011, 38: 14907-14917.

[195] Amid A, Ghodsypour S H, O'Brien C. A weighted max-min model for fuzzy multi-objective supplier selection in a supply chain. International Journal Production Economics, 2011, 131: 139-145.

[196] Herrera F, Martinez L. A 2-tuple fuzzy linguistic representation model for computing with words. IEEE Trans on Fuzzy Systems, 2000, 8(6): 746-752.

[197] Herrera F. A model based on linguistic 2-tuple for dealing with multi-granularity hierarchical linguistic contexts in multi-expert decision-making. IEEE Trans on System Man and Cybernetics, Part B: Cybernetics, 2001, 31(2): 227-234.

[198] Herrera F, Martinez L, Sanchez P J. Managing non-homogeneous information in group decision making. European Journal of Operational Research, 2005, 166(11): 115-132.

[199] Wan S P. 2-Tuple linguistic hybrid arithmetic aggregation operators and application to multi-attribute group decision making. Knowledge-Based Systems, 2013, 45: 31-40.

[200] Wei G W, Zhao X F. Some dependent aggregation operators with 2-tuple linguistic information and their application to multiple attribute group decision making. Expert Systems with Applications, 2012, 39: 5881-5886.

[201] Wei G W. A method for multiple attribute group decision making based on the ET-WG and ET-OWG operators with 2-tuple linguistic information. Expert Systems with Applications, 2010, 37: 7895-7900.

[202] Rao C J, Peng J. Fuzzy group decision making model based on credibility theory and gray relative degree. International Journal of Information Technology & Decision Making, 2009, 8: 515-527.

[203] Xu Z S. Uncertain Multiple Attribute Decision Making: Methods and Applications. New York: Springer-Verlag, 1999.

[204] Deng J L. Grey System Theory. Wuhan: Huazhong University of Science & Technology Press, 2002.

[205] 肖新平, 宋中民, 李峰. 灰技术基础及其应用. 北京: 科学出版社, 2005.

[206] 肖新平, 毛树华. 灰预测与决策方法. 北京: 科学出版社, 2013.

[207] Opricovic S, Tzeng G H. Multicriteria planning of post-earthquake sustainable reconstruction. Computer-Aided Civil and Infrastructure Engineering, 2002, 17(3): 211-220.

[208] Chen Y F. Technical Condition of Coal Used for Pulverized Coal-fired Boiler for Power Generation (GB/T7562—2010). Beijing: China Standards Press, 2010.